国家社科规划办一般项目"内蒙古草原地区矿产资源开发与生态环境保护研究"（11BMZ067）最终研究成果

内蒙古草原地区
矿产资源开发与生态环境保护研究

姜　明◇著

中国社会科学出版社

图书在版编目（CIP）数据

内蒙古草原地区矿产资源开发与生态环境保护研究／姜明著．
—北京：中国社会科学出版社，2015.12

ISBN 978-7-5161-7678-8

Ⅰ.①内… Ⅱ.①姜… Ⅲ.①草原—矿产资源开发—研究—
内蒙古②草原保护—生态环境—研究—内蒙古 Ⅳ.①F426.1
②S812.6

中国版本图书馆 CIP 数据核字（2016）第 037624 号

出 版 人	赵剑英
责任编辑	凌金良
责任校对	王 影
责任印制	张雪娇

出　　版　中国社会科学出版社
社　　址　北京鼓楼西大街甲 158 号
邮　　编　100720
网　　址　http：//www.csspw.cn
发 行 部　010－84083685
门 市 部　010－84029450
经　　销　新华书店及其他书店

印　　刷　北京君升印刷有限公司
装　　订　廊坊市广阳区广增装订厂
版　　次　2015 年 12 月第 1 版
印　　次　2015 年 12 月第 1 次印刷

开　　本　880×1230　1/32
印　　张　9.25
插　　页　2
字　　数　241 千字
定　　价　39.00 元

凡购买中国社会科学出版社图书，如有质量问题请与本社营销中心联系调换
电话：010－84083683

目　　录

第一章　内蒙古草原生态系统功能及矿产资源开发的重要意义

内蒙古自治区总面积 118.3 万平方公里，内蒙古大草原地域辽阔，从东到西可分为草甸草原（森林草原）、典型草原、戈壁荒漠草原、沙漠草原等几大类；此外还分布有低平地草甸、山地草甸、沼泽地草甸及附带利用草地等四类非地带性的隐域性草地，"总面积 8666.7 万公顷"①，占内蒙古土地面积的 73.3%。

内蒙古自治区是国家重要的能源基地、新型化工基地、有色金属生产加工基地和绿色农畜产品生产加工基地。截至 2012 年底，"全区查明矿产地达 1915 处，其中能源矿产地 584 处、金属矿产地 959 处、非金属矿产地 372 处"②，内蒙古"全区矿产用地面积 3963.04 平方公里"③。其中开发利用的矿产资源大部分分布在山地草甸、典型草原、沙漠草原和草甸草原。

人口、资源、环境是制约当今经济社会实现可持续发展的三个基本要素。资源是人类的物质基础，环境是人类发展的重要前提，

---

① 郑世成主编：《内蒙古经济社会调查年鉴》，中国统计出版社 2011 年版，第 9 页。

② 《内蒙古矿产资源居全国之首》，2013 年 9 月 19 日，中国网（http：//news. china. com. cn/live/2012—09/18/content_ 16261334. htm）。

③ 《内蒙古矿山地质环境保护与治理规划，2011—2015》，2014 年 8 月，内蒙古国土资源厅网（http：//www. nmggtt. gov. cn/zwgk/ghjh/kczygh/201303/t20130327_27501. htm）。

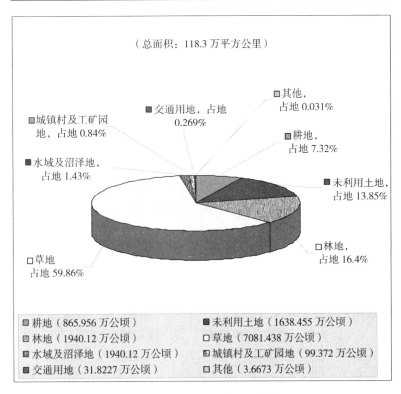

图1—1　内蒙古土地资源分布情况

（该资料根据内蒙古区情网和《2013年内蒙古经济社会调查年鉴》
综合而成）

同时也是人类赖以生存、社会得以发展的基本条件。矿产资源作为
自然资源的重要组成部分，是经济建设重要的物质基础。对内蒙古
草原地区矿产资源开发与草原生态环境保护进行分析研究，既要使
矿产资源得到合理开发与利用、促进内蒙古经济社会的发展，又要
使生态环境得到保护，对于实现中共十八大提出的"生态文明建设
与经济建设、政治建设、文化建设、社会建设"五位一体建设总布

局的全面推进和协调发展，实现内蒙古自治区经济富裕、政治民主、文化繁荣、社会公平、生态良好的发展格局，具有深远的意义。

第一节 内蒙古草原生态系统的功能与作用

内蒙古天然草原主要分布在北方干旱、半干旱地区。大面积的天然草原覆盖了辽阔的中国北疆，是我国北疆生态环境稳定的重要保障，是我国生态环境的前沿阵地，也是东北亚等许多亚洲国家重要的生态安全屏障。

草原生态系统是指草原地区生物（植物、动物、微生物）和草原地区非生物环境（气候、土壤）构成的有机系统，是各种动植物与环境进行物质循环与能量交换的基本机能单位。草原生态系统在其结构、功能、过程等方面与森林生态系统、沼泽系统、农田生态系统具有完全不同的特点。内蒙古草原生态系统不仅是我国重要的畜牧业生产基地，而且是我国北疆重要的生态屏障。

内蒙古草原东部地区的呼伦贝尔草原和中东部地区的锡林郭勒草原，以禾本科、菊科植物为主的草本植物较多，中西部地区的草原、接近荒漠区的地段，受荒漠气候的影响，植被主要是小型针茅（戈壁针茅、石生针茅等）以及一些小半灌木、小灌木为主。这一地区植物的特点是"发达的根系，且以细根为主，根幅大于株幅，其地上部分现存量较低，地下部分现存量是地上部分现存量的5倍以上。草原是啮齿动物的天堂，草原生态系统的消费者在野生动物中以啮齿动物为主，如：草原鼠、黄鼠、野兔等。而分解者以真菌、细菌、放线菌为主。内蒙古草原生态系统的非生物环境也很具特色，一般降水量比较少，都低于450毫米"①。

---

① 陈世横：《内蒙古草原区植被地下生物量分布的规律及其特点》，《内蒙古农牧学院学报》1992年第1期。

一　内蒙古草原具有支持生命系统的生产功能

内蒙古草原是蒙古族世代居住的地方，也是我国重要的畜牧基地。内蒙古大草原通过直接或间接的方式为人的生存和发展提供必要的物质资源。"离离原上草，一岁一枯荣。野火烧不尽，春风吹又生"，这正是大草原自然演替状态的真实写照，蒙古族牧民依托着天赐的草原生态系统，创造了辉煌灿烂的草原文化，缔造了与农业文明不同的草原文明，创造了古代蒙古族游牧生活方式，绿色草原养育的家畜完整地构成了蒙古族衣、食、住、行的物质保障；毛绒皮革是制作服装、包房（蒙古包）、交通工具、生产生活用品的重要材料。与此同时，内蒙古大草原生态系统为草原野生动植物提供了良好的栖息地和优质的天然牧草，成为许多野生动物的理想家园。

1. 草原生态系统是我国重要的畜牧业生产基地

草原生态系统生长着许多营养价值高的牧草，成为我国重要的牲畜放牧场。能生产肉、奶、皮、毛，能提供大量的畜产品，这是草原生态系统特有的经济功能。草原为人类提供了大量植物性和动物性原材料，如肉食、奶制品、皮毛、燃料、药材、纤维和其他工业原料等，这就是所谓的草畜产品价值。"2009 年，内蒙古全区肉类总产量达到 205 万吨，羊肉产量增幅较大，达到80.8 万吨，占全国羊肉总产量的 22%，居全国第一。"[①]

作为全国最大的鲜奶生产和加工基地，近年来，内蒙古的奶牛存栏量和奶制品年产量均占全国总量的 1/4 左右，每年向国内外市场供应大量奶制品。小肥羊、小尾羊、蒙牛、伊利等企业，就是依托内蒙古大草原丰富的天然资源成为全国名牌肉业、奶业

---

① 布仁门德：《试论内蒙古牛羊肉产品营销策略》，《内蒙古民族大学学报》2011 年第 4 期。

集团，为了确保这一特色优势产业稳定和高质量地发展，几家集团都在草原深处建立了自己的生产、加工基地，确保天然、绿色的奶制品和肉制品向国内外市场供应。截至 2012 年，内蒙古以奶牛存栏量超过 3 万头的旗、县、区为重点，扶持建立了标准化规模养殖场和小区。如今，内蒙古改造和建设奶牛存栏量不低于 100 头的标准化规模养殖场、小区近 2000 个。我们从呼和浩特市的蒙牛集团、伊利集团了解到：2011 年，伊利、蒙牛两家龙头企业，主营业务收入接近 800 亿元，在龙头企业的带动下，2011 年呼和浩特市鲜奶产量达到 430 吨，人均鲜奶占有量 1650 公斤，基本建成了全国最大的奶业基地，"中国乳都"正在向"世界乳都"迈进。

从内蒙古自治区农牧业厅发布的《2012 年内蒙古自治区草原监测报告》中了解到，2012 年草原植被总体长势属上好年份，全区草原植被平均覆盖率 40.32%，平均高度为 26.89 厘米，均高于上一年。

全区天然草原牧草生长高峰期平均干草单产为 60.36 公斤/亩，总产量 6789.95 万吨。与 2011 年相比，2012 年平均干草产量提高 11.64 公斤/亩，总产量增加 1309.07 万吨干草。

全区冷季可食饲草总储量为 3626.27 万吨干草，冷季总适宜载畜量 7514.21 万绵羊单位，与 2011 年相比，2012 年饲草总储量增加了 368.79 万吨干草，适宜载畜量增加了 832.76 万绵羊单位。

内蒙古大草原退牧还草工程及沙源治理项目区成效明显。退牧还草工程区与非工程区相比，植被高度平均提高 11.95 厘米，盖度提高 9.14%，干草产量提高 28.53 公斤/亩。

沙源治理重点监测区内，与建设初期 2001 年相比，"植被盖度提高 5.00—13.00 个百分点，干草产量增幅为 31.64%—90.92%。监测区内明沙面积逐渐减少，与 2000 年相比减少了

26.40%—39.20%"①。

可见，内蒙古近年来随着对草原生态系统监督管理力度的加大，草原牧业经济发展必然迈上新的台阶，内蒙古草原仍将是我国重要的畜牧业生产基地。

2. 内蒙古草原是野生动物的重要栖息地

据动物学家调查，"内蒙古兽类分属于 24 科，有 114 种，占全国兽类 450 种的 25.3%。兽类中具有产业价值的 50 余种，珍贵稀有动物 10 余种。鸟类分属于 51 科，有 365 种，占全国鸟类的 31%。被列入国家一、二、三类保护的兽类和鸟类共有 49 种。全区有啮齿动物 54 种，约占全国种数的 1/3，多属害兽"②。兽类有野马、野骆驼、驼鹿、驯鹿、野驴、盘羊、黄羊、草原狼等；鸟类有丹顶鹤、金雕、隼、大鸨、中华秋沙鸭、榛鸡等。蒙古野驴和野骆驼是世界上最珍贵的兽类，驯鹿是内蒙古特有的动物，百灵鸟是自治区区鸟。此外，鼠类是内蒙古草原上占优势的居住者，其中 1/3 以上有重要的科学研究价值，这些野生动物资源同时是一种宝贵的经济资源。

内蒙古草原面积广大，植物种类丰富，"草场类型：高原草场 67.9%，低山丘陵草场 26.5%，山地草场 5.6%，饲草种类丰富：牲畜最喜食的禾本科（132 种）和豆科（107 种）牧草 1/3；喜食的菊科（130 种），百合科、莎草科约占 1/5；牛羊比较喜食的蔷薇科、十字花科 1/4；不喜食藜科等 1/5"③。这里是牛羊等食草家畜和各种野生食草动物的乐园。

---

①　《2012 年内蒙古自治区草原监测报告》，2013 年 2 月，内蒙古政府门户网（http：//www.nmg.gov.cn/main/nmg/zfxxgk/tjgb/2013—02—26/2＿246964/default.shtml）。

②　《内蒙古自治区自然资源概况》，2009 年 5 月，中国国情网（http：//www.china.com.cn/guoqing/2009—05/15/content＿23760710.htm）。

③　韩俊丽：《内蒙古自治区地理》，远方出版社 2005 年版，第 134 页。

二　内蒙古草原具有保障我国北疆生态安全的功能

内蒙古大草原生态系统可以增加湿度和降水量，提高水的循环速度，具有调节气候、防风固沙、水土保持和涵养水源等多方面的功能。

1. 防风固沙方面的作用

内蒙古是我国沙尘暴多发区，主要集中在腾格里沙漠、巴丹吉林沙漠、毛乌素沙漠等西部地区，东部地区主要有浑善达克沙地、科尔沁沙地、呼伦贝尔沙地，这些地区的共同特点是较粗的土壤基质，气候条件恶劣，年降水量350毫米以下的自然植被主要是草原。恶劣的自然条件，加上长期的人类不合理的利用，植被减少，土地退化，土壤结构严重破坏。研究表明，随着植被盖度的增加，土壤侵蚀模数减小，当植被覆盖率为70%，只有6级大风才可造成土壤的侵蚀。据报道，近年来北京沙尘、扬沙超七成源自内蒙古，据内蒙古自治区气象局应用近15年气象资料分析结果表明，内蒙古地区目前有5个沙尘暴多发区，特大沙尘暴有两个高发区，发生沙尘的天数，均在100天以上。另外，兴安盟的高丽板，发生沙尘的天数也达到了66天。内蒙古地区是我国西北、华北沙尘暴高发区之一，也是主要沙尘暴源地之一。北京林业和气象部门表示，沙尘进京路线主要有四条，其中三条位于内蒙古境内。

草原在涵养水源、防风固沙、防止沙尘暴等方面发挥着重要的作用。草原上的许多植物根系较发达，能深深地植入土壤中，牢牢地将土壤固定，草地植物的生长地粘贴，可以很好地覆盖，降低近地表风速，从而改变风的方向，减少风蚀强度。在沙质、贫瘠的条件下，树木生长困难，但在干旱贫瘠的条件下，植物更容易生长，沙尘源得到有效控制，同时减少沙尘暴的发展。

2. 水土保持和涵养水源功能

天然草地具有防止水土流失、涵养水源的功能。草原植被丰富，加之多年沉积下的根、茎、叶等有机物质，为生活在地表以下，并以草根、茎、叶为食物的无脊椎爬虫类提供了生存环境，而这些虫类在客观上也起到了疏松土壤、增加土壤的透气性的作用，使地表土质疏松、减少地面径流、涵养水源。

草原比空旷裸地有较高的渗透性和吸水、保水能力。草木自身的叶茎也可以减少地面的冲刷，削弱雨水的冲击破坏，促进降雨入渗，阻挡和减少径流的产生。

处于干旱、半干旱地区的草原，草木本身根系发达，根系对土体有良好的穿插、缠绕、网络、固结作用，防止土壤被雨水冲刷，天然草原不仅具有截留降水的功能，并有良好的固土作用。"草地植物根系致密，其强大的根系对土壤有较强的吸附力和黏着力，对防止土壤侵蚀、减少地表径流效果非常显著。在黄土高原测定，农田比草地的水土流失量高 40—100 倍，种草的坡地与不种草的坡地相比，地表径流量可减少 47%，冲刷量减少 77%。"① 所以说，草原对水土保持和涵养水源有着重要的意义。

3. 净化空气调节气候的功能

草原对大气环境和局部气候具有调节功能。草原通过其涵养水源、固沙的功能，对大气的湿度、粉尘污染、温度和降水具有潜移默化的影响，强有力地缓冲了极端气候事件对环境和人类生活的不利影响。

在调节气候上，草原植物通过光合作用和蒸腾作用，从而在增加湿度、降低地表温度、云量和降水增加、促进水的循环速

① 单良：《草原生态系统服务功能的认识》，《畜牧兽医科技信息》2012 年第 2 期。

度、调节局部微气候中发挥作用。具有良好的密集的植被草原生态系统可能有助于保持气流的平衡和稳定的氛围，推动雨云凝聚增加温室效应的形成和抑制沉淀，改善环境，从而起到调节气候的作用。大面积的草和赤裸的地面相比，湿度一般高于赤裸的草20%左右，小面积的草湿度高于露地4%至12%。草原生态系统也降低了噪声，释放负氧离子，吸附粉尘去除空气中的污染物，从而起到改善环境、净化空气的作用。空气中的物质循环过程中光合作用的植物可以吸收二氧化碳释放氧气。研究表明：每25至50平方米的草地可以吸收一人呼出的二氧化碳。在净化空气方面，草甸不仅可以改善气候，也可以降低噪声，促进负氧离子的释放，增强灰尘和空气中的污染物的去除效果，是一个很好的"空气过滤器"。草甸大气可以吸收一部分有害、有毒气体，氨、硫化氢是一种蛋白质的合成；硝酸盐也会被氧化为盐，起到净化空气的作用。

　　总之，草原植物在生长过程中，从土壤中吸收水分通过蒸腾，水蒸气释放到大气中，可以增加湿度和降水量，提高水的循环速度，从而影响冷空气和热空气交换，具有调节气候功能。通过对温度、降水的影响，减少极端气候对人类的生产和生活造成的负面影响。

三　内蒙古草原具有维持生物多样性的功能

　　内蒙古草原是一个庞大的基因库，生态系统中，不仅不同物种之间相互依存、相互制约，同时各种生物和环境因素也相互作用。

　　生物多样性是指综合"生态复杂生物及其环境和各种生态过程，相关联的形成包括微生物、动物、植物，它们的基因和复杂的生态系统，它们与它们的生活环境，它包括成千上万的植物、动物、微生物组成，不同物种的基因和环境的相互作用形成了各种各样的生物和生态系统"。

内蒙古草原区资源广泛分布于东起呼伦贝尔市西至阿拉善盟，东西长达 2400 多公里，南起北纬 37°24′，北至北纬 53°23′，纵占纬度 15°59′的多种不同的自然地理区域，自然条件复杂和多样，形成高度丰富、生物物种多样性的草地生态系统，为人类提供了一个丰富而庞大的基因库，与此同时，也为基因重组提供了得天独厚的条件。

内蒙古草原大部分属于温带、寒温带草原，蒙古高原地势高、气候寒冷、降雨稀少，为耐寒、耐干旱的草本植被的发育，为食肉、食草以及以草籽为食的各种飞禽等野生动物的繁衍生息创造了优越条件，构成了我国北方草原生物多样性系统中特殊的结构部分。

在这个生态系统中，草原物种主要包括植物、动物、微生物三大类：

1. 野生植物物种多样性

内蒙古是野生植物的"天然宝库"。"内蒙古草原区共有种子植物 1519 种（占全国草原区种子植物总种数的 42.2%），分属于 94 科、541 属。其中裸子植物有 3 科、7 属、16 种，被子植物共有 91 科、534 属、1503 种，被子植物中有双子叶植物 75 科、413 属、1137 种，单子叶植物 16 科、121 属、366 种。在全国植物区系中，约占总科数的 30%。"[①]

从生物学学科分类来看，内蒙古草原区虽然没有特有科和特有属，但有一定数量的特有种。例如：白头葱、蒙古葱、丝石竹、山竹岩黄芪、长梗扁桃等。内蒙古的野生植物按经济用途可分为十几类。

---

① 韩俊丽：《内蒙古自治区地理》，远方出版社 2005 年版，第 84—102 页。

2. 内蒙古草原的动物物种多样性

内蒙古自治区位于中国北部边陲，总面积118.3万平方公里，境内有森林、草原、沙漠、山地、湖泊及沼泽，生态系统复杂多样，从而使内蒙古的生物资源分布具有比较典型的地带性、明显的过渡性和垂直分布的特殊性，野生动物不仅种类繁多，而且十分丰富。据动物学家调查，"区内产有野生鱼类约90种，两栖类、爬行类27种，鸟类365种，兽类114种"[①]。

在辽阔、广袤的内蒙古大草原上，孕育了独特而丰富的动物区系，主要包括：善于奔跑、具有反刍能力的有蹄类食草类；猫科、犬科肉食动物类、食肉猛禽类；善于掘洞在地下生活的啮齿类。

（1）有蹄类：黄羊是草原生态系统中的优势类群，它体型轻捷，极善于奔跑，每年春季在产仔前和冬初交配前集大群生活，并随气候季节变化进行长距离迁徙，是内蒙古草原上最具代表性的种类。现在分布范围主要在中蒙边境的狭长地带。此外，还有马鹿、驼鹿、驯鹿、獐子、盘羊、野驴、野马、野骆驼等。

内蒙古草原上的野生双峰驼是国家一级保护动物，主要栖息在海拔2000—2300米的戈壁荒漠、山间小盆地半荒漠地区，或在2400—2900米的山麓，常与黄羊和野驴在同一地区活动，多群居，也有单独生活的雄性个体，主要以红柳、梭梭等荒漠植物为食，而今已在内蒙古草原上消失。据了解，甘肃濒危动物研究中心现饲养有5峰野生双峰驼，是国内唯一的野生双峰驼圈养研究点。

---

① 张琳娜、孟建宇：《内蒙古野生动物资源概况》，《北方经济》2002年第1期。

白骆驼是内蒙古阿拉善盟特有的珍稀食草动物，是内蒙古阿拉善盟双峰驼毛色基因发生变异后所形成的一个特殊类群，全身被雪白或乳白色的毛覆盖，所产的白驼绒净绒率、梳绒性、成纱性、着色性都比一般驼绒高很多。目前，阿拉善盟的白骆驼总数只有10000多峰，比20世纪80年代减少6000多峰，已经濒临灭绝。为此，内蒙古阿拉善盟在骆驼饲养区建立白骆驼繁育基地和白骆驼基因库，采取人工授精、驼羔培育、营养平衡、种群优化等方法繁育白骆驼，以加快阿拉善白骆驼种群的恢复和发展。在自然繁殖下，产白骆驼的概率很小，仅占驼群数量的7%。而且天然白色的驼毛价值要高于普通驼毛。

（2）啮齿类：内蒙古草原上啮齿类动物有近50种，旱獭是草原上体型最大的啮齿动物。此外有黄鼠、田鼠、长爪沙鼠、五趾跳鼠、仓鼠等，它们都是草原上常见的啮齿种类动物。

（3）食肉类："全区共有兽类114种，有红狐、沙狐、草原狼、雪豹、貂熊、黑熊、猞猁、鼬等。"[1]

（4）鸟类：内蒙古全区共有鸟类365种，草原上特有鸟类很少，只有百灵和毛腿沙鸡。草原上猛禽相对丰富，常见的有草原雕、金雕、雀鹰、苍鹰、大鵟、毛腿鵟、隼、秃鹫等。

东部地区草原有很多湿地，那里是许多旅鸟过境栖息之地。如：白枕鹤、大天鹅等。每年秋季成百上千的各种鸟类成群结队出现于草原之上，在夏季大量鸟类出现于水体岸边。

（5）昆虫类：内蒙古草原上的昆虫不仅种类丰富，而且生物量很大。蟋蟀、蝼蛄、甲虫、草蛉、天牛、蝶类、蜜蜂等是草原昆虫的主要类群。金龟类甲虫被称为"草原清道夫"，常见种类有大黑鳃金龟子等。植食性昆虫以蝗虫为主，约有100

---

① 《内蒙古自治区概况》编写组：《内蒙古自治区概况》，民族出版社2009年版，第19页。

种。

3. 微生物的丰富性

微生物是一切肉眼看不见或看不清的微小生物，个体微小，结构简单，通常要用光学显微镜和电子显微镜放大约 1000 倍才能看到，但也有些微生物是肉眼可以看见的，像属于真菌的蘑菇、灵芝等。微生物千姿百态，它们为了自己的生存与繁衍在以自己特有的方式存在着。

微生物是内蒙古草原生态系统的重要组成部分，"土壤微生物数量直接影响土壤的生化活性以及土壤养分的组成与转化，是评价土壤肥力的重要指标，植被生长的好坏和土壤微生物的生长活动密切相关，而微生物的生长是多维生态因子综合作用的结果"[①]。

内蒙古草原横贯东西，地域广阔，所以草原地区微生物极为丰富，有细菌、真菌、放线菌、藻类和原生动物等。这些微生物在保护草原生态系统方面，具有重要的作用。

第一，土壤微生物可以形成土壤结构。土壤并不是单纯的土壤颗粒和化肥的简单结合，作为土壤的活跃组成部分，土壤微生物在自己的生命过程中，通过代谢活动的氧气和二氧化碳的交换，分泌的有机酸等有助于土壤粒子形成较大的团粒结构，最终形成真正意义上的土壤。土壤微生物的区系组成、生物量及其生命活动与土壤的形成和发育有密切关系。

第二，土壤微生物最显著的成效就是分解有机质，比如作物的残根败叶和施入土壤中的有机肥料等，只有经过土壤微生物的作用，才能腐烂分解，释放出营养元素，供作物利用，并形成腐殖质，改善土壤的结构。

---

① 高雪峰等：《内蒙古荒漠草原土壤微生物的分布特征及季节动态变化研究》，《内蒙古师范大学学报》（自然科学汉文版）2007 年第 4 期。

第三，土壤微生物还可以分解矿物质，土壤微生物的代谢产物能促进土壤中难溶性物质的溶解。例如磷细菌能分解出磷矿石中的磷，钾细菌能分解出钾矿石中的钾，以利作物吸收利用，提高土壤肥力。这些土壤微生物就好比土壤中的肥料加工厂，将土壤中的矿质肥料加工成作物可以吸收利用的形态。

第四，土壤微生物还有固氮作用，氮气占空气组成的4/5，但植物不能直接利用，某些微生物可借助其固氮作用将空气中的氮气转化为植物能够利用的固定态氮化物，有了这样的土壤微生物，就相当于土壤有了自己的氮肥生产车间了。

第五，在植物根系周围生活的土壤微生物还可以调节植物生长，植物共生的微生物如根瘤菌、菌根和真菌等能为植物直接提供氮素、磷素和其他矿质元素的营养以及有机酸、氨基酸、维生素、生长素等各种有机营养，促进植物的生长。

第六，大气氮沉降的加剧使土壤中的氮素积累日益严重。由微生物催化的硝化作用是全球氮循环的一个重要环节，氨氧化微生物是硝化过程的主要驱动者，对降低土壤大气氮起着关键作用。

内蒙古草原生态系统孕育着极其丰富的多样生物，生物的多样性，决定了动植物物种遗传多样性和遗传多样性的基础，是生命的进化和物种分化。在生物长期进化过程中，遗传物质的改变（或突变）是遗传多样性的根本原因。

"草原生物多样性保护是优化区域生态环境，实现可持续发展的区域经济协调发展和稳定，生态文明与进步的基本途径。草地生物多样性在保持水土、涵养水源、净化空气、防止土地沙漠化、维护生态平衡、保持合理的土地资源承载力、维护国家生态安全中占有一个独特的生态经济的战略地位，并与森林生物多样性的相互作用，构成了一个天然的绿色屏障。其生态功能和资源价值非其他生态系统可以置换和替代。"①

　　生物群体的复杂多样性是草地保护和生物系统的基础。表面上看，草原的直接资源价值除了有利于牧业经济的发展，似乎其他的经济价值不大，所以导致多年来人们对草原的生态功能没有予以足够的重视。近年来，随着我国北方沙尘天气的增加，给京、津、唐地区的人们生产生活造成巨大损失后，才引起全社会和有关部门的高度重视。草原低绿色植被稀疏，除了放牧价值，土地表面或一层薄薄的生物保护膜，这层绿色植物和藻类生长的苔藓，附着生物膜的地衣，保护土壤和水，调节温度，对保护地球的生物圈、生态系统的平衡和半干旱气候区的维护极其重要②。

　　综上所述，草原生态系统有自我调节的功能，本身具有一个良性循环的功能，但是，一旦遭到人为破坏，就会陷入恶性循环的状态，草场退化使得食草动物减少、土壤中的有机物质减少、顶级捕食者濒临灭绝。生物链中草原生态系统对社会、经济、生态及人类社会的可持续发展具有重要而积极的作用。草原除了为人类提供大量所需要的畜牧产品、动植物资源以外，还具有特殊的生态环境意义，尤其是对我国干旱、高寒、环境恶劣的北方，起到重要的生态安全屏障的作用。所以，要充分认识内蒙古草原在我国生物圈结构中的位置，保护草地生物多样性在维护全国生态平衡的重要意义。

---

　　①　徐柱、闫伟红：《中国草原生物多样性、生态系统保护与资源可持续利用》，《中国草地学报》2011年第3期。

　　②　徐柱：《中国的草原》，上海科技文献出版社2008年版，第124—147页。

四　内蒙古草原生态环境具有国防安全保障功能

生态安全是国家安全的重要组成部分，生态环境直接关系到国家主权、公民的生存权和社会的稳定，内蒙古大草原地处祖国北部边陲，是我国北部边疆的生态前沿阵地。

"从狭义上来看，一个国家的基本职能是保护其领土完整、政治独立。从广义上来说，国家安全应包括多方面的内容，如经济安全、国防安全、政治安全、社会安全和生态安全等。"①

不断追求人与自然的和谐，实现人类社会全面协调可持续发展，是人类共同的价值取向和最终归宿。马克思说过："人同自然界完成了的本质的统一，是自然界的真正复活，是人的实现了的自然主义和自然界的实现了的人道主义。"②

现代社会应该是人与自然本质和谐的社会。自1996年美国国务卿克里斯托夫提出把"环境纳入国家安全"开始，美国、日本、欧盟、加拿大、俄罗斯等国家（集团）都将环境安全列入国家安全战略的主要目标。随着生态危机的加剧，环境问题国际化的趋势越来越明显。由于生态环境有整体性、区域性特征，这使得"双边和多边的资源共享也有产生国际冲突的危险……一个国家环境污染对周边国家的环境产生不良影响，已经成为影响各国外交关系的一个重要内容"③。

我国历史上，因为生态环境问题引发的社会动乱、战争不胜枚举。古代游牧民族与农业民族的长期争战造成的山河破碎、国破家亡的悲剧，其直接原因往往是游牧民族赖以生存的草原资源

---

① 吴迪、段昌群、杨良：《生态安全与国家安全》，《城市环境与城市生态》2003年第1期。

② 马克思：《1844年经济学哲学手稿》，人民出版社2000年版，第83页。

③ 沈伟烈、陆俊元：《中国国家安全地理》，时事出版社2001年版，第93页。

受到了破坏，楼兰古国的消失某种程度上也是环境恶化的直接结果。生态环境的破坏必将带来一系列社会问题。

内蒙古大草原，是以汉族为多数，蒙古族为主体的民族自治地区，全区共有47个兄弟民族居住。少数民族大多聚居在边疆或接近边疆地区，部分少数民族还是跨境而居。少数民族地区脆弱的生态环境，加之诸多环境问题、自然灾害等，往往对少数民族群众的生存和财产利益造成巨大损害。因此，保护好草原生态环境，不仅关系到少数民族地区的生活质量、社会稳定，也涉及整个国家的国防安全与国际关系。

没有良好的生态条件，人类不可能有高度的物质文明、精神文明和政治文明；所以说，党的十八大报告中指出：要把"生态文明建设放在突出地位，融入经济建设、政治建设、文化建设、社会建设各方面和全过程……建设生态文明，是关系人民福祉、关乎民族未来的长远大计"。这标志着中国共产党把"生态文明建设"提高到了前所未有的高度。没有生态安全，人类自身就会陷入不可逆转的生存危机。生活在内蒙古草原上的少数民族群众，大多地处偏远、交通不便、经济文化和社会发展相对滞后的地区；近年来，这些地区还在承受着环境污染与生态破坏的双重压力。一些地方，以牺牲环境来求得发展的传统发展模式，对生态环境造成很大冲击和破坏，使原本十分脆弱的生态环境面临着诸多问题，如：环境污染，水土流失严重，土地荒漠化加剧，土壤质量变差；非农业建设用地大幅度增加，使耕地资源不断减少，对野生动植物的滥捕滥猎加剧了生物消亡的速度等。

恩格斯曾警告说：我们不满足于我们战胜自然的每一次这样的胜利，自然界都报复了我们每一次胜利。

生态环境退化对经济发展构成的威胁，主要是环境质量状况低劣、自然资源的减少和退化，削弱了少数民族地区经济可持续发展的支撑能力。"每年因沙化为主造成的经济损失，更是高达

540 亿元，相当于西北五省区 1996 年财政收入的 3 倍。"①

再如：2011 年内蒙古阿右旗，出现 34 年来最强的一次沙尘暴，使当地农牧业遭到重创。据阿拉善盟统计，此次灾害失踪或死亡的牲畜有 4000 多头，近 5 万亩农田受灾；上百座蔬菜大棚严重受损；300 多眼水井被掩埋；通信、光电线路也严重受损。"2011 年，内蒙古自治区出现的主要气象灾害及衍生灾害有干旱、大风、沙尘、暴雪、洪涝、高温、冰雹、雪灾、病虫害等，使国民经济和人民生命财产受到不同程度的损失。据统计，全年因气象灾害及其引发的次生灾害造成 719.4 万人受难，死亡 29 人；农作物受灾面积 214.9 万公顷；死亡大牲畜 4.9 万头（只）；直接经济损失 107.3 亿元。"②

生态环境的破坏，会造成工农业生产能力和少数民族地区群众生活质量和生活水平下降；水土流失、草场退化、噪声污染、固体废弃物污染等，严重危害了少数民族地区广大人民群众的生命财产安全；动摇了经济和社会发展的基础。"环境破坏和自然资源短缺引起经济的衰退，影响人们的生活条件，特别是环境难民的大量产生，从而导致国家的动荡"③，对国家政治安全造成威胁。

生态环境的恶化、生态难民的增加，往往成为民族分裂主义分子的分裂工具，他们利用"宗教的感召力"，借机煽动蛊惑和制造民族事件的由头，影响民族团结，给少数民族地区社会安定带来隐患。

---

① 吴迪、段昌群、杨良：《生态安全与国家安全》《城市环境与城市生态》2003 年第 16 期（增刊）。

② 哈丽琴：《内蒙古因气象灾害直接经济损失逾百亿元》，2012 年 3 月，新华网（http://www.nmg.xinhuanet.com/nmgzfzx/2012—03/24/content_24954303.htm）。

③ 曲格平：《关注生态安全之一：生态环境问题已经成为国家安全的热门话题》，《环境保护》2002 年第 5 期。

　　内蒙古草原不仅是我国生态建设的前沿阵地，也是安全国防的前沿阵地。在漫长的边境线上，只能靠边防军守点、武警守片、广大农牧民守面的军警民联防体系来保卫边境安全。但由于水土流失严重，干旱少雨，荒漠化程度高，可供放牧的草场越来越少，生态环境越来越恶劣，许多地方牧民几近不能生存。例如，内蒙古阿拉善盟，由于居延海湖干涸，迫使2.5万牧民迁居他乡，环境移民的大量增加，使得边境地区国防"军依托民"的格局受到不同程度的影响，边防脆弱、国家边防安全隐患增加。

　　此外，威胁国家安全的非军事性因素日益增加，国外的或全球性生态环境问题对我国环境安全的影响也是客观存在的，而且有加剧的趋势；同时我国少数民族地区因跨境而居的民族较多，与邻国关系也因为环境问题产生过一些消极的影响。我国少数民族地区生态系统退化，已经超出了边境线、对周边国家甚至更远的国家造成影响，如草原生态系统退化可能会导致土地沙漠化，而沙漠化的后果会危及周边国家。国际上有一种观点认为，中国和内蒙古不断扩大的沙漠化，正在对日本人的健康形成威胁，并且影响到日本的商业，强烈的沙尘暴将尘土刮到了朝鲜半岛和日本，造成了日本患呼吸道疾病的人数上升，并给日本经济造成损失，航空业的损失尤为严重。因此，做好生态保护，不仅关系着人民群众的生产生活，而且涉及与周边国家的关系，涉及人类的生存安全问题。

　　目前，"人类面临的环境问题主要有大气污染、气候变暖、酸雨肆虐、水源枯竭、土地退化、物种灭绝等，这些问题与国民的身体健康、国家的政治经济紧密相连，因此，加强加快内蒙古草原地区生态文明建设，保护内蒙古草原地区生态环境，是保障少数民族和民族地区利益的需要，也是加快民族地区经济社会全面协调发展、促进民族团结的需要，更是使少数民族地区社会稳定和保障边疆安全的需要"①。

第二节　内蒙古草原地区矿产
资源开发的重要意义

　　矿产资源在国家工业体系中居于基础性地位，对国民经济的发展具有重大战略意义。源源不断的矿产资源对中国快速发展起到了巨大的推动作用。中国经济的快速发展，尤其是以投资为重要支撑的经济速度也极大地刺激了矿产资源的旺盛需求，随着我国经济的增长，能源及矿产资源的需求量在急速上升。

　　内蒙古作为我国重要的能源资源基地，各类矿产保有储量"潜在总价值为 13.41 万亿元，居全国第三位。其中能源矿产 11.52 万亿元，占总价值的 85%；金属矿产 0.7 万亿元，占总价值的 5.2%；非金属矿产 1.19 万亿元，占总价值的 8.8%。内蒙古人均拥有矿产资源的潜在价值为 56.73 万元，居全国之首"②。所以，合理开发利用草原地区矿产资源对内蒙古乃至全国经济发展都具有重要的意义。

一　内蒙古资源对全国经济发展起到巨大的推动作用

　　内蒙古自治区目前已探明的煤炭储量达到 7413.9 亿吨，居全国第一位。其中煤炭区外运交易量占 60% 以上，电力外送量达 43%。截至 2010 年，"内蒙古能源生产总量占全国总量的

---

　　①　侯丽清：《少数民族地区生态文明建设与国防安全》，《阴山学刊》2009 年第 4 期。
　　②　贾凤珍、杨刚强、孟霞新：《内蒙古矿产资源开发利用战略研究》，《北方经济》2005 年第 12 期。

16.6%，其中原煤占全国总量的24.4%，发电量占全国总量的5.9%"。①内蒙古已经走在了国家能源战略阵地的前沿，为全国各地经济发展提供了强大动力引擎。

（一）稀土是国家重要的战略资源

多年来内蒙古在煤炭、电力、冶金、天然气、稀土、铀资源等领域有力支援了国家经济建设，特别是电煤外运和电力输出，为全国各地区的快速发展，缓解全国煤、电紧张做出了重要贡献。

世界经济发展进程表明，能源供应是制约经济增长的基本因素。经济发展，能源先行，党的十八大报告中指出：确保到2020年实现全面建成小康社会的宏伟目标……实现国内生产总值和城乡居民人均收入比2010年翻一番。可以说，内蒙古的资源开发利用是确保实现这一目标的资源与能源的基础。

稀土是镧（La）、铈（Ce）、镨（Pr）、钕（Nd）、钷（Pm）、钐（Sm）、铕（Eu）、钆（Gd）、铽（Tb）、镝（Dy）、钬（Ho）、铒（Er）、铥（Tm）、镱（Yb）、镥（Lu），以及钪（Sc）和钇（Y）共17种元素的总称。稀土是战略资源，具有极为重要的战略价值，是国家的宝藏，稀土具有独特的光、电、磁、热等物理和化学特性。稀土广泛应用于电子、机械制造、核工业、新能源、航空航天等尖端科技领域，被誉为"新材料之母"。稀土能够大幅度提高用于制造坦克、飞机、导弹的钢材、铝合金、镁合金、钛合金的战术性能，同时，稀土也是电子、激光、核工业、超导等诸多高科技的润滑剂。

中国的稀土资源储量曾一度占到全球储量的85%，位于内蒙古包头市境内的白云鄂博多金属共生矿，蕴藏的稀土资源约占

---

① 胡敏谦主编：《内蒙古统计年鉴2011年》，中国统计出版社2012年版，第783页。

中国已探明储量的 87%，是全球最大的稀土矿藏。"中东有石油，中国有稀土。"这是邓小平 1992 年南方谈话时说的一句名言，中国的稀土就如中东的石油一样存在巨大价值和影响力。

以制造业和电子工业起家的日本，对稀土的依赖不言而喻，资源匮乏的日本大肆购买中国稀土，将其埋入海中，以备未来几十年之用；早在 1983 年，日本就出台了稀有矿产战略储备制度，并执行至今。储备对象为镍、铬、钨、钴、钼、钒、锰等 7 种稀有金属，其进口依赖度超过 90%。稀土储量世界第二的美国，早早便封存了国内最大的稀土矿芒廷帕斯矿，钼的生产也已停止，转而每年从我国大量进口。西欧国家储量本就不多，就更加珍爱本国稀土资源，也是我国稀土重要用户。目前，中国稀土的主要购买国为日本、韩国、美国。

近年来，中国实施了稀土出口配额制度，据新华网海外财经报道，2012 年稀土出口额较上年下降 66.1%，至 9.06 亿吨。

美国政府联合欧盟、日本向 WTO 提起针对中国限制稀土出口的贸易诉讼。据称，此举是为了加强对中国贸易政策的攻势，计划通过世贸组织，迫使中国放松对稀土资源的出口限制。

早在 20 世纪 50 年代，周恩来总理就把稀土开发列入中国第一个科技发展规划。1975 年，中国便成立了稀土领导小组，即便国务院机构几番调整，专门的稀土行业管理机构却一直得以保留。1991 年，稀土被列入国家保护矿种。

2011 年，国土资源部贯彻落实《国务院关于促进稀土行业持续健康发展的若干意见》的通知，要求有关省区严格执行稀土矿产资源总体规划，加强总量控制、分区管理和准入管理。省级国土资源主管部门要抓紧编制完成稀土资源重点规划区（矿区）专项规划、稀土矿产勘查专项规划和矿业权设置方案，促进矿业权科学有序投放。国土资源部将在已发布首批稀土国家规划矿区基础上，统筹规划南方离子型稀土和北方轻稀土资源勘查、开采，再划定一批国家规划矿区。

全国将加快推进矿产地储备试点，由国土资源部统一部署，划定一批矿区作为国家稀土资源储备矿产地，列入国家储备的矿产地，由当地政府监管保护，未经国家批准不得开采。国土资源部要求各地继续保持打击违法违规的高压态势，加强重点稀土产区监管，制止各种违法勘查开采和超指标开采行为。

严肃查处无证勘查开采等违法违规行为，对重大违法勘查开采案件挂牌督办，要将稀土开采总量控制指标逐级分解到稀土矿山，及时向社会公布指标分配情况并备案；对稀土矿山生产的产品流向和数量逐一造册登记，严格按照有关规定做好统计季报工作，禁止超采。严格清理并重新审核已颁发勘查许可证和采矿许可证，严格查处以登记其他矿种名义勘查开采稀土等违法违规行为。

在全国范围内继续暂停受理新立稀土探矿权、采矿权申请，不得新增稀土矿业权；原则上禁止现有稀土开采矿山扩大产能。挂牌督办所有稀土开发矿区整合工作，加快办理矿业权变更登记手续。严禁借整合之名扩大稀土生产规模的行为，做好稀土资源开发整合工作与稀土行业兼并重组的衔接。

无论从国际市场上对稀土资源的争夺来看，还是从国家对稀土资源的管控上看，都说明稀土资源是关系到我国经济安全、军事安全和社会稳定的重大战略资源。

（二）煤炭、电力等资源对全国经济发展的作用

内蒙古地域辽阔，煤炭资源极其丰富，"截至2012年，内蒙古共勘察含煤盆地103个，累计探明储量8080.65亿吨，全区累计探明储量已居全国第一位"[1]。

---

① 于嘉：《内蒙古累计探明煤炭储量8000多亿吨》，2012年10月，新华网（http：//news. xinhuanet. com/2012—10/13/c_ 113358876. htm）。

内蒙古自治区生产供应中国1/4的煤炭，对全国经济社会发展做出了巨大贡献。

内蒙古煤炭资源有四大优势：

第一，多数煤田为整装煤田，储量大、埋藏浅、煤层厚、赋存稳定、构造简单，适宜于大型机械化开采和露天开采，就煤炭开采成本而言，是全国最低的。

第二，煤种、煤质优势。全区煤种齐全，煤质优良。有低灰、低硫、低磷、高发热量的阿拉善盟古拉本优质无烟煤"太西煤"，有特低灰、特低硫、特低磷的鄂尔多斯优质不黏结煤"乌兰煤"，褐煤等其他煤种也是良好的动力、化工用煤。

第三，产业延伸优势。煤炭产品通过物理或化学的方法，可成为一种具有高附加值的工业原料。高效洗选、烟气脱硫、煤炭液化、煤制油等技术的日趋成熟，使得以煤为主的煤转化产业有广阔的发展前景。全区煤化工产业虽尚属起步阶段，但地域、煤种和资源优势使其在全国占有举足轻重的地位，可以说全区煤化工的发展已事关国家煤化工产业发展全局。

第四，人力资源优势。全区煤炭经过几十年的开发建设，拥有从煤炭勘探、设计、科研到施工建设和生产的优秀专业队伍，具有开发建设煤田的人力资源优势。

在当前和今后一个时期，煤炭作为主体能源在我国能源结构中占有不可替代的重要地位。

我国正处于工业化和城镇化建设发展的重要时期，能源需求具有刚性增长特征。我国《能源中长期发展规划纲要》提出我国能源战略的指导方针：要坚持从我国国情出发，走中国特色的能源发展之路，必须坚持以煤炭为主体、电力为中心、油气和新能源全面发展的战略。我国能源结构的特点决定了煤炭是主要能源。在我国的能源生产、消费结构中，煤炭始终占有较大的比重，1998年原煤在一次性能源生产中所占比重为71.9%，在能源消费结构中所占比重为 69.6%；据有关部门预测，2014 年煤炭仍将在能源生产、消费结构中占到 65% 的比重。21 世纪我国经济发展必将出现迅速增长的能源需求，决定了国家能源战略对煤炭能源的倚重，特别是我国中西部煤炭能源的开发，将成为我国经济发展的主要支撑。

2011 年，内蒙古全区原煤生产接近 10 亿吨，内蒙古煤炭外运量达到 6.05 亿吨，占全区煤炭产量的 62% 以上，煤炭作为一种燃料是热能的重要来源，在目前我国能源结构中占有主要地位。同时，它又是一种重要的矿物原料和化工原料。因此，内蒙古煤炭资源的合理开发利用，对整个国民经济各部门都有着重要的作用。

电力作为一种清洁、使用方便的能源，在能源工业中占有极为重要的地位，是国家进步和繁荣不可缺少的动力。预计到 2020 年，我国用电需求将达到 7.7 万亿千瓦时，发电装机将达到 17 亿千瓦时左右，均为现有水平的 2 倍以上。

2011 年 5 月 24 日，据内蒙古电力集团公司副总经理杨泓在呼和浩特召开的"近期全国电力供需形势与特高压输电必要性"座谈会上介绍：截至 2010 年年底，内蒙古发电装机 6453 万千瓦，居全国第三，其中，火电 5406 万千瓦；风电装机 968 万千瓦，居全国第一。"内蒙古电网外送电能力 2620 万千瓦；2010 年底，外送电量 1064 亿千瓦时，居全国第一"，极大地促进了其他省份的发展。

作为我国政治文化中心的首都北京，多年来飞跃式的发展离不开内蒙古的电力支持。北京也曾是一个严重缺电的城市，在 20 世纪 90 年代初，拉闸限电是平常事，仅 1992 年一年就限电 7.6 万路次，平均每天拉闸 200 多路次。而基于环保的要求，北京市不可能再多建电厂，本地发电最多能满足 40% 的用电量。随着内蒙古充足的电力源源不断地送入，再加上其他各方的努力，从"1995 年 11 月起，北京市基本实现了不拉闸限电。1989年—2006 年，内蒙古已累计向华北电网送电 925.69 亿千瓦时，其送电量约占北京用电总量的五分之一"①。内蒙古是华北地区最大的电力外送省份，对华北电网的安全稳定运行起着重要作用。据了解，目前北京电力需求的 70% 来自内蒙古，北京点亮的 10 个灯泡中有 8 个是依靠内蒙古的电力点亮的。我们不难想象，在当今社会，没有充足的电力供应，我们的生活起居都成为不可想象的大问题，没有电力供应，我们连饭也吃不上、水也喝不上，更不用说经济社会的发展了。

（三）石油、天然气对全国经济发展的作用

内蒙古石油、天然气蕴藏非常可观。内蒙古石油资源总量为20 亿—30 亿吨，主要分布在松辽盆地、鄂尔多斯盆地、二连盆地和海拉尔盆地等地。呼伦贝尔市、通辽市、锡林郭勒盟相继发现油田，其中锡林郭勒石油矿产集中区范围包括锡林郭勒盟中部地区，东起东乌旗、西至苏尼特右旗，面积 12.8 万平方公里，是内蒙古自治区主要的石油生产基地。目前阿尔善油田已开采生产，年产原油 110 万吨，是呼和浩特炼油厂的主要开采基地；呼伦贝尔市石油矿产集中在海拉尔盆地，大庆石油公司呼伦贝尔市分公司在海拉尔盆地找到 16 个凹陷区，现已探明石油储量 6.5亿吨，天然气储量 2700 多亿立方米。

天然气资源主要分布在内蒙古中部的鄂尔多斯盆地，根据目前勘探结果，鄂尔多斯盆地天然气总资源量为 10.7 万亿立方米，其中鄂尔多斯市境内天然气总资源量 4.1 万亿立方米，苏里格、乌审、大牛地三个气田目前探明储量达 7202 亿立方米，这几大气田是"西气东输"的主力气田，其中苏里格天然气田是我国最大的整装气田，进入了世界知名气田之列。

---

① 姜晶晶：《从拉闸限电到放心使用》，《北京晨报》2008 年 11 月 6 日第 2 版。

从内蒙古自治区国土资源厅了解到，内蒙古自治区已探明天然气产地 23 处，地质储量 10013.95 亿立方米，技术可采储量 5798.26 亿立方米，累计产量 162.8 亿立方米。对拉动当地经济发展和增强国内矿产资源安全保障能力均有重要意义。

（四）内蒙古是全国风能、太阳能等新能源的重要基地

内蒙古自治区地处我国北部，是新型能源——风能丰富区，在内蒙古的大部分地区是一个平坦的草地，为大型风电场的建设非常合适。据估计，"内蒙古的风能总储量为 10.1 亿千瓦，占全国的 40%，位居全国之首，内蒙古除煤炭、化工之外，又一新型洁净能源——风能被列入开发重点，形成一个新的产业"[①]。到目前为止，一些大型风能项目已经启动，已经成为煤炭、石油、天然气之后的第四大能源。

内蒙古太阳能资源十分丰富，内蒙古日照时间长，年日照时数为 2600—3400 小时，全年太阳辐射总量为 4800—6400 兆焦耳/平方米，仅次于西藏，居全国第二位。

总之，内蒙古自治区矿产资源的开发与利用，不可避免地会对环境产生破坏与影响。但是，我们不能说建设社会主义生态文明，就把矿产资源开发一概否定。发展是硬道理，发展是执政兴国的第一要务。关键是我们在开发利用矿产资源的过程中，如何落实科学发展观，做到资源开发与环境保护的双赢。

二　草原地区矿产资源开发对内蒙古经济发展的作用

近年来，草原地区矿产资源的开发带动了当地经济的发展，矿产资源的开发利用，实现了内蒙古自治区的跨越式发展，矿产资源开发已经成为内蒙古的支柱产业。

---

① 母瑾、王曦媛：《内蒙古风能产业有望成为空中三峡》，《北方经济报》2006年 10 月 10 日第 1 版。

实现资源转化，变资源优势为经济优势，使得内蒙古初步形成了能源、稀土高科技、冶金机械和化学等具有一定规模和明显优势的产业基础。煤炭工业、电力工业、石油天然气工业资源富集、生产规模大、技术设备先进、产品质优价廉，不仅成为国家重要的能源输出基地和战略接续基地，也成为内蒙古经济社会发展新的增长点。

（一）草原地区矿产资源开发已成为内蒙古的支柱产业

内蒙古自治区地处祖国北部边疆，由于历史原因，再加上自然条件恶劣、交通不便、信息不灵，经济社会发展极为落后，新中国成立前，各族人民生活水平低下，农牧业处于广种薄收，逐水而牧的原始状态，工业基础非常薄弱，只有一些简单的皮毛加工、煤炭开采、森林采伐和农产品加工业。1947 年，全区仅有耕地 396.7 万公顷，粮食产量 18.5 亿公斤，年末牲畜总头数只有 851.8 万头（只）；到 1947 年，全区工业增加值只有 0.37 亿元，占地区生产总值的 6.9%。交通闭塞，通信落后，铁路密度不及全国平均水平的一半，公路全部是天然的沙石路。商贸流通业发展缓慢，商品交换还处于"以物易物"的初级阶段，到 1947 年，全区社会消费品零售总额仅有 0.83 亿元。科教、文化、卫生等社会事业也十分落后①。

1947 年内蒙古自治区的成立和 1949 年新中国的诞生，给内蒙古各族人民带来了新的曙光。60 多年来，在中国共产党的领导下，在党的民族政策的照耀下，经过全区各族人民的共同努力，内蒙古自治区的经济迅速发展壮大，特别是党的十一届三中全会以后，全区各地不断深化改革扩大开放，开拓创新，奋勇前

---

① 李力：《国民经济持续发展综合实力显著增强——新中国成立 60 年以来内蒙古经济社会发展系列报道之一》，2007 年 7 月，内蒙古自治区统计局网（http://www.nmgtj.gov.cn/Html/lszn/2009—9/3/099309063954008.shtml）。

进，取得了经济建设和改革开放的巨大成就。

我国实施西部大开发战略以来，内蒙古经济一直保持较快的增长速度，这得益于内蒙古强大的资源后盾。尤其是煤炭、石油、铁矿和稀土等，是内蒙古国民经济发展的基础性产业。随着我国工业化进程的不断推进，内蒙古将迎来新一轮的经济发展机遇，但也面临着资源与环境的压力。因此，一方面要充分发挥内蒙古的资源优势，转变经济增长方式，通过信息化与工业化的互动发展，推动产业结构优化、升级，发展"资源节约型、环境友好型"的新内蒙古；另一方面，要走可持续发展道路，使资源的开发与保护并重，实现资源、环境与经济的和谐发展，彰显矿产资源在内蒙古未来经济发展战略中的重要地位。

进入 21 世纪，全区全面落实科学发展观，抓住机遇，加快发展，大力推进农牧业产业化、工业化和城镇化，不断加快改革开放步伐，推进和谐社会建设，经济发展取得重大突破，综合经济实力显著增强，社会事业全面进步，人民生活水平有了新的提高。整个社会呈现出物质文明、政治文明、精神文明和生态文明的新气象。内蒙古 GDP 增速自 2002 年至 2010 年 8 年保持全国第一。

2013 年全面落实党的十八大精神和内蒙古自治区"8337"发展思路，着力调结构、转方式、惠民生、促和谐，经济社会继续保持又好又快发展的良好势头。2013 年"全面推进五大基地建设，一批煤炭加工转化和综合利用项目建成或开工，新增电力装机 500 万千瓦，外送电量 1400 亿千瓦时，新开工煤制气 120 亿立方米"①。

2013 年，"内蒙古全年社会固定投资总额 1552.72 亿元，其

---

① 巴特尔：《2014 年内蒙古自治区人民政府工作报告》，2015 年 2 月，中央政府门户网站（www.gov.cn）。

中第一产业投资 963.08 亿元，增长 33.1%，第二产业投资
7930.14 亿元，增长 21.5%，其中，工业投资 7823.65 亿元，增
长 22.1%，第三产业投资 5389.62 亿元，增长 19.6%"①。

　　内蒙古经济一直保持较快的增长速度，从 2001 年到 2008
年，GDP 总量十年平均增速是 17.5%，这得益于内蒙古强大的
资源后盾。内蒙古自治区矿产资源丰富，种类多、分布广、储藏
大、品位高、易开采，"目前内蒙古 90% 以上的一次性能源，
85% 以上的工业原料和 45% 以上的饮用水均来自矿产资源，丰
富的矿产资源已成为内蒙古经济腾飞的引擎之一"②。

　　"2012 年三次产业结构为分别 9.1：56.5：34.4，工业比重由
43.3% 提高到 49.8%，工业化进程明显加快；非公有制经济占
GDP 的比重由 40% 提高到 50% 左右，所有制结构进一步优
化。"③

　　以内蒙古自治区的鄂尔多斯市为例，2011 年市、地、区生
产总值（GDP）突破 3000 亿元，达到 3218.5 亿元，按可比价计
算，增长 15.1%。其中，第一产业实现增加值 83.2 亿元，增长
4.9%；第二产业实现增加值 1933.6 亿元，增长 16.8%；第三
产业实现增加值 1201.7 亿元，增长 13.2%。第一产业对 GDP 的
贡献率为 2.2%，第二产业对 GDP 的贡献率为 66.4%，第三产
业对 GDP 的贡献率为 31.4%。三次产业结构为 2.6：60.1：
37.3，增加值 1723.0 亿元，比上年增长 16.3%。规模以上工业
企业 393 家，总产值达到 3757.8 亿元，同比增长 41.6%。销售

①　《2014 年内蒙古国民经济和社会发展统计公报》，2015 年 2 月，中国经济网
（www.ce.cn）。

②　贾凤珍等：《内蒙古矿产资源开发利用战略研究》，《北方经济》2005 年
15 期。

③　巴特尔：《2013 年内蒙古自治区政府工作报告（摘要）》，《内蒙古日报》
2013 年 1 月 30 日第 1 版。

产值 3738.8 亿元，增长 42.9%；全年规模以上工业主营业务收入 3797.7 亿元，比上年增长 40.9%；利税总额 1105 亿元，增长 27.6%。其中，利润总额 779.4 亿元，增长 30.4%。城镇居民人均可支配收入达到 29283 元，同比增长 16.2%。城镇居民人均总收入达到 31441 元，同比增长 15.6%。其中工薪收入 21766 元，同比增长 14.6%；经营性收入 4426 元，同比增长 18.0%；转移性收入 2839 元，同比增长 14.6%；财产性收入 2410 元，同比增长 22.1%。[①] 从以上数字分析，内蒙古自治区各盟市三次产业中，工业对 GDP 的贡献率和在三次产业所占的比重都在 60% 以上，而这些销售产值绝大部分来自煤炭等矿产资源：煤炭、石油、铁矿和稀土等，是内蒙古国民经济发展的基础性产业。随着我国工业化进程的不断推进，彰显了矿产资源在内蒙古未来经济发展战略中的重要地位。近年来，草原地区矿产资源的开发带动了当地经济的发展，矿产资源的开发利用实现了内蒙古自治区的跨越式发展，矿产资源开发已经成为内蒙古的支柱产业。

（二）矿产资源转化将成为内蒙古经济社会发展新的经济增长点

1. 实现矿产资源转化的必然性

改革开放以来，我国实施了沿海地区率先发展战略，优先在沿海地区布局了一批重化工业项目，导致对能源的需求不断增加。尤其是"十五"以来，东部部分省市再一次提出工业适度重型化和重型化战略，在政府主导下，纷纷扩大重化工业规模，延续传统重化工业发展道路，从西部地区调入能源的规模不断扩大，形成了能源生产和消费空间显著分离的格局，并且有进一步强化的趋势。以 2007 年为例，西部地区提供的煤炭、原油、天

---

① 《2011 年鄂尔多斯市国民经济和社会发展统计公报》，2012 年 3 月，鄂尔多斯市统计局网站（www.ordostj.qov.cn）。

然气消费量和用电量分别占全国的 38%、50%、36% 和 50%。近年来，由于煤炭运输的瓶颈限制，这种依靠消耗大量能源实现经济快速增长的模式，直接导致东部地区逐渐陷入能源困境。随着我国工业化进程的加快，东部地区产业结构的调整，一些高能耗、高污染、对环境污染严重企业的发展受到一定程度的制约。

内蒙古是西煤东送的主要省区，能源的输入输出直接造成铁路、公路运力紧张，导致资源的巨大浪费，汽车远距离运煤耗费了大量汽柴油，这种用高级能源换取低级能源的方式，将难以为继。如果再考虑煤炭运输中的损耗，则代价更高。为保障能源顺利输入输出，需要修建铁路、公路、管道等通道项目，这不仅增加大量的建设成本，而且必然占用大量的土地资源。能源的输入输出，导致能源使用成本增加。以煤炭运输为例，按铁路运价 0.15 元/吨公里计算，将内蒙古准格尔旗煤炭运到秦皇岛，每吨煤平均运输成本近百元；按公路运费 0.5 元/吨公里，运输半径 300 公里计算，1 吨煤运输费用高达 150 元。一卡车煤炭，从鄂尔多斯运往长沙，运"一车就得烧掉半车"。用汽油这种高级能源来千里迢迢地运送煤炭这种低级能源，是十分低效的资源利用方式。受煤炭高额运输成本影响，华北地区发电成本比内蒙古就地发电要高出许多，这显然不利于提高能源使用效率。

近几年来，随着全国各地对煤炭资源需求的增加，从内蒙古向外运送煤炭车辆剧增，导致京藏高速公路拥堵非常严重，2010 年 9 月，京藏高速公路大堵塞震惊全世界。造成上百公里高速公路瘫痪的"罪魁祸首"之一，就是从内蒙古外运的煤炭货车。京藏高速公路进京方向，成了超长的停车场，最长的堵车时间持续十余日，最长堵车路段达到 120 公里，车辆动弹不得，司机也被"焊"在车上，吃饭、喝水靠沿途村民供应，路边到处都是炉灶。车辆运送煤炭过程中，外溢洒落的煤炭、粉尘等在公路沿线造成环境污染，也给当地居民的生活带来极大影响。

　　早在2009年，习近平同志在内蒙古考察时就强调：推动形成节约能源资源、保护生态环境的产业结构、增长方式和消费模式。坚持走新型工业化道路，大力发展循环经济和绿色经济，加快结构调整优化和科技创新步伐，努力实现速度与结构质量效益相互统一、经济发展与社会发展相互协调、经济社会发展与生态环境互为和谐，在新的起点上实现更高质量的发展。

　　2013年两会期间，在内蒙古代表团审议政府工作报告时，对于雾霾天气和京藏高速公路堵车等问题，全国人大代表、乌海市市长侯凤岐提出一组数据："内蒙古煤炭产量10.6亿吨，外运量就达6.6亿吨。京津冀地区燃煤总量约3.5亿吨，二氧化硫排放强度为每平方公里8.5吨，是全国平均水平的3.7倍，能源资源生产集中在西部，而消费却集中在东部，贮存和消费的逆向分布和流动，导致了诸多问题的出现。"[①]

　　一是加剧了能源供需矛盾，东部一些地方经常出现煤荒、电荒、气荒，而西部很多地区却是"窝电""弃风"；二是加剧了运输紧张的矛盾，能源、原材料产品和劳动力等生产要素的大规模跨地区转移，带来巨大运输压力；三是增加了企业成本负担。

　　所以说，内蒙古矿产资源就地转化，变资源优势为经济优势，既是我国工业布局的需要，也是内蒙古实现资源产业升级、提高资源利用率的现实需要。

　　内蒙古是国内最早实施"西电东送"的省区之一。将煤炭就地转化为优质能源再输送到全国各地，变资源优势为经济优势，势在必行。从1989年开始，内蒙古通过华北电网向北京送电。但是目前，资源转化率还比较低，能源转化效率低，概括起来就是：资源丰富，产值低、效益差，说到底是资源的利用效率

---

　　①　侯凤岐：《加快推进资源就地转化》，2013年3月，中国煤炭资源网（http：//www.sxcoal.com/coal/3087504/articlenew.html）。

低。寻求将煤炭大规模转化为电力、石油，改变传统的"挖煤—卖煤—粗加工"的经济发展模式，将是内蒙古资源转化和矿产资源企业结构调整的发展方向。

全国人大代表、呼和浩特市委副书记、市长秦义说，2014年，内蒙古电力装机容量达到7828万千瓦，其中风电装机1692万千瓦，由于电力外送通道不畅，自身用电负荷不足，电力装机富余800多万千瓦，风电弃风率超过20%。调整优化重点产业布局，推动能源依赖型和资源加工型产业向能源富集地区转移，是解决这些问题的治本之策。

例如：内蒙古准格尔、大青山、卓资山已探明高铝煤田资源量500多亿吨，可产生近150亿吨高铝粉煤灰，也可从中提取氧化铝50亿吨左右。但是，目前这些地区的煤炭大部分运往区外分散使用，致使氧化铝无法回收利用，还造成了严重的环境污染，成为造成雾霾天气的罪魁祸首。如果将这些地区高铝煤炭资源就地转化加工，建设煤、电、灰、铝一体化循环产业基地，就可以有效提高资源综合利用效率，还可替代氧化铝和纸浆的进口。

内蒙古自治区能源资源富集、优势突出，经过多年的开发建设已初步形成了以煤炭、电力为主体的能源产业体系，能源产业作为地方经济发展的支柱产业，其主导地位日益突出；但是，伴随着能源产业的快速发展，同时也暴露出能源资源浪费、循环利用程度低、综合利用水平和转化率不高、产业链条短，局部地区环境污染和生态破坏严重等问题。

内蒙古要抓住机遇，继续为国家能源需求做出应有的贡献，在能源转化，包括化工生产等方面要依托资源优势，考虑综合效益；也要有科技含量和创新，充分论证转化效率、经济性及可持续发展问题。"煤炭占内蒙古自治区经济总量的17%，其利润占整个工业利润的50%。如果能将大量煤炭就地转化，可以优化产业结构，也有利于国家能源安全。"① 内蒙古以后经济发展潜力的后劲是在能源的利用上，而不单单是在开发上面。

2. 内蒙古在煤炭深加工和资源转化方面的优势

第一，煤炭资源赋存得天独厚。其中，鄂尔多斯市、锡林郭勒盟、呼伦贝尔市，具有大型整装、赋存稳定、煤质适宜转化等特点；全区具备年新增 1 亿吨煤炭产量的能力，在保障国家煤炭外调需求的前提下，有条件实施煤炭深加工升级试验示范项目。

第二，水资源能够满足发展需求。内蒙古西部地区黄河过境830 公里，区域内黄河水配给水量 58.6 亿立方米，目前工业和生活用水仅占 8.5%；东部地区的呼伦贝尔市和兴安盟地表水资源更为丰沛，占全区地表水资源量的 83%，能够满足煤炭深加工的用水需求。

第三，资源开发与转化成本低。内蒙古煤炭埋藏较浅且构造简单，吨煤平均生产成本露天矿为 85 元、井工矿为 110 元，开采成本全国最低；每千瓦时发电成本比全国平均水平低 0.15 元左右，煤炭深加工产品生产成本在全国具有明显的竞争优势。

第四，地区环境空间容量较大。内蒙古地域辽阔，荒漠化、沙漠化土地占 52.2%，目前的开发强度仅为 1.3%；而森林、草原具有巨大的固碳能力，整体上有助于全区生态环境的保护与修复。

第五，产品市场需求潜力巨大。随着我国节能减排政策的进一步深化，各地从单纯要求供应煤炭向要求提供清洁能源和化工产品转变。目前，仅东北三省、京津冀、湖北、湖南等省市和地区，就与内蒙古签订了 300 亿立方米的煤制天然气需求协议。

---

① 景如月、贾立君：《内蒙古自治区煤炭深加工潜力巨大前景广阔》，《瞭望》2012 年第 18 期。

3. 内蒙古资源转化战略实施情况

目前，内蒙古的"资源转换战略"也进入深层次实施阶段，其以资源开发带动产业延伸、产业多元和产业升级，推动内蒙古新型工业化和循环经济发展。为使原煤产量增长、产业升级和交通运力、市场需求相适应，2011年内蒙古煤炭总体转化率达到45%以上。

2009年，内蒙古自治区政府出台了《关于进一步完善煤炭资源管理的意见》，为提高煤炭产业的资源整合度，加快技术升级步伐，内蒙古大幅提高了煤炭资源配置门槛，根据新出台的规定，在配置煤炭资源时，将重点向国家和自治区重点煤炭转化、综合利用项目倾斜。同时，除了招标、拍卖等方式获得的矿权在配置资源时条件适当放宽外，在配置特殊稀缺性煤种资源时，项目的煤炭就地转化率必须达到60%以上。

为了更好地实现资源转化，国家和内蒙古自治区制定了相关的产业政策。根据国家产业布局和专项规划，实施差别化产业政策，优先在内蒙古布局建设具有比较优势的煤炭、电力、煤化工、有色金属生产加工等项目，在项目核准、资源配置等方面给予积极支持。

目前，内蒙古煤炭工业飞速发展的同时，煤炭转换、深加工产业也正在兴起。除传统煤电项目外，煤制油和煤制烯烃项目、煤制甲醇等一大批上规模、上水平的煤化工项目相继落地，这些项目建成投产必将极大地提高内蒙古煤炭资源的就地加工转化能力。此外，黄铁矿回收系统、矸石电厂、矸石砖厂等煤炭资源综合利用产业也在逐步扩大。

内蒙古以资源环境承载能力为基础，依据国家规划适度发展煤化工产业，优先布局升级示范项目，适时推进产业化。建设油气生产加工基地，在符合国家天然气利用政策和统筹全国天然气供需的前提下，增加当地利用天然气规模。支持大型聚氯乙烯和焦炭企业技术进步和升级换代，以乌海及周边地区为重点建设全国重要的焦化、聚氯乙烯生产加工基地，以乌兰察布为重点建设高水平精细氟化工产业集群。根据水资源条件有序发展盐碱、煤焦油深加工等优势化工产业，延伸后续产业链。发展铝电联营，支持高铝粉煤灰资源综合利用，推进铜、铅、锌等有色金属采、选、冶一体化建设，实现资源就地高效转化。加快稀土关键应用技术研发和科技成果产业化，提高稀土开发利用水平，以包头为重点大力发展稀土等新材料产业。深化国内区域合作，进一步加强与北京、东北三省及其他省区的区域合作，建立健全合作机制，拓展合作领域，积极引导中央企业和其他省（区、市）企业到内蒙古投资兴业。鼓励跨地区的重大基础设施建设和产业园区共建，支持内蒙古与沿海地区合作建设出海通道和临港产业基地，与相邻省（区）合作建设能源产业集聚区，初步形成多层次宽领域的合作交流机制。

例如：2009 年，内蒙古通辽市金煤化工有限公司和中科院福建物质结构研究所共同建设的年产 20 万吨煤制乙二醇工程率先实现工业化应用，竣工投产；2010 年，神华集团包头煤化工公司与中科院合作，采用自主知识产权的 DMTO 工艺及催化剂建设的世界首套煤制烯烃项目成功试车投产，一举打破了美、德等国家对此项技术的垄断；内蒙古久泰能源有限公司与西安交大等高校合作，自主开发出液相复合酸法二甲醚生产工艺，并建成年产 100 万吨甲醇、10 万吨二甲醚项目；乌兰察布新奥气化采煤技术有限公司与中国矿业大学合作，首次在我国建成无井式煤炭地下气化试验研究和生产系统。

内蒙古自治区发展石油和天然气化工具有资源优势，但石油加工产业整体竞争力较弱，天然气利用水平较低，严重制约了石油和天然气化工产业的进一步发展。原油生产方式相对单一；石油加工产业竞争力有待提高，除部分产品外，在综合商品率、综合能耗等方面，内蒙古炼油企业与国内国际先进水平相比，差距较大，整体竞争力相对较弱；成品油和天然气产销布局不尽合理。为此，内蒙古将继续发展壮大石油和天然气化工产业，推进产业向高端化、集群化发展。

总之，近年来，由于煤炭运输的瓶颈限制，再加上东部发达地区对高耗能产业在环保、资源等方面的限制，资金纷纷向煤炭资源丰富的内蒙古等资源富集区转移，增量资金绝大部分投向与煤炭相关的产业，为内蒙古经济转型和资源转化提供了难得的历史机遇，同时也成为内蒙古经济社会发展的新的经济增长点。

第三节　新常态视阈下内蒙古草原地区
矿产资源开发与可持续发展

我国经过 30 多年的高速发展，矿产资源开发与环境保护的矛盾越来越突出，过去能源资源和生态环境空间相对较大，现在环境承载能力已经达到或接近上限，内蒙古草原地区矿产资源开发也是如此，2014 年，中央经济工作会议提出"经济发展新常态"。所以，内蒙古草原地区矿产资源开发必须从过去的总量宽松、粗放刺激转向总量稳定、结构优化；从高速增长向中高速增长换挡，从结构失衡向优化平衡转变，顺应人民群众对良好生态环境的美好期待，建设美丽中国。

内蒙古草原地域广阔，各类矿产资源十分丰富，矿产资源开发与环境保护的关系，归根结底是人与自然的关系。解决环境问题，其本质就是一个如何处理好人与自然、人与人、经济发展与环境保护的关系问题。在人类社会发展的过程中，人与自然从远古的天然和谐，到近代工业革命时期的征服与对抗，再到当代的自觉调整、努力建立人与自然和谐相处的现代文明，是矿产资开发与环境保护这一矛盾运动和对立统一规律的客观反映。如果处理不好，必然导致环境保护与矿产资源开发的对立。实践证明，正确处理环境与矿产资源开发的关系，二者是可以相互促进的，可以达到经济和环境的协调发展。

一　走出"环境中心论"的误区

20世纪资本主义全球化带来的生态危机，人们从不同角度不断探求人类与大自然和谐共存的本然状态。发端于西方发达国家、借助马克思主义解决生态问题的生态马克思主义思潮，力图超越资本主义制度，寻找根本化解人与自然的矛盾、实现人类真正自由的途径。一批新左翼人士开始将保护生态环境与批判资本主义、争取社会主义结合起来，提出了"生态马克思主义"理论。生态马克思主义并没有将马克思主义关于人与自然关系的思想贯穿其全部理论，它不时背离"人类尺度"、人类中心主义（人道主义），带有生态中心主义（自然主义）的倾向。生态马克思主义用人与自然的矛盾取代资本主义的人与人的矛盾，带有一定的浪漫主义色彩和乌托邦性质①。

这股思潮同时也是借助批判"人类中心论"的基础上发展起来的。"人类中心论"主张人是世界万物的中心，享有对周围资源的使用权，强调自然资源对人的需要的满足；"人类中心论"有其合理的、积极的一面，有利于人类认识到自身的价值，增强改造自然、改造社会的信心，使人的需要得到尊重和满足；但在环境保护中运用这一观点，就容易使人们强调环境资源的工具性价值，而忽视环境资源自身发展需要等层面的因素；进一步说，这种思想实际上把人的利益与自然的利益对立起来，把人的利益捧上了至高无上的地位，不利于建立人与自然的和谐关系。

---

① 张时佳：《生态马克思主义刍议》，《中共中央党校学报》2009年第2期。

我国著名生态哲学家余谋昌把"人类中心论"的核心思想概括为："一切以人为中心，人类行为一切以人的利益作为唯一尺度，并以自身的利益去对待其他事物。"①"人类中心论"的实质是从人与自然的主客体二元对立出发，认为人是生态系统的中心，强调人类是实践的主体，总是以人类自身利益的价值尺度来规范、调整和控制与自然客体的关系。早在1946年，海德格尔在《论人类中心论的信》中就提出要"反对迄今为止的一切人类中心论"②。

近年来，环境问题日益引起世界各国的高度重视。全球性环境问题在20世纪中叶的出现，从一定意义上来说，正是由于"人类中心论"坚持人与自然的二元对立，进而造成对主客关系的片面化、极端化、单向性的理解，而使得人类为满足日益膨胀的自身的需要而不计生态成本、似乎无须对自己的行为后果负责，而肆无忌惮地掠夺和破坏自然环境。因而，"人类中心论"被视为环境问题的"罪恶之源"，并受到越来越多人的尖锐批评。"人类中心论"强调自然资源对人需要的满足，导致人类向自然恶意索取、导致人与自然之间的不和谐；人类对生态环境的破坏，最终必然要受到自然规律的惩罚。

但是，从人类与自然之间的价值关系来看，人类的活动都是为了满足自己生存和发展的需要，如果不能达到这一目的，活动就没有任何意义。"环境中心论"实质上是要环境而不要发展，因而也是片面的观点。

这股思潮近年来对我国学术界产生了重要影响，我们不能否认某些地区的发展是建立在牺牲环境和浪费资源基础上的，2013

---

① 余谋昌：《创造美好的生态环境》，中国社会科学出版社1997年版，第183页。

② 张军宝：《从人类中心论到生态中心论》，《法制与社会》2008年第6期。

年岁末，出现在全国各大城市的雾霾天气足以说明这一点；但是，我们也要认识到：发展是硬道理。我国改革开放30多年的经验告诉我们，没有发展，就没有中国经济的腾飞，就没有综合国力的增强，可以说，矿产资源开发与利用是实现我国经济社会快速发展的助推器。所以，发展仍然是执政兴国的第一要务，中国所有问题要靠发展来解决，环境保护也必须靠发展来解决。矿产资源的开发利用，对环境必然产生一定的负面影响，关键是要解决如何发展的问题。"科学发展观"是对"发展是硬道理"的继承与丰富。从改革发展的历程来看，坚持渐进改革，坚持在发展中解决问题，是我们宝贵的经验；我们也不能牺牲发展来保护环境，工业化是人类发展的必然过程，我们不能只保护环境而违背人类社会自身的发展规律。我国是发展中国家，解决环境保护问题归根结底要靠发展；我国要消除贫困，提高人民生活水平，就必须毫不动摇地把发展经济放在首位。各项工作都要围绕经济建设这个中心来展开，无论是社会生产力的提高，综合国力的增强，还是资源的有效利用，环境和生态的保护，都有赖于经济的发展，所以必须走出"环境中心论"的误区。

二　走出"发展中心论"的误区

地球是人类唯一的家园，在茫茫的宇宙中，除了地球之外，目前尚未发现其他适合人类生存的星球，地球是我们人类赖以生存的唯一家园。

在这个家园里，除了我们人类以外，还有许许多多有生命的物质，如花草树木、虫鱼鸟兽等。这些生物与我们生活在同一环境中，共同组成了这个大家庭。水是生命之源，人的生命离不开水；人体中所含的水分约占体重的65%，如果人体损失10%以上的水分，就会导致死亡。空气，是人赖以生存的必要条件，人无时无刻不在呼吸空气；氧气来源于植物的光合作用，各类植物是氧气的加工厂，如果地球上没有了植物，我们人类和其他生命将不复存在；野生动物依赖于植物，也可以保护植物。以鸟类为例，90%的鸟类以昆虫为食，许多益鸟是庄稼、树木的卫士，是害虫的天敌。100条树虫十几天便可以吃光一棵大松树的树叶，而一对大山雀一天可以吃400多条虫子。如果没有这些益鸟，害虫就会泛滥成灾。在地球上，人类、植物和动物，实际上是一个互相依赖的"生物圈""朋友圈"，谁也离不开谁。

人类之所以能在地球上生存，是因为生态平衡的缘故。地球给我们人类乃至所有生命的形式，提供了一个生命保障系统：空气、水、适当的光和热以及能源等。所以，保护环境，善待家园，才能使我们的家园变得更加美好。恩格斯说："我们不要过分陶醉于我们对自然界的胜利。对于每一次这样的胜利，自然界都报复了我们。"

进入20世纪，人类进入一个经济快速发展的时期，尤其是发展中国家，通过对资源的过度利用，促进了经济的飞速发展，同时也造成了诸多的环境问题。对资源的过度开采，也造成了一系列的污染问题，可以说人类为此付出了巨大的代价。

改革开放以来，我国经济持续、快速、健康发展，环境保护工作也取得了很大成就。中央把环境与资源保护作为基本国策之一，但环境保护形势仍然十分严峻。工业污染物排放总量大的问题还未彻底解决，城市生活污染和农村牧区因为矿产资源开发所面临的污染问题又接踵而来，生态环境恶化的趋势还未得到有效的遏制。矿产资源开发和经济发展不能以牺牲环境为代价，不能走先污染后治理的路子。世界上许多发达国家在这方面的教训是极为深刻的。目前全球有十大环境问题：气候变暖；臭氧层破坏；生物多样性减少；酸雨蔓延；森林锐减；土地荒漠化；大气污染；水体污染；海洋污染；固体废物污染。在内蒙古草原地区，矿产资源开发直接导致的环境问题就有六种：生物多样性减少；森林锐减；土地荒漠化；大气污染；水体污染；固体废物污染。"内蒙古牧区草原生态环境在短短几十年内急剧恶化，这一严重局面直接危及中国北方和有关邻国的生态安全。据研究，全国荒漠化土地面积2.6亿公顷，其中80%发生在牧区，占牧区草原面积的70%，而且呈加速退化趋势。目前，内蒙古牧区90%以上的草原出现'三化'，草场生产力普遍下降一半以上，其中三分之一以上的荒漠草原草场基本丧失经济功能和生态功能。"①

　　保护环境成为人类发展的重要问题。经济要发展，环境要保护，这似乎成了一个悖论，"二者不可兼得"。实际上，合理开发利用自然资源与保护环境并不矛盾，正如习近平同志所讲：既要金山银山，又要绿水青山，关键是我们如何处理好二者之间的关系。

三　正确处理矿产资源开发与环境保护的关系

　　正确处理好矿产资源开发同环境保护的关系，走可持续发展之路，保持经济、社会和环境协调发展，是我国实现现代化建设的战略方针。

　　随着社会的进步，人们对生活质量提出了更高的要求，希望"天更蓝、树更绿、水更清、城更美"，成为人们的共同心声。胡锦涛总书记在十八大报告中强调："推进生态文明建设，是涉及生产方式和生活方式根本性变革的战略任务，必须把生态文明建设的理念、原则、目标等深刻融入和全面贯穿到我国经济、政治、文化、社会建设的各方面和全过

---

① 海山：《内蒙古草原生态环境缘何严重恶化》，《中国改革》2011年第9期。

程。"建设生态文明关系到中华民族的根本利益、长远利益和全局利益，搞好生态文明建设，让人们在优美的生态环境中工作和生活。坚持实施可持续发展战略，正确处理经济发展同人口、资源、环境的关系，充分体现了党中央、国务院对环保工作的高度重视。

可以说，在资源有限的前提下，人类生存环境的保护与经济发展之间在短期存在着矛盾。但是从长期看，环境保护与资源发展并不一定是矛盾的。环境的改善可能有助于经济的发展，而经济的发展则能为环境保护提供资金和技术。从客观上来分析，经济发展和环境保护的关系是彼此依托，互相推动的。一方面我们所提倡的可持续的经济发展，其最大的特点就是将环境作为经济成本的一个部分，因而环境保护成了降低成本、提高经济效益的途径。

经济发展速度的持续性和稳定性，依赖于自然资源的丰富程度和持续生产能力，因而保护和改善环境，为经济稳定持续发展提供了物质基础和条件；另一方面，我们今天所说的环境保护，不只是单单的保护，或者是消极的防治，而是在保护的前提下，对环境进行合理的开发和利用。

要求人类以文明倒退来保存自然的原始状态是荒谬可笑的。今天的环境保护不但不能要求经济停滞不前，还恰恰需要经济持续发展的力量为保护环境提供物质上、技术上的条件。

由此看来，经济发展和环境保护是相辅相成、唇齿相依的，是完全可以并行不悖的。发展经济必须保护环境，这既是发展经济的本质要求，又是为了提高和改善人民的生活水平。内蒙古矿产资源的开发，对居民生活产生了一定的不良影响，在草原地区，更是存在严重破坏自然环境和生态环境的问题。发展经济的目的是为了提高人民生活水平，而发展过程中因破坏环境影响人民生活，则违背了发展经济的本意。

　　矿产资源开发，必须保护环境，这是自然规律的要求，我们必须高度重视在矿产资源开发过程中保护自然环境和社会环境。可持续发展，为经济发展与环境的保护提供了一种可行的战略，它是指既满足现代人的需求，又不损害后代人对于自然资源、生存环境的需求；换句话说，就是指经济、社会、资源和环境保护协调发展，它们是一个密不可分的系统；既要达到发展经济的目的，又要保护好人类赖以生存的草原、大气、淡水、海洋、土地和森林等自然资源和环境，使子孙后代能够永续发展和安居乐业。可持续发展内涵的两个最基本的方面，即发展与持续性。发展是前提，是基础，持续性是关键。没有发展，也就不会谈可持续了；反过来没有可持续性，发展就行将终止。可持续发展是发展与可持续的统一，两者相辅相成，互为因果。放弃发展，则无可持续可言，只顾发展而不考虑可持续，长远发展将丧失根基。

　　可持续发展战略追求近期目标与长远目标、近期利益与长远利益相结合，经济、社会、人口、资源、环境的全面协调发展。走可持续发展之路，意味着社会的整体变革，包括社会、经济、人口、资源、环境等诸领域在内的整体变革。

　　首先，可持续发展以资源的可持续利用和良好的生态环境为基础。

　　其次，可持续发展以经济可持续发展为前提。

　　再次，可持续发展问题的中心是人，以谋求社会的全面进步为目标。中国已经把可持续发展战略作为一项国策来实行，只有在实现经济快速增长的同时，与保护环境联系起来，走可持续发展道路，才能保证中国的不断崛起与不断强大。

　　内蒙古草原地区矿产资源开发与草原生态环境保护的关系，不仅是环境经济学的中心课题，也是经济、社会、环境可持续发展的核心问题。正确处理内蒙古草原地区矿产资源开发与环境保护的关系，实现经济发展与环境保护的"双赢"，是内蒙古草原地区矿产资源开发的基本思路。

第二章 内蒙古草原地区矿产资源开发对草原生态环境的影响

内蒙古自治区是国家重要的能源基地、新型化工基地、有色金属生产加工基地和绿色农畜产品生产加工基地，资源丰富，分布广泛。目前各类矿产资源均有开发，而且种类多、面积广。内蒙古草原的生态功能在全国生态系统中占有重要的地位，尤其是在我国北方，对草原生态环境的保护及维持生物物种多样性方面具有极其重大和不可代替的作用。内蒙古草原分布于我国北方森林与荒漠之间的广阔中间地带，覆盖着北方许多不能生长森林或不宜开垦为农田的生态环境较严酷的地区，在防风固沙、防止水土流失、防止土地盐碱化和干旱化等方面，具有其他生态系统所不可代替的作用。近年来，内蒙古草原地区矿产资源的开发和利用，确实对草原生态环境产生了巨大的负面影响。

第一节 内蒙古草原生态环境现状及特点

内蒙古草原地处欧亚大陆腹地，由于地域的广阔性和气候的多样性，使内蒙古草地类型具有多样性、丰富性、脆弱性等特点。

内蒙古草原逐年退化、沙化的趋势明显加强，地下水位下降，沙尘暴频发，水土流失加剧，对我国的生态安全构成了严重的威胁，内蒙古沙漠地区已成为中国乃至亚太地区沙尘暴的主要灾源区之一。近年来，随着全球气候变暖及温室效应的出现，内蒙古大草原的生态功能呈现弱化的趋势，从人为的因素来说，某些地区为了经济的发展，往往以牺牲草原生态环境为代价。非牧业建设用地大幅度增加，使草地资源不断减少；对野生动植物的滥捕滥猎加剧了生物消亡的速度；矿产资源的无序开发利用，加剧了内蒙古草原地区草原生态环境的恶化。这些都对草原生态环境造成很大冲击和破坏，使处于干旱、半干旱地区，生态环境原本就十分脆弱内蒙古草原面临着诸多问题。如：草场退化、动植物减少、载畜量下降、土壤质量变差、水土流失严重，土地沙化、荒漠化加剧等。

一　内蒙古草原分布现状

草原生态环境主要由草原地区生物（植物、动物、微生物）和草原地区非生物环境构成，草原是进行物质循环与能量交换的基本机能单位和物质载体。草原生态系统在其结构、功能等方面与森林生态系统、农田生态系统具有完全不同的特点，它不仅是重要的畜牧业生产基地，而且也是重要的生态屏障。草原对大自然保护有很大作用，既是重要的地理屏障，也是阻止沙漠蔓延的天然防线。

内蒙古是世界上草地类型最多的地区，也是草原生态系统最为复杂、最为脆弱的地区。内蒙古自治区一直以其临近京津、横跨"三北"的重要地理位置和脆弱的生态环境条件，在我国的生态安全大局中占据格外突出的地位。西部贺兰山——中部的阴山山脉——东部的大兴安岭，形成弧状地带，构成了内蒙古的外缘山地。

内蒙古自治区由东到西，共有6个著名的大草原，由于受降水量和气候环境不同的影响，由东到西草原植被由高到低，由密到疏，形成了带有区域特色的、复杂多样的草地类型和景观，这六大草原分别是：

呼伦贝尔草原：是世界最著名的三大草原之一，这里地域辽阔，风光旖旎，水草丰美，3000多条纵横交错的河流，500多个星罗棋布的湖泊，一直延伸至大兴安岭，属于草甸草原（森林草原）、典型草原。

科尔沁草原：处于西拉木伦河西岸和老哈河之间的三角地带，西高东低，属于通辽市和赤峰市交界地带，历史上曾是水草肥美之地，但是现在大部分被开垦为农田，集中连片的大草原已不多见，草场沙化比较严重，所以又称科尔沁沙地。局部草原属于草甸草原和典型草原、山地草原。

锡林郭勒草原：位于锡林郭勒盟，草原植被类型繁多、植物种类也十分丰富。拥有18万平方公里可利用草场，属于草甸草原、典型草原和沙地疏林草原，是我国保存最为完整的原生态草原。

乌兰察布草原：位于内蒙古自治区的中西部，包括乌兰察布市和呼和浩特市，北与蒙古国交接，北魏诗人描绘的"天苍苍、野茫茫，风吹草低见牛羊"的壮美景观，就位于该地区的阴山脚下。现在集中连片的草原主要包括葛根塔拉草原、希拉穆仁草原、辉腾锡勒草原等，草原大部分地处干旱、半干旱地区，草原植被稀疏、低矮。

鄂尔多斯草原：位于鄂尔多斯市境内，总面积达1200平方公里，地处亚非荒漠东部边缘，为西鄂尔多斯荒漠化草原和东阿拉善草原化荒漠的过渡地区，气候干旱，降水量少，植被稀疏，属于典型的荒漠化草原。

乌拉特草原：乌拉特草原得名于乌拉特部，该部落是由成吉思汗之弟嫡系子孙及属下后裔组成的最古老的部落之一。南靠阴山，西连阿拉善盟，东临包头市，北与蒙古国接壤，草场总面积达509万公顷，其中86.6%属于荒漠半荒漠草场。牧草的脂肪含量和蛋白质含量很高，是小畜的优良放牧型饲草。

内蒙古草原从东到西总体上可划分为四大类型：草甸草原、典型草原、荒漠草原、沙漠草原，再加上分布各地区的局部草甸，类型多、面积广。

1. 草甸草原

雨水、气候适宜，有多年丛生禾草，草甸草原是内蒙古最优良的天然植被，是内蒙古自治区最具代表性的草原，植被丰富、植株较高。每逢夏季，牛羊成群、绿草如茵、鲜花争艳，是内蒙古草原的典型风光。"总面积 862.87 万公顷，占全区草地总面积的 10.95%。"①

主要分布于大兴安岭山脉东、西两侧的高原、平原、丘陵和山地，其中呼伦贝尔草原、锡林郭勒草原的面积最大，以其广袤博大、风光秀丽、水草丰美而举世闻名。

内蒙古草甸草原地处气候条件适宜、土壤肥沃、降水量丰沛地区，地势也较为平坦，河流密布，地下水位较高，是内蒙古自治区草原带中湿润程度最高、自然条件最为优越的地区。该地植物种类丰富，草地上分布着高、中、低和地下植物，饲用植物比较丰富，具有较高的经济价值，植物营养丰富、生长茂盛、质量上乘、适口性好，适合草地类动物生存、繁衍，全国著名的大型食草动物：驯鹿、梅花鹿、三河马、三河牛的主要产地；也是中等食草动物绵羊、山羊的主要产区；这一地带也是小型食草动物野兔和以根茎为食的草原鼠的乐园。另外，分布着各类各种昆虫和以草籽为食的各种鸟类。

内蒙古草甸草原的饲用植物比较丰富，"约 220 种，每平方米面积内有 20 种以上，主要以禾草和杂草为主，其中由贝加尔

① 《内蒙古草地资源概况》，2004 年 2 月，内蒙古农牧业厅网站（http://www.nmagri.gov.cn/zwq/nmygk/xmy/16036.shtml）。

针茅、线叶菊和羊草组成的草地，为草甸草原的重要类群。草地
生产力高，牧草高度 30—80cm，牧草盖度在 50% 以上，有的地
区可达 70% — 80%，平均每公顷产干草 1650 公斤，最高可达
3300 公斤，是内蒙古重要的天然草场和畜牧业生产加工基地"[①]。

2. 典型草原

典型草原是指气候、动植物物种最能代表草原特征的草原。
典型草原是内蒙古草原的主体，面积最大、分布最广，是草原带
最基本的类型，占内蒙古草原总面积的 35.12%。主要分布在呼
伦贝尔市、通辽市、赤峰市、锡林郭勒盟、乌兰察布市，大兴安
岭西侧、阴山山脉北麓丘陵一线。年均降水量在 300 毫米以上，
湿润系数为 0.3—0.6，自东向西半灌木、灌木成分逐渐增加。
该类草原的土壤肥力较高，牧草种类较多、质量较好，适口性较
好，是内蒙古的优良天然牧场，著名的锡林郭勒大草原就分布于
这一地带，这一地区草场植物含水量较低，由于地处草原深处、
无污染，生态环保，生产的牛羊肉无膻味、质量上乘。目前，内
蒙古销往全国各地的乳制品、肉制品主要产自这一地区，例如：
全国著名的乳制品、肉制品企业蒙牛、伊利、小肥羊、小尾羊
等，主要原料产地就来自这一地带。

内蒙古典型草原牧草的饲用植物比较丰富，适合牛羊等牲畜
食用的牧草"有 258 种，每平方米面积内有 8—15 种，由大针
茅、克氏针茅、糙隐子草等丛生禾草分别建群所组成的草地类
型。典型草原适于各类牲畜的发展，该类草原的绝大多数植物均
可供各种牲畜采食，粗蛋白质和无氮浸出物含量多，牧草质量较
高。在典型草原中，一等草地占 25.3%，二等草地占 45.6%，
属于优等草地。草地生产力较高，草群高度 10 厘米—35 厘米，

---

① 荼娜：《基于循环经济思维的内蒙古牧业旗县地区工业化成长模式研究》，
博士学位论文，内蒙古大学，2007 年，第 45 页。

草群盖度 30% —40%，暖季平均每公顷产干草 975 公斤"①。

3. 荒漠草原

荒漠草原是指气候条件恶劣、风沙较大、降水量稀少的草原。它分布在典型草原和沙漠草原之间，在内蒙古荒漠草原主要分布在内蒙古的中西部地区，呈狭长带状，由东北向西南方向分布。总面积 840 多万公顷，占全区草地总面积的 11% 左右。这一地区临近沙漠、沙地边缘，气候干旱，年平均降水量在 250 毫米以下，湿度系数在 0.3 以下，蒸发量大于降水量。土壤条件差、肥力不足，草原植物的特点是根系发达、植株低矮、耐旱，抗风、抗寒能力较强，植物种类单一，以沙生针茅草、戈壁针茅草为主，旱生小灌木也有分布，荒漠草原牧草稀疏，特别适合山羊、骆驼等耐旱动物的饲养。

"该类草地植物适口性好，采食率较高，干物质含量较多，尤其是粗蛋白质高，草群高度在 10—20 厘米，草群盖度一般为 15% —25%，暖季平均每亩产干草 33 公斤。在荒漠草原中，二等草地占 75%，属于优良草地，适于羊的繁衍。荒漠草原的名贵畜种也较多，闻名全国的苏尼特肉羊、内蒙古白绒山羊、鄂尔多斯细毛羊、乌兰察布细毛羊、内蒙古半细毛羊等优良品种，就在这里育成。"②

4. 沙漠草原

沙漠草原是指在广袤的沙漠地带及其腹地分布的草原。内蒙古自治区沙漠面积广大，在沙漠地带及其腹地有星罗棋布的湖泊、洼地和盆地，在这些地带的四周分布着大面积的盐化草甸、平地草甸。这里气候极度干旱，年降水量一般在 100 毫米以下，

---

① 茶娜:《基于循环经济思维的内蒙古牧业旗县地区工业化成长模式研究》，博士学位论文，内蒙古大学，2007 年，第 45 页。

② 同上。

植被主要由灌木、半灌木、沙葱、红柳、沙打旺等耐旱植物组成，主要包括鄂尔多斯草原大部、巴彦淖尔市、阿拉善盟。东接荒漠草原，大致以雅布赖山的分水岭为界，沙漠草原是地带性荒漠植被中干旱程度最强的一个类型。

　　沙漠草原不同于草原沙漠化，草原沙漠化是指人为地在草原上乱垦、乱挖、乱建、乱压等破坏草场行为导致的草原荒漠化、沙漠化，而沙漠草原是指历史上本身就是丰美的草原。由于气候的变化、环境变迁，导致原有草原逐渐被沙漠取代，残留了部分草原。例如：内蒙古西部的巴丹吉林沙漠、库布齐沙漠、毛乌素沙漠，在历史上都是水草丰美的大草原。但是，随着全球气候环境的变迁，大面积草原消失，只有在沙漠腹地还残存部分草原，在内蒙古广袤的沙漠中共有沙漠草原1692.31万公顷，占全区草地总面积的21.47%，虽然植物种类单一，植被稀疏，但是由于地处欧亚大陆腹地，是欧亚大陆的重要组成部分，也是内蒙古大草原的一个重要标志，代表着内蒙古草地的一个重要类型，是内蒙古草原基因库的重要组成部分。

　　沙漠是全区最干旱的植被带，年均降水量在30—100毫米，湿润系数为0.04—0.1。草群组成中灌木、半灌木占绝对优势，草本植物很少，植物种类较少，每一平方米面积内有饲用植物1—5种，多者不超过10种。从资源的广义价值而言，这个具有特殊生态环境和自然景观的地带，拥有广阔的放牧地，在阿拉善盟的居延海和额济纳河沿岸，生长有由胡杨、沙枣组成的河滩疏林和柽柳灌丛，这些生机盎然的荒漠绿洲也是本区一个天然植物系宝库，是荒漠地区的一颗明珠。这类草地的生产力虽低，但对畜牧业的发展也具有特殊的意义，是阿拉善双峰驼、白驼和内蒙古白绒山羊（阿拉善型）和国家一类保护动物野驴、野骆驼的重要产地。

　　5. 局部草甸

　　局部草甸属于非地带性草原，它往往与整体大气环境无关，主要是受局部小环境的制约，例如，在干旱地区由于受水源、河流、温差的影响，也会形成典型草原的特征。同样，在气候较为湿润的东部地区，也有形成隔壁草原的现象，一般来讲，面积不大、非集中连片。由于所处的地理位置和局部生态条件的影响，其表象特征是有典型草原、草甸草原、戈壁草原、荒漠草原，零星分布于内蒙古各地，主要包括"低平地草甸、山地草原、沼泽地草甸以及附带利用草地，属非地带性草地，总面积 1177.27万公顷，占全区草地面积的 14.94%，其中，低平地草甸 926.41万公顷，山地草甸地 148.63 万公顷，沼泽地草甸 80.09 万公顷，附带利用草地 20.14 万公顷"[①]。

这些草甸由于所处的地区小环境的影响，植被种类也有较大的不同，有的牧业价值较高，有的湿地草甸、沼泽草甸由芦苇等粗纤维植物组成，除了有造纸等其他一些经济价值以外，基本没有牧业经济价值。

二　内蒙古草原地区生态环境现状

近年来，内蒙古草原生态问题日益突出，草原逐年退化、沙化，地下水位下降，沙尘暴频发，水土流失加剧，对我国的生态安全构成了严重的威胁，内蒙古沙漠地区已成为中国乃至亚太地区沙尘暴的主要灾源区之一。因此，保护修复内蒙古生态功能区，已成为内蒙古乃至全国生态环境的重要任务。尽快保护修复内蒙古草原生态环境、加快防治土地荒漠化和治理沙化进程、提高防沙效益，已成为摆在人们面前的紧迫问题。近年来，内蒙古草原地区环境恶化主要表现有：

---

① 《内蒙古草地资源概况》，2004 年 2 月，内蒙古农牧业厅网站（http://www.nmagri.gov.cn/zwq/nmygk/xmy/16036.shtml）。

1. 草原荒漠化

草原荒漠化是指人类在草原、草地及其周边地区，从事各种活动，再加上自然因素的影响，使草原生态系统的整体性和平衡性遭到不同程度的破坏，导致草原出现沙化和荒漠化的现象。

内蒙古自治区是全国草原荒漠化较为严重的省份之一，草原荒漠化分布广泛、面积大、类型多。"其中风蚀荒漠化、水蚀荒漠化和盐渍荒漠化三种类型，分别占内蒙古草原荒漠化的91.6%、4.4%、4.0%。全区草原总面积为 86 万 hm^2，其中可利用草原面积为 68 万 hm^2，全区草原荒漠化的面积为 64 万 hm^2，占草原面积的 74.41%，全区共有 9 个地级市、3 个盟和近 80 个旗县，草原荒漠化在这些地区都有不同程度的分布，其中除全区近 20% 的旗县市荒漠化程度较轻外，50% 以上的旗县市荒漠化较为严重。"[1] 而且，每年还以 10% 左右的速度递增。所以说，内蒙古草原退化现象已经到了非常严重的地步。

2. 草场退化

据统计，"目前内蒙古退化草地面积已达 2503.68 万 hm^2，占全区草地可利用面积 6359.11 万 hm^2 的 39.37%，其中重度退化 435.78 万 hm^2，中度退化 884.27 万 hm^2，轻度退化 1183.63 万 hm^2，分别占退化草地总面积的 17.41%、35.32% 和 47.28%"[2]。草场退化的主要标志：第一是单位产量下降，亩产草量大幅度减少，草场载畜量不断降低；第二是牧草质量下降，大量的毒草、杂草、不适宜牲畜的饲草料比例上升，牲畜的适口性差。严重退化的草地，土壤表层紧实、容重大、孔隙度减少、

①　龚文杰：《我国草原荒漠化法律问题研究及对策》，硕士学位论文，东北林业大学，2012 年，第 7 页。

②　巴达尔胡、赵和平：《内蒙古草地退化与治理对策》，《内蒙古农牧业科学院百年院庆论文集畜牧与饲料科学》2010 年第 31 期。

透水性差、物理状况不良，甚至呈现沙化的、盐碱化的某些特征。土壤有机质降低、植物营养元素减少，土壤肥力下降，草原利用率和牧业经济价值不断降低，生态环境进一步恶化。

内蒙古自治区的草原生态环境恶化，给农牧民的生产、生活带来了极其严重的危害，集中表现在：

一是自然灾害频繁。内蒙古地区的自然灾害除了沙尘暴、旱灾、水灾之外，还有风灾、雹灾、鼠灾、虫灾、雪灾（又称白灾）、疫灾等多种灾害。多种灾害有时同年迸发，接踵而至，究其原因是几种灾害互为因果、互有影响的结果，造成了巨大的经济损失。例如：2012年入夏以来，今年内蒙古普遍的降水比往年有所增多，再加上降水后的气温又明显回升，内蒙古克什克腾旗草地蝗虫陆续都孵化出土，有150多万亩的草原发生了蝗灾，据克什克腾旗草原工作站提供的监测数据，当年克什克腾旗天然草地蝗虫严重的面积达67万多亩，主要发生在达里诺日、达尔罕、白音查干等地，平均虫口密度20—25头/平方米，最高虫口密度可达20—50头/平方米，蝗虫种类也分布很多，有亚洲小车蝗、短星翅蝗、宽翅曲背蝗、蚁蝗等。

二是农牧民生存空间逐渐缩小，出现沙进人退的局面。1998年为了减轻阴山北麓生态脆弱区人口对草原生态环境的压力，在该地区实施了内蒙古首批生态移民工程。2001年，内蒙古制定出台《实施生态移民和异地扶贫移民试点工程的意见》在全区范围内对草原荒漠化、草场退化比较严重、生态环境脆弱、已经不适合人类居住的地区，实施了有计划地生态移民。"据统计，目前内蒙古已把生活在恶劣生态环境下的20万贫困农牧民搬迁到生产、生活条件较好的地区。"①

①　李媛媛：《内蒙古牧区生态移民收入增长问题研究》，《北方经济》2011年第3期。

三是资源枯竭。经济的发展，特别是内蒙古的重要产业——畜牧业发展后劲不足，直接影响了可持续发展战略的实施。"干旱、半干旱草原本身就是资源性缺水，如果大量抽取地下水源而得不到补充，地下水源最终也会枯竭。"① 放牧利用强度的加大，也会加速草原退化。

3. 动植物资源枯竭

首先，珍稀植物减少，有毒有害植物增加。水源的缺乏、土地荒漠化，导致草原上大量珍稀植物灭绝，有毒有害植物大量繁衍。造成这种现象的原因是多方面的，一是由于气候变化、降水量减少，草原盐碱化程度高；二是过度放牧、草原上存畜量增加，优质牧草被牲畜采食完毕，甚至根系也被牲畜刨出吃掉，导致优良牧草越来越少；三是草原上资源的不合理利用，工矿企业排出大量废水污染了草场环境；四是近年来矿产资源的无序开发，含有大量重金属的废渣、矿渣无序堆放，夏季雨水冲刷，造成大面积的草原植被死亡，牲畜可食牧草减少，大量含有重金属的毒草、杂草滋生、蔓延，导致大量食草野生动物、家禽和牲畜的中毒、死亡。"有毒植物在内蒙古天然草原上广泛分布着，对畜牧业发展危害甚大。现在，家畜因采食有毒植物中毒的发病率与死亡率仍在逐年上升。"②

其次，随着内蒙古草原环境的不断恶化，草原沙化和荒漠化，导致草原上的食肉动物失去了藏身之地，使食肉动物捕猎更加困难，濒临灭绝，如草原狼、金雕、狐狸等。"上一世纪50年代内蒙古草原曾经有黄羊（角羚羊）500多万只，目前残存不到30万只，金钱豹、野牛几乎灭绝，旱獭、狐狸和狼等中小动

① 孟淑红、图雅：《内蒙古草原畜牧业现状及国外经验启示》，《北方经济》2006年第17期。

② 白云龙：《内蒙古天然草原有毒植物综述》，《内蒙古草业》1997年第1期。

物大量减少，鹰、鸨、秃鹫、雕、猫头鹰、鹤类、鸿雁等珍禽急剧减少。50年代测算，每5—7平方公里平均有鹰、雕、猫头鹰一只，基本可以控制鼠害，80年代100平方公里也见不到1只鹰和1只猫头鹰，天敌的减少是草原鼠害泛滥成灾的重要原因。"①

顶级捕食者减少，必然导致啮齿类、食草动物大量繁殖，特别是草原鼠大量繁殖，每年内蒙古草原上都不同程度地出现鼠灾，草原鼠一方面啃食草根，使草场环境进一步恶化；另一方面，草原鼠大量挖洞，盗出大量浮土，覆压草场，使草原生态环境进一步恶化。因此，内蒙古草原生态环境不容乐观。

三　内蒙古草原生态环境的特点

内蒙古草原地处欧亚大陆腹地，由于地域的广阔性和气候的多样性，使得内蒙古草原生态环境具有以下几个特点。

1. 地域的广阔性

内蒙古草原总面积为866.7万公顷，占内蒙古土地面积的73.3%，占中国草场总面积的1/4。横贯内蒙古东西，东西跨度2400多公里，南北直线距离1700多公里，是中国乃至全世界最为广阔的草原之一。

2. 草地类型的多样性

内蒙古地域辽阔，东西经度和南北纬度跨度都比较大，气候环境由东到西分别为湿润、半湿润、半干旱、干旱地区，在广袤的草原上，分布着草甸草原、典型草原、戈壁草原、沙漠草原、湿地草原、高寒草原、山地草原等，世界各种类型的草原在内蒙古都有分布。

---

① 盖志毅：《从多重理论视角重新认识草原生态经济系统价值》，《中国草地》2005年第1期。

3. 动植物物种的丰富性

内蒙古草原广泛分布着各种动植物资源，各类草原野生高等植物 2781 种，野生脊椎动物众多，总计 712 种，各类昆虫和无脊椎动物更是丰富多样，这些动植物具有明显的欧亚大陆特有的特点，是世界重要的动植物基因库。

4. 草原生态环境的脆弱性

内蒙古大部分草原处于干旱半干旱地区，草原蒸发量远远大于降水量，草原生态环境十分脆弱，一旦遭到破坏，往往在几年甚至几十年内都难以恢复。

四　内蒙古草原生态环境恶化的原因分析

内蒙古草原生态环境不断遭到破坏，也是一个历史过程，最早可以追溯到清代，其主要原因不外乎是两大因素：自然因素和人为因素。

（一）内蒙古草原生态环境遭到破坏的历史过程

"敕勒川，阴山下；天似穹庐，笼盖四野；天苍苍，野茫茫；风吹草低，现牛羊。"这首创作于南北朝时期的敕勒川民歌，形象地描写了内蒙古阴山地区水草丰美、牛羊遍地的草原美景，勾勒出内蒙古草原壮丽富饶的草原风光。然而，随着历史的变迁和气候环境的改变，自清代开始，内蒙古草原就不断地被开垦、破坏。

历史上造成的内蒙古草原生态环境的破坏，可以追溯到清代。光绪二十八年（1902 年）清朝政府废止以前实施的"边禁"政策，开放蒙荒，并改"私垦"为"官垦"。清朝统治者在内蒙古实施所谓"移民实边"的"新政"，打开了中原各民族大量涌入草原地区的门户，开始在内蒙古各地开荒种田。清代以来，内地汉族人口不断进入内蒙古地区，带来了农耕生产技术，打破了该地区长期以来较为单一的畜牧业经济形态。历史上对内蒙古草原生态破坏最为严重的有以下几个阶段。

1. 清朝中后期的"走西口"

"走西口"是近代我国移民史上持续几个世纪、有重大影响的人口迁移过程。走西口作为我国近代史上规模宏大的移民进程，打破了内蒙古西部地区的单一牧业经济形态，"垦草种田"在一定程度上丰富了蒙古牧民的物质文化生活，提高了蒙古牧民的生活水平与生活质量，满足了蒙古牧民对粮食的需求，改变了蒙古族牧民传统的饮食结构，在一定程度上促进了内蒙古草原地区经济文化的发展。但对内蒙古草原地区的大量开垦，严重破坏了草原生态环境。呼和浩特的土默特川、包头市、乌兰察布市南部、巴彦淖尔市的河套地区是汉族移民最先进入的地区。随着内地汉人大量地进入内蒙古西部地区，农业逐渐取代了牧业经济的主导地位。

2. 近代的"闯关东"

对我国东北地区草原的开发，最早可以追溯到清初，"随着清军入关，东北人口大量内迁，人烟较为稠密的辽河东岸地区也变成了地旷人稀的榛莽荒原。为充实根本之地，顺治十年（1658年），清政府颁布'辽东招垦令'，积极招徕内地人口移居东北，初步改变了东北南部地区的荒凉。康熙、雍正年间，清政府一方面沿袭顺治朝的招垦政策，继续鼓励内地人民迁居东北；另一方面把大量流人发配东北，戍边开发。大量民人和流人的进入，促进当地农业开发和城镇繁荣，也进一步改变了当地生态环境"①。

顺治八年（1651年），清廷下令："令民愿出关垦地者，山海道造册报部，分地居住。"（乾隆官修《八旗通志》卷八一

---

① 陈悦：《清代东北地区生态环境变迁研究》，博士学位论文，山东大学，2012年，第1页。

《食货略》）一般认为，顺治八年是"闯关东"的起点。

　　"闯关东"是中国近代向东北移民的略称，其数量之多、规模之大，堪称中国移民史上最大的移民运动之一。内蒙古东北地区土地肥沃，地广人稀，如果移民开垦，将成为一个重要的财源。

　　在大规模的"闯关东"移民之前，内蒙古东部地区牧民一直是过着"逐水草而居"的游牧生活，经济形态一直以畜牧业经济为主，农业只占很少的一部分，只起辅助作用；放牧是对地表的自然利用，破坏性较小。但是随着"闯关东"人数的增加，地处关外的昭乌达盟（赤峰市）、哲里木盟（通辽市）、兴安盟（乌兰浩特市）、呼伦贝尔盟（呼伦贝尔市）的草原被大量开垦，农业的发展，改变了原来的地表结构，再加之盲目开垦、粗放经营，改变了草原原有的草地生态结构、野生动植物栖息地，严重地破坏了内蒙古原有的草地生态系统。经过几百年的移民开垦，现在内蒙古除了呼伦贝尔市之外，其他几个盟市，几乎没有集中连片的草原，大量草原均被耕地所挤占。

　　3. 1949 年后"文革"时期的"以粮为纲""大炼钢铁"

　　1949 年后，在"三年困难"时期和"文革"时期，内蒙古草原地区又遭遇了一次浩劫，长时期受"左"的路线影响，加上"以粮为纲""备战备荒为人民"等口号的感召下，内蒙古大面积草原被大面积地开垦为农田，当地人民大量种植经济作物和粮食作物。另外，在"抓革命，促生产"的口号感召下，牧区群众为了追求牲畜存栏头数，极力增加牲畜的数量，很少考虑草场的负载能力，许多草原成了不可逆转的新沙地、新裸地。改革开放以前，人们的温饱问题尚未解决，粮食成为人们饮食结构的主要组成部分，禽、蛋、奶、肉食都是奢侈品，不用说牛羊肉，即便是在农区的群众，也只有在节日庆典的时候，才能买上几斤猪肉打打牙祭。在这样的背景下，草原牧业经济所产生的价值，

远远低于农业经济所产生的经济价值，草原牧业经济必然要让位
于农业经济。

4. 20 世纪 80 年代初至 90 年代中期"搂发菜、挖草药"

20 世纪 80 年代初至 90 年代中期，内蒙古草原地区"搂发
菜"、挖甘草和麻黄草等中草药，使原本十分脆弱的生态环境进
一步恶化，一些珍稀动植物物种不断减少，给生态环境和社会安
定造成了极大的危害。

发菜，是生长于沙漠、戈壁、荒漠草原植物下面的一种菌
丝，形如发丝，故而得名"发菜"，又称"龙须菜"，是一种名
贵的食用菌类。据了解，每搂挖 1.5—2.5 两发菜，需要搂耙 10
亩草场。20 世纪"80—90 年代，200 多万农民涌入草原，挖药
材、搂发菜，致使 700 万公顷草原受到严重破坏，其中 400 万公
顷已荒漠化。苏尼特右旗多达 5 万人搂发菜，致使 10 万公顷草
场退化、沙化，成为'寸草未生，赤地千里'的荒野。1987
年—1993 年，宁夏、甘肃、山西、陕西到内蒙古搂发菜的总人
数达 150 万人次，破坏草原 1260 万公顷。其中 400 万公顷退化
为荒漠，失去利用价值。据国家环保总局的有关调查，农牧民涌
入内蒙古草原搂发菜，遍布内蒙古中西部的 12 个地区，涉足草
原面积 2.2 亿亩，其中 1.9 亿亩草场遭到严重破坏，约占内蒙古
可利用草原面积的 18％"①。

此外，这种搂发菜、挖麻黄草、甘草等行为严重破坏草场，
引起了当地牧民的强烈不满，致使当地民族关系十分紧张，影响
了民族团结。例如，在内蒙古中西部地区的草原上，因为在内蒙
古牧民承包的草原上搂发菜、挖药材，引起草原承包者强烈不
满，蒙古族牧民与搂发菜的农民经常发生打架、斗殴事件。一些
搂发菜、挖草药的农民，经常破坏牧民的草场围栏、水井、圈棚

---

① 海山：《内蒙古草原生态环境缘何严重恶化》，《中国改革》2011 年第 9 期。

等生产、生活设施，仅在 1987 年到 1990 年的三年时间里，案件多达上万起，内蒙古草原牧民在制止搂发菜、挖药材过程中，1500 多名人员被打伤。群体性事件、群殴事件不断发生，给当地的牧民造成了巨大的经济损失，总金额达数亿元。

仅仅 10 多年的时间，就对内蒙古草原生态环境造成最为严重的破坏。搂发菜灾难最严重的地区是典型草原和半干旱草原地区。为此，牧民不断上访，甚至采取到政府门前静坐、抗议等行为要求地方政府制止这种破坏草原的行为，一直到 2000 年，国务院颁布《禁止采集和销售发菜制止滥挖干菜和麻黄草的有关问题的通知》，这一局面才得到有效遏制。

5. 20 世纪 80 年代至今"开发矿产资源"

内蒙古大草原是我国矿产资源富集地区，从 20 世纪 80 年代开始，随着全国对资源能源需求量的增加，内蒙古草原地区矿产资源开发的速度大大加快，无论是开采数量，还是规模都大大增加，矿产资源的大规模开发、乱采乱挖等，使草原地区生态环境雪上加霜。20 世纪 80—90 年代，出现了国家、集体、个人一起上的格局，大量非法在草原上探矿、采矿、挖沙、取土等行为，对周围草原植被造成不同程度的破坏。

（二）内蒙古草原生态环境恶化的两大因素

1. 自然因素

气候环境的变化，是内蒙古自治区生态环境恶化的重要因素之一。生态系统是一个和谐而统一的整体，草原生态系统是一个由气候、水源、植被、土壤、各种野生动植物、微生物组成的有机群落，是由生产者、消费者、分解者、非生物环境构成的一个有机整体，其中任何一个环节出现问题，都会引起连锁反应，使整个草原生态系统发生巨大改变。

自然环境本身的变化是客观的，是不以人的意志为转移的，自然环境本身的改变是人力所不能及的。在整个草原生态系统中，各种生物都与大气环境、温度、湿度状况、土壤条件、地形地貌、河流水源等自然因素密切相关。气候环境的变化、变迁，是导致内蒙古草原生态条件恶化的主导因素，自然条件的改变会使原有的生态系统变得脆弱，使生态系统遭到破坏。

　　近些年来，有些学者夸大了人为因素对内蒙古草原生态环境的影响，着重考虑环境破坏的人为因素，忽视了自然环境本身的变化。人类是整个自然生态系统的重要组成部分，积极适应自然、尊重自然、敬畏自然是十分重要的。但是我们也不能把自然本身因素变化都归咎于人类的存在。在地球诞生的数十亿年的演化中，地球每隔一定时间，地轴倾斜度与太阳的角度就发生周期性变化，地球上就会产生干旱区、热带区、寒冷区，由于地球的自转和太阳的公转，造成了今天世界上许多沙漠和戈壁，并且它们大多分布在南、北纬 30 度左右，如撒哈拉沙漠、澳大利亚沙漠、阿拉伯沙漠、利比亚沙漠、卡拉哈里沙漠、塔克拉玛干沙漠等，都是地球变迁历史所造成的。内蒙古西部地区，也正好处于地球上降水量稀少、气候环境恶劣的干旱、半干旱地带。自然条件造成这些地区植被稀少、沙化、荒漠化严重，并非完全是人为造成的。所以说，内蒙古生态系统的恶化，本身与自然条件的变化有密切的关系，自然因素仍然是内蒙古地区生态环境恶劣的主要原因。

　　2. 人为因素是草原生态环境破坏的主要原因

　　自然因素是内蒙古草原生态环境恶化的主要原因，人为因素也是内蒙古草原地区生态恶化的重要因素。特别是"二战"结束后，各个国家都面临着百废待兴的局面，世界范围的大发展，工业化进程的加快，造成了全球气候变暖、温室效应、厄尔尼诺现象、拉尼娜现象等，都对全球气候、环境产生巨大影响，在内蒙古草原上的乱垦、乱挖、乱建、乱压等，都是草原生态环境恶化的重要因素，其中政策性因素和利益性因素是破坏草原生态环境的两大人为因素。

（1）政策性因素

从历史和现实来看，无论是清朝统治者在内蒙古实施所谓"移民实边"的"新政"，还是新中国成立后的"大跃进"，国家政策导向往往成为破坏内蒙古草原生态环境的重要因素。

例如："建国以后，国家百废待兴。建国初期没有颁布有关生态建设和保护的有关法律、法规。国家建设中大量的木材无节制地开发和利用。特别是文化大革命'以粮为纲''大炼钢铁'的年代，使大面积的草场被开垦为农田，大面积的森林被砍伐炼铁，致使森林和草原大面积的减少。可以说对森林和草原的破坏呈现了'国家、集体、个人'一起上的态势。比如在计划经济时期国家给内蒙古自治区下达的采伐树木的任务是每年 400～500 万立方米，再加上地方、集体及个人，砍伐速度远远超过栽种的数目。长期以来由于内蒙古自治区粮食一直不能自给，因此，人们一有机会就开荒种田，致使本来就十分脆弱的生态环境，变得更加恶化。这种现象无不与国家和地区的政策及有关法律法规滞后有密切的关系。"①

近年来造成内蒙古草原地区持续恶化的现象，与国家和地方经济发展的需要和各级政府的政策导向有着密切的关系，也和有关法律法规滞后、各项规章制度不健全都有密切的关系。

20 世纪 80 年代，内蒙古自治区提出了"念草木经、兴畜牧业"等新的发展战略，并出台了一系列的发展畜牧业的优惠政策，例如：积极鼓励牧民兴建草库伦、实行轮牧制度、禁止草场过牧、超载放牧，积极推进"变天然散养"为"圈养"等措施。但是，这些政策和战略仍然是建立在以农牧业经济社会为基础的

---

① 侯丽清：《内蒙古自治区生态环境现状的调查研究》，《科技与经济》2002年第 11 期。

发展思路上，规模小、投入低、效果差，同时没有从草籽更新、改良畜牧品种等方面下大功夫，畜牧业生产科技含量低，草原地区不合理的垦殖也没有得到有效遏制，始终没有改变靠天养畜的局面，垦草种田、开荒种地的势头并没有得到有效的遏制。如"20世纪80年代末至90年代，内蒙古东5盟34个旗县共开垦草地97.08万公顷，被开垦草地大多是条件较好的山地草甸、草甸草原、典型草原及低地草甸"①。

粗放式经营，无限制地扩大畜牧业的生产规模、不断开荒种地，导致绿草逐渐稀疏、沙漠开始蔓延、草原生态日益恶化。随着我国工业化进程的加快，这一战略很快就被否定。

21世纪初期，内蒙古自治区又提出了"变资源优势为经济优势"的发展战略，内蒙古草原地区进入了一个矿产资源开发的高峰时期，由于自身开采能力受资金、技术等因素的制约，所以各地区纷纷通过招商引资的形式掀起了开采矿产资源的热潮，出现了国家、集体、个人一起上的局面，面对日益严重的草原生态环境的破坏，各级政府也"高度重视"，并且也出台了一系列的保护草原生态环境的地方性法律、法规、政策文件。但是，盲目追求GDP的增长则是刚性指标，也是衡量地方政府官员政绩的硬性指标，所以这些规章制度、法律法规到了基层，往往流于形式，成了表面文章，口号喊得响，但实际是要求的多、检查落实的少，地方官员、地方政府、矿产开采企业都心照不宣，造成草原生态环境雪上加霜。

（2）经济因素

改革开放以来，人为破坏草场主要是经济利益因素，在经济利益的驱使下，比较典型的是"五乱"。

乱垦：从近期利益讲和经济利益方面来考量，草原单位面积

---

① 薛原：《内蒙古草原资源的法律保护》，《法制与社会》2008年第19期。

的年经济收入，远远低于种植业和粮食生产的收益。因此，开垦草原、荒地，增加粮食、经济作物的种植面积，是实现牧民短期增收的有效途径。

在相当长的一段时期内，盲目开垦草原，不但是个人行为，而且成为政府行为。由于内蒙古草原多数处于生态环境脆弱、风沙大、雨季又降水量集中，开垦后的草原很容易被风蚀。开垦后的草原因为无霜期短、气候干旱，只能种植一些耐旱作物，农业科技含量低、产量低。再加上后续管理跟不上，往往种植粮食作物一两年，土地肥力下降，大多被荒弃。既没有达到粮食增产的目的，又使原有的草原植被遭到破坏，恢复起来需要几年甚至几十年的时间。

近年来，在利益驱动下，特别是野生动、植物资源价格的上涨，违法在草原上滥采、乱挖、乱捕野生动、植物的现象屡禁不止；乱占乱用草原及违法审批征用草原等破坏草原的违法现象仍然呈上升势头；一些地方出现边治理、边破坏，先治理、后破坏，一方治理、多方破坏的怪圈。我们在扎鲁特旗乌力吉木仁苏木调研时，不时可见道路两旁的草原上新开垦出来的片片农田，内蒙古克什克腾旗与锡林浩特市交界处，靠近303国道公路两旁也有大片草原被开垦为农田。

乱牧：新中国成立以后，广大农牧民翻身得解放，极大地调动了广大农牧民的成产积极性，草原上的牲畜总量急剧上升。"人民公社"时期，牧业生产水平不是以畜产质量作为增长指标，而是以牲畜的数量作为衡量牧业经济发展的指标。所以，一些牲畜本来可以一年出栏，但是为了保证牲畜总头只连年增长，有的牲畜连续多年在草原上放养，多年不能出栏。结果草场上的牲畜越养越多，出栏率越来越低，牲畜单位草场面积越来越小，草场载畜能力逐年下降。

内蒙古长期以来一直是以靠天养畜的粗放型牧业经济为主，

牧民逐水草而居，牧民的商品意识淡薄，改革开放初期，在经济利益的驱使下，生活在城市里的富裕户"发现了商机"，他们出资购买牲畜，交给水草肥美的牧户饲养，分摊利益，打破了牧业经济水、草、畜三大要素之间内在的平衡。

严重超载和过度放牧，加剧了草场退化和沙化的速度。单位面积上牲畜增多，可食性牧草越来越少，牧草大部分在嫩青阶段就被啃食殆尽，很难结出草籽，即便是有少量的草籽，也被各种鸟类吃掉，没有足够的草籽维持牧草的再生。在我国北方草原沙化的成因中，超载过牧是居第二位的重要原因，从内蒙古自治区农牧业厅发布的《2011 年内蒙古自治区草原监测报告》中了解到，2011 年 6 月末牲畜存栏数 12753.24 万绵羊单位，秋冬季节出栏后，全区平均牲畜超载率 18.52%，这种恶性循环使草原土壤逐渐贫瘠，草场逐年退化、沙化，牲畜品种、质量也出现了逐年退化的局面。

乱建：从 20 世纪 80 年代开始，一些地方为了实现内蒙古的跨越式发展的目标，纷纷上马了一大批与农牧民和牲畜争地、争水、争草场的小企业，这些"小煤窑、小炼油、小水泥、小火电、小钢铁"科技含量较低、环境污染严重、资源浪费严重，破坏了草原生态环境，给周围的牧民生产、生活和牧业经济造成了严重影响。直至今天，虽然大部分都已取缔，但一些"五小企业"仍然偷偷摸摸"白天不干、晚上干；平时不干、假期干；查得紧了就停干、查的松了加紧干"。与管理部门打起了持久战，也有一些地方官员介入，成了他们的保护伞，从中"收取好处费、信息费、罚款费"等。所以，对"五小企业"绝不能掉以轻心，一有机会，极有可能死灰复燃。

乱压：近年来，随着草原旅游热的升温，在一些草原地区，许多城里游客都是开私家车，在草原深处随便走随便压，他们在草原深处烧烤，留下大量垃圾。据希拉穆仁景区管委会主任额尔登桑说，2012 年大约产生 1200 吨垃圾，80% 来自游客的吃住行，破坏了当地环境，让景区管理方大伤脑筋。

乱采：无证开采，乱采滥挖、采富弃贫、浪费和破坏资源问题依然存在。据统计，截至 2010 年"因矿业开发占用、破坏土地面积 1100.95 km^2。其中煤矿 641.22 km^2，金属矿山 158.53 km^2，废金属矿山 301.20 km^2"[①]。这一数字是对具有开采许可证的正规企业的统计，而那些非法开采、无证开采、盗采的企业所造成的土地、草场的破坏，更为严重。例如：2008 年全区累计查处矿产资源勘查开采中出现的各类违法违规案件 3231 起，清查矿业权 7905 处，已关闭小煤矿 852 处，关闭污染环境的各类矿山企业和选矿厂 348 家，关闭非煤整合区域选矿厂及下游加工企业 335 家，非煤矿业权减少 708 个[②]。非法在草原上探矿、采矿、乱碾、乱压，对草原造成了非常严重的破坏。

总之，草原环境是人类赖以生存和发展的前提和基础。内蒙古草原大多分布在干旱、半干旱地区，年降雨量较少，草原生态系统的动植物种类少，这种生态特点，使得草原极易遭到破坏，一旦遭到破坏，又很难得到恢复。从内蒙古草原监督管理局公布的《2011 年草原违法案件统计分析报告》中获悉，2011 年内蒙古自治区共发生各类草原违法案件 14876 起，破坏草原面积达 6.66 万亩，这从一个侧面反映出，目前内蒙古草原地区人为破坏草原的现象仍然十分严重。对内蒙古草原地区矿产资源开发与生态环境现状进行分析研究，既要使矿产资源得到合理开发与利用，促进内蒙古经济社会的发展，又要使生态环境得到有效保

---

① 《内蒙古矿山地质环境保护与治理规划，2011—2015 》，2014 年 8 月，内蒙古国土资源厅网站（http://www.nmggtt.gov.cn/zwgk/ghjh/kczygh/201303/t20130327_27501.htm）。

② 红艳：《内蒙古矿产资源"回头看"行动》，《内蒙古日报》2008 年 7 月 16 日第 1 版。

护。这对于实现中共十八大提出的"生态文明建设与经济建设、
政治建设、文化建设、社会建设"五位一体建设总布局的全面
推进和协调发展具有极为重要的意义。

第二节　内蒙古草原地区矿产
资源分布及开发状况

内蒙古自治区是国家重要的能源基地、新型化工基地、有色
金属生产加工基地和绿色农畜产品生产加工基地,资源丰富,分
布广泛。目前各类矿产资源均有开发,而且面积广、种类多。

一　内蒙古矿产资源分布情况

内蒙古自治区是全国矿产资源富集区,"现已发现矿产128
种,其中储量居全国前10位的有56种。特别是煤炭处于我国北
方露天矿群的集中地带,储量极为丰富,煤炭总储量已经超过山
西,居全国之首。石油、天然气的蕴藏量也十分可观,预测石油
总资源量为20亿至30亿吨,天然气为2700亿至10000亿立方
米;有色金属矿产探明储量居全国前5位的矿种为锌、铅、
锡"[①]。

内蒙古有世界最大的"露天煤矿之乡"的美誉。全国五大
露天煤矿,在内蒙古就有四个,广泛地分布在整个内蒙古地区,
最深煤层厚度达400米。

铜、铅、锌、钨、锡、铂、镍、钴、锑等十种有色金属矿
产,主要分布在呼伦贝尔市西部、大兴安岭中南段和狼山三个地
区,占有色金属总量的95%以上。

---

① 贾凤珍等:《内蒙古矿产资源开发利用战略研究》,《北方经济》2005年第
12期。

锡林郭勒盟锡矿、锗矿储量居全国第一，锗储量 1600 万吨，占全国已探明总储量的 30%；苏尼特右旗查干敖包诺尔碱矿，是亚洲天然碱储量最大的碱矿。

乌兰察布市四子王旗的查干敖包萤石矿属于特大型萤石矿床；石墨的远景储量约为 3 亿至 5 亿吨，居全国首位。

鄂尔多斯市探明煤炭储量 1496 亿吨，占内蒙古总储量的 1/2；天然气探明储量 5000 亿立方米，其中苏里格气田是全国最大的整装气田；鄂尔多斯市还埋藏着世界罕见的超大型芒硝矿。

包头市的白云鄂博是世界上最大的稀土矿产地，储量占国内储量的 87%，产品出口量占全国的一半。

2012 年，在内蒙古包头市哈达门沟矿区探获 1 座中国罕见单脉体特大型金矿，整个矿脉金的储量近 70 吨，潜在经济价值 270 多亿元人民币。

2013 年巴彦淖尔市乌拉特中旗探明一处超大型金矿，资源储量为 148.5 吨，保有资源储量 130.4 吨。该矿探明资源储量目前列居内蒙古自治区首位，深部与外围仍有巨大找矿前景。

二　内蒙古草原地区矿产资源开发情况

从 20 世纪 80 年代开始，受国内城镇化建设、工业化进程加快及国际市场需求旺盛等因素影响，资源品价格持续走高，资源需求量的增加和价格上涨带来的巨大经济利益空间，催生了矿产资源开采业的快速发展，内蒙古自治区进入了矿产资源开发的高峰期，一度出现了国家、集体、个人一起上的局面。例如：2003 年内蒙古全区共有矿山企业 4640 家，固体矿山企业 4583 家，油水气及其他矿山企业 55 家。按类划分，煤炭企业 1158 家，金属矿山 392 个，非金属矿山 3033 个，石油开采企业 2 家，矿泉水及其他矿山企业 53 家。以煤炭、石油、天然气三大能源为例，内蒙古出现了连续增长的趋势，如：表 2—1。

表 2—1　2005—2010 年内蒙古三大能源生产总量及构成情况

名称 年份	原煤 （万吨）	原油 （万吨）	天然气 （万立方米）	能源生产总 产量（万吨）	占能源生 产的总比 重（%）
2005	18292. 321538	209. 90563	513. 314677	19082. 33	99. 65
2006	21257. 036121	245. 28207	706. 858329	22298. 37	99. 6
2007	25312. 080948	237. 860332	938. 078388	26725. 88	99. 11
2008	31608. 300872	250. 80645	133. 76344	33440. 86	99. 27
2009	37320. 598895	269. 245195	1944. 99514	40185. 85	98. 38
2010	45935. 05623	263. 622954	2695. 917756	49740. 18	98. 3

（该资料根据《2011 年内蒙古统计年鉴》综合而成）

　　从表 2—1 分析，六年内，内蒙古原煤增长了 2.5 倍，原油增长了 1.2 倍，天然气增长了 5.2 倍。

　　面对内蒙古矿产资源的无序开发的现状以及对内蒙古草原生态环境造成的巨大破坏，进入 21 世纪以后，内蒙古进入了矿产资源产业结构调整期，大力实施资源转换战略，关、停、并、转一大批三高（高排放、高污染、高能耗）企业和小型采矿企业。"全区采矿权数在 2006 年的基数上减少 30% 左右，资源整合重点区域的探矿权数在 2006 年基数上减少 30% 左右。铁选厂及非金属下游加工企业减少 30% 左右，有色金属及贵金属选矿厂减少 20% 左右。到 2010 年年底，单井规模在 30 万吨以下的煤矿全部退出市场，全区井工矿平均单井规模由 2007 年的 70 万吨提高到 100 万吨以上，全区煤炭生产企业控制在 200 家以内，矿井总数控制在 500 处左右（不含新建煤矿），资源回采率提高到

60%以上。"①

根据《2010 年度内蒙古自治区矿产资源开发利用统计年报》，截至 2010 年底，全区共有各类非油气矿山企业 4469 家，其中大中型矿山企业占全区非油气矿山企业总数的 5.30%。大中型矿山企业所占比例呈现逐年增加的趋势，全区矿产资源开发的集约化、规模化水平正在明显提升。

按矿山生产建设规模划分：大型矿山企业 110 家，中型矿山企业 271 家，小型矿山企业 4088 家；按矿产类型划分：能源矿山 619 家（煤炭企业 612 家），金属矿山 608 处，非金属矿山 3242 处；按开采方式划分：露天开采矿山 3307 处，井工开采矿山 1162 处。

2010 年，全区共有矿山企业实际采矿能力 8.36 亿吨/年，矿产品销售收入 1469.32 亿元，利润总额 336.44 亿元。全区矿业生产总值由 2003 年的 150 亿元增加到 2010 年的 1859 亿元，占全区工业总产值的 11.60%，矿业经济在国民生产总值中的比例已经占到了 15.93%，矿产资源为自治区提供了 95% 的能源，80% 的工业原材料，20% 的农牧业生产资料。

2010 年度，全区各类非油气矿山企业从业人员 25.79 万人，年产矿石量 8.62×10^8 吨，其中，原煤年产量 7.03×10^8 吨，铁矿石年产量 0.49×10^8 吨，非油气矿业总产值为 1859 亿元。全区各盟市年产矿石量以鄂尔多斯市最大，其 2010 年产矿石量为 4.27×10^8 吨，占全区总产量的 49.5%，矿业总产值为 1160.76 亿元，占全区总产值的 62.44%。

2012 年出台了《内蒙古自治区国土资源厅关于发展绿色矿业建设绿色矿山工作的实施方案》，通过矿产资源整合，"内蒙

---

① 《内蒙古自治区人民政府办公厅转发自治区国土资源厅等部门关于进一步推进矿产资源开发整合工作实施意见的通知》，内政办发〔2010〕8 号。

古全区又整合关闭煤矿近 900 处、非煤矿山近 2000 处，针对矿山规模小、安全水平低、资源浪费严重的问题，全区持续开展了矿产资源整合，平均单井产能由不足 14 万吨提高到 140 万吨，30 万吨以下矿井全部退出市场；回采率由 20% 提高到 60% 以上，机械化生产水平由 35% 提升到 90% 以上；原煤产量由 2.6 亿吨增至近 10 亿吨。地下开采的金属矿产回采率达 85% 以上，露天开采达 95% 以上，非煤矿产选矿回收率提高 2 个百分点，综合回收共生、伴生矿种能力提高 10%”①。

通过整合使内蒙古矿业经济得到快速发展，综合实力明显提高，以煤、电、天然气为主的能源工业，以煤化工、天然气化工、氯碱化工为主的重化工业，以钢、铁、铝、铅、锌为主的冶金工业等具有自治区特色的资源型产业，已经成为推动经济发展的主导力量。

据自治区国土资源厅有关负责人介绍，目前全区矿产资源整合着力提高矿产资源的集中度，对新矿区科学设置矿业权、坚持大矿大开、避免零星分割开发；对旧矿区通过资源整合、股权合作等方式提高开采集中度。同时，促进资源向具有采掘、选矿、冶炼、加工一体化产业链和开发能力强的企业集中；将引进专业化的下游深加工企业参与资源转化加工项目建设，避免分散布局，提高产业集中度，发挥规模优势和集群效应，确保草原地质环境不被破坏。

为了更好地处理好矿产资源开发与保护环境的关系，2012 年 2 月 10 日，内蒙古自治区颁布了《内蒙古自治区国土资源厅关于发展绿色矿业建设绿色矿山工作的实施方案》（内国土资发〔2012〕21 号），全面部署全区绿色矿山建设和管理工作。

---

①　刘源源：《内蒙古整合关闭近 900 处煤矿》，2012 年 9 月，新华网（http://news. xinhuanet. com/politics/2012—09/19/c_ 123734101. htm）。

目前，全区各盟市矿山企业数量居前三位的是赤峰市、锡林郭勒盟和鄂尔多斯市，三个盟市 2010 年的矿山企业数量分别为 778 家、656 家和 536 家，分别占全区矿山企业总数的 17.4%、14.7% 和 12%。

内蒙古自治区在矿产资源开发既考虑矿山开采的经济效益、社会效益，同时注重环境效益，在整合矿产资源、矿产资源管理、依法治矿、矿山安全、矿山地质灾害治理、矿产资源深加工等开发利用和环境保护上做了大量富有成效的工作，积累了很多经验，值得研究、借鉴、学习。

但是，我们在调查中发现，虽然矿产资源开发企业总数在下降，但是，总体采矿点并不一定减少，主要表现在两个方面：一是每家具有开采资质的矿产资源开采企业，都有多处开采点，原来不具备资质的开采企业，被一些大中型企业兼并，开采点在更新设备、增加科技含量后仍然继续生产。二是每处矿床均有多家企业开采，以国有企业为中心，周边是私有企业或者是非法开采企业私挖乱采，有关部门在统计数字时往往以多少家开采企业为单位，而不是以开采点为单位，这就造成矿产资源企业总数在减少，但开采点却逐年上升。以内蒙古喀喇沁旗某地为例，主体山脉是国有企业金矿，山下河槽 5 公里内的河槽还有 4 家私人企业在淘沙金。有的是经有关部门批准，有的就是当地居民私自淘金。所以，矿山企业数大量减少，并不能说明矿产开采点真正减少。

"2003 年，内蒙古矿山总面积为 3583km²"①，根据内蒙古矿山地质环境保护与治理规划（2011—2015）统计，2010 年矿山总面积达到 3963.04 平方公里，七年时间矿山占地面积增加

---

① 王剑民：《内蒙古矿山地质环境问题及防治对策》，《西北地质》2003 年第 3 期。

了 10%。

三　内蒙古各盟市矿产资源种类及开采现状

内蒙古草原分布地域广，地下矿藏丰富，遍布全区各盟市。目前，矿产资源开发与利用已经成为全区 12 个盟市经济发展的支柱产业，全区已开发利用的矿产 82 种，矿区占地面积 3583 平方公里。

1. 呼伦贝尔市

呼伦贝尔市地处古生代古亚洲构造成矿域与中生代环太平洋构造成矿域强烈叠加的地段，多期成矿的复合、叠加和改造使其成矿期次多，成矿地质条件优越。成矿区域上，构成了"一盆两带"三个各具特色的矿产资源集中区；海拉尔盆地蕴藏着丰富的煤炭、石油和天然气资源；大兴安岭成矿带和得尔布干成矿带是自治区重要有色金属、黑色金属富集区。截至 2008 年底，全市已发现矿产 64 种（亚矿种 78 种），其数量占自治区已发现矿产种类的 52%。全市已查明或初步查明资源储量的矿产有 52 种，矿产地 411 处、能源矿产地 107 处、金属矿产地 55 处、非金属矿产地 228 处、矿泉水 21 处。列入自治区资源储量表的矿产地有 161 处，大型 33 处，中型 30 处，小型 98 处。

呼伦贝尔市矿产资源的主要特点是：以煤、石油、天然气为主的能源矿产资源丰富，是东北地区重要能源基地；以铁、铜、铅、锌、钼、银、金为主的金属矿产大中型矿产地多，开发利用条件好；以水泥用大理岩（石灰岩）、硫铁矿、芒硝、天然碱为主的非金属矿产种类齐全，资源潜力大，优势明显。煤、锰、铜、钼、金、银、铅、锌、铟、镉、水泥用大理岩、白云岩、膨润土、芒硝、天然碱、矿泉水等 16 种矿产保有资源储量排名居自治区 12 个盟市的前三位。海拉尔盆地的矿产资源有能源、有色、贵金属和非金属矿产，能源矿产主要是煤炭，有著名的扎赉诺尔煤田、伊敏河煤田、陈巴尔虎煤田和大雁煤田，现均已开发利用。呼盟共有各类矿山企业 216 家，占全区矿山企业总数的 5.16%。其中有限责任公司 18 家、股份有限公司 9 家、国有企业 36 家、集体企业 103 家、私营及其他企业 51 家。

2. 通辽市

通辽市矿产资源丰富，已发现 40 多种各类矿产，其中煤炭、冶金用型砂矿、建材用硅砂矿的资源储量较大。霍林河大型煤田，木里图和大林两个大型砂矿闻名全区，另外还有 5 座中型砂矿和几座大中型硅砂矿。上述矿产资源现均已开发利用。通辽市共有矿山企业 176 家，占全区矿山总数的 5.65%。其中国有企业 9 家、有限责任公司 8 家、股份有限公司 4 家、集体企业 53 家、私营及其他企业 102 家。

3. 赤峰市

赤峰市矿产资源丰富，已发现的矿产有 70 余种，已探明的就有 30 余种，主要为贵金属矿产、有色金属和非金属矿产等。其中贵金属矿产和有色金属矿产是该市的特色矿产，如克旗黄岗梁铁锡矿、林西县的多金属矿，巴林左旗和翁牛特旗的铅锌矿，敖汉旗的金矿等。目前大多数矿产资源均已开发利用。

赤峰市共有各类矿山企业 933 个，占全区矿山总数的 20.12%。其中国有企业 34 个、有限责任公司 24 个、股份有限公司 18 个、集体企业 36 个、私营及其他企业 181 个、合资企业 2 个。

4. 呼和浩特市

呼和浩特市已发现有 30 多种矿产资源，有煤、铁、金、银、盐、芒硝、石墨、灰岩、黏土及建筑用石料等，共有 3 个中型大理岩矿区、3 个中型黏土矿区。2003 年，呼和浩特市共有矿山企业 270 个，占全区矿山企业总数 5.82%。其中国有企业 15 个、有限责任公司 11 个、股份有限公司 11 个、集体企业 53 个、私营及其他企业 111 个、合资企业 1 个。

5. 包头市

包头市已发现矿产资源 50 多种，主要有煤、铁、金、稀土、石灰石、白云岩等。其中最著名的是白云鄂博超大型多金属共生矿床，现已开发利用。2003 年，包头市共有矿山企业 211 个，占全区矿山企业总数的 6.58%。其中国有企业 11 个、有限责任公司 17 个、股份有限公司 2 个、集体企业 93 个、私营及其他企业 88 个。

6. 乌兰察布市

乌兰察布市的矿产资源已发现有 60 多种，有金、银、铜、萤石、石墨及建筑石材用花岗石和大理石以及凉城岱海地热等。其中黄金、萤石、石墨、石材较为有名。全市共有矿山企业 212 个，占全区矿山企业总数的 8.24%。其中国有企业 3 个、有限责任公司 12 个、股份有限公司 26 个、集体企业 21 个、私营及其他企业 148 个、合资企业 1 个。

7. 巴彦淖尔市

巴彦淖尔市的矿产有煤、铁、金、铅、锌、铜、硫铁矿及部分非金属等矿产，其中有色金属和硫铁矿是巴盟的特色矿产，有著名的霍各乞、东升庙、甲生盘、炭窑口、山片沟等多金属矿床。目前，上述矿产资源均已开发利用。巴彦淖尔市共有矿山企业 186 个，占全区矿山企业总数的 5.09%。其中国有企业 7 个、有限责任公司 29 个、股份有限公司 10 个、集体企业 22 个、私营及其他企业 116 个、合资企业 1 个。

8. 乌海市

乌海市是全区的煤都，地区面积不大，矿产资源丰富，目前已发现的矿产资源有近 40 多种，主要有煤、铁、石灰石、耐火黏土和高岭土等，其中炼焦用煤和优质黏土是该市的特色矿产。乌海市共有矿山企业 164 个，占全区矿山企业总数的 7.48%。

其中国有企业 15 个、有限责任公司 22 个、股份有限公司 2 个、集体企业 36 个、私营及其他企业 89 个。

9. 鄂尔多斯市

鄂尔多斯市矿产资源非常丰富，目前已发现的矿产有能源、黑色金属、化工原料和建材非金属等矿产。能源矿产中有煤、天然气、石油，其中煤炭的资源储量巨大，仅准格尔煤田和东胜煤田的探明资源储量就达 1185.59 亿吨，占全区煤炭探明资源储量的 52.25%。天然气地质储量相当可观。化工原料矿产芒硝、天然碱也是区内的优势矿产，其中达拉特旗芒硝矿区、杭锦旗盐海子芒硝矿和共生天然碱等大型矿床最负盛名。建材非金属矿产高岭土资源也十分丰富，仅准格尔旗黑岱沟露天煤矿六煤层顶板高岭土远景资源储量就近 3 亿吨，优质土资源储量约 9000 万吨。鄂尔多斯市共有矿山企业 722 个，占全区矿山企业总数的 22.98%，是全区矿业开发比较发达的地区之一。其中国有企业 99 个、有限责任公司 14 个、股份有限公司 37 个、集体企业 258 个、私营及其他企业 354 个、合资企业 5 个。

10. 乌兰浩特市

乌兰浩特市地处大兴安岭有色金属重点成矿区域，总面积 865.15 平方公里，蕴藏着非常丰富的有色金属资源。近年来，相继发现了铅、锌、铜等有色金属矿藏和蛇纹岩、高岭土、石灰石等非金属资源。这一地区已经被列为国家 16 个重点探矿区的第 5 位。2008 年，在乌兰浩特市及周边区域进行航测后，国内一些大中型企业，包括探矿、采矿、选矿及矿产资源深加工企业、冶炼深加工企业，纷纷进驻这一地区，在今后一段时间必然出现探矿、采矿、冶炼、加工等工矿企业较为繁荣的时期。

11. 锡林郭勒盟

锡林郭勒盟矿产资源丰富，是自治区重要的能源和有色金属基地，而且大部分分布在草原地区。全盟矿产资源集中分布于四个成矿区带和二连盆地中。二连盆地是煤炭、石油矿产的主要分布区。"全盟有采矿权企业 635 个，其中石油 17 个、煤炭 32 个、黑色金属矿 24 个、有色金属矿 22 个、贵金属矿 7 个。目前，全国五大电力企业集团全部入驻锡林部勒盟，胜利煤田、白音华煤电、上都电厂等一批重点能源工业项目相继建成。"[①]

12. 阿拉善盟

阿拉善盟现已探明的矿藏有 86 种（占自治区发现矿种的 71.67%），产地共计 416 处，其中有开发利用价值的 54 种，现已开采 40 种。其中无烟煤探明储量 4 亿吨，产自内蒙古阿拉善左旗的"古拉本无烟煤"久负盛名。以其低灰、低硫、低磷、高发热量、高比电阻、高块煤率、高机械化强度、高化学活性、高精煤产率等"三低六高"优势，被誉为"煤中之王"。在国际上备受青睐，出口十几个国家和地区。

矿产资源是人类社会赖以生存和发展的重要物质基础，随着我国工业化进程的加快，内蒙古矿产资源开发利用为我国经济快速、持续、稳定发展提供了资源保障，特别是能源资源更是成为国民经济发展的动力引擎。内蒙古自治区矿产资源勘查开发、利用取得巨大成就，基本建成了比较完善的能源与有色金属生产、加工、供应系统，有力地支持了内蒙古乃至全国的社会进步与经济发展。

第三节　内蒙古草原地区矿产资源开发对草原植被、地质、生物、气候的影响

草原牧区矿产资源开发是一把"双刃剑"。一方面，可以大大促进当地经济社会的快速发展。另一方面，如果处理不当，违

---

① 何广礼、萨如拉图雅：《浅谈锡林郭勒草原矿产开发中的草原生态保护》，《环球市场信息导报》2011 年第 12 期。

背了自然规律、经济规律，也会对草原生态环境的保护、资源永续利用、经济社会可持续发展等造成严重危害，也不可避免地引起草原生态系统结构和生态过程的破坏。

目前，有的地方在矿产资源开发中不同程度地存在着急功近利、低水平重复、盲目无序、一哄而上等问题，这不仅破坏浪费了宝贵资源，而且引发了一系列生态环境问题，草原上的牧民意见多，潜在的风险大。特别是草原矿区生态系统受到的影响更大。"草原矿区生态系统是指在矿区范围内的生物群落（包括动物、植物、微生物）与周围环境组成的系统。矿区的生物部分包括矿区范围内的各种动物、植物和微生物；环境部分包括自然环境、社会环境和经济环境。"①

近年来，内蒙古草地沙化、荒漠化、退化严重，这其中的原因是多方面的，其中，矿产资源开发对草原带来的影响尤为突出。内蒙古草原地区矿产资源开发对草原生态环境的影响，主要包括大气、水源、土地、矿藏、森林、草原、野生动物、野生植物、草原风景游览区、自然保护区、生活居住区等几个方面。内蒙古草原地区矿产资源开发引发的生态环境状况不容乐观，经过多年经济发展，矿产品需求越来越大，而矿产资源开发导致的生态环境恶化趋势没有得到根本抑制，大量废水、废渣、粉尘（废气）没有得到有效利用和治理，从而引起地表水、地下水污染，废渣占用耕地、林地。矿产资源开发对草原生态环境影响因子主要包括：工业废水、固体废渣、地质灾害、噪声、粉尘、石油污染物等几个方面。

内蒙古草原地区蕴藏着多种矿产资源，其中煤炭、石油、天然气的藏量尤为丰富。随着内蒙古经济社会的快速发展，要求大

---

① 侯庆春、汪有科、杨光：《神府——东胜煤田开发区建设对植被影响的调查》，《水土保持研究》1994年第4期。

规模开发这些地下资源。内蒙古矿产资源开发带动了内蒙古经济的快速发展，从 2002 年到 2009 年，内蒙古 GDP 增速连续 8 年居全国第一位。据统计，"2000 年到 2009 年，内蒙古 GDP 年均增速达 18.7%，远远高于全国平均水平"①。其中第一产业变化不大，第三产业呈下降趋势，而第二产业逐年增加，其中矿产资源开发占了相当的比重。"2010 年第二产业中工业占到 48.1%，建筑业占 6.4%。"②（见表 2—2）

表 2—2　　　　　2006—2010 年内蒙古生产总值构成及所占比例

单位：亿元

年份	生产总值	第一产业	第二产业	第三产业	第一产业所占比重	第二产业所占比重	第三产业所占比重
2006	4944.25	634.94	2374.96	1934.35	12.8%	48.1%	39.1%
2007	6423.18	762.10	3193.67	2467.41	11.9%	49.7%	38.4%
2008	8496.20	907.95	4376.19	3212.06	10.7%	51.5%	37.8%
2009	9740.25	929.60	5114.00	3696.65	9.5%	52.5%	38.0%
2010	11672.00	1095.28	6367.69	4209.02	9.4%	54.5%	36.1%

创造"经济奇迹"的鄂尔多斯市更是依托煤炭、石油、天然气等丰富的自然资源实现了跨越式发展。"2010 年，地方财政税收 1923537 万元，其中企业所得税达到 332038 万元，生产原煤 44934.20 万吨"③，是比较典型的资源财政。

---

① 赵杰、王文明：《内蒙古 GDP 增速 8 年全国第一难掩富省贫民尴尬》，《中国经济时报》2010 年 5 月 19 日第 2 版。

② 胡敏谦：《2011 内蒙古统计年鉴》，中国统计出版社 2001 年，第 76—78 页。

③ 内蒙古统计局：《2011 内蒙古经济社会调查年鉴》，中国统计出版社 2011 年，第 307 页。

人类在大自然活动，必然会对自然造成一定的破坏和影响。矿山开采亦是如此。内蒙古在对草原矿产资源进行利用时，必然会影响当地的自然环境和生态环境。影响主要表现在以下几个方面。

一　矿产资源开发对草原植被的影响

内蒙古具有丰富的矿产资源，大多数分布于低山丘陵或戈壁草原地带，几个大型能源矿山、石油矿井均处于草原地区。如：神华、神木、平庄、乌达、二连油田等。近年来，地表自然环境受风蚀、严重的水土流失影响，再加上干旱，气候和水文条件，恶劣天气，自然生态环境脆弱，脆弱植被。"近年来，在大规模的矿产资源开发利用过程中，由于缺乏科学的指导和环境意识，许多矿业公司只专注于发展，而忽视环境保护，生态恢复和污染控制，生态环境的破坏主要为大气，水文，地形植被等。生态因素受到矿山生态环境破坏严重的影响。"[1]

草原地区矿产资源在开采的过程中，往往会导致草场退化、土壤沙化、土壤盐碱化、水土流失，废渣气、废水、固体废弃物污染严重。据统计，内蒙古矿业企业总面积3583平方公里，应复垦面积为112平方公里，实际复垦面积为17平方公里，复垦率为15%。环保意识的淡漠，盲目追求经济效率，一些矿业公司没有一个固定的路线车辆进入矿井，车辆在矿井周围的草地上自由滚动，各种类型的矿山废弃物，形成废石，直接损伤压占了大量的牧草，覆盖的泥沙淤积，造成草地退化和荒漠化。生态环境受到严重污染的采矿牧场几乎全部被破坏，直接影响当地牧民的正常生产和生活秩序。"鄂尔多斯市准格尔煤田，土地沙漠化

---

①　耿林等：《内蒙古矿产可持续开发存在的问题及战略对策》，《矿产保护与利用》2006年第3期。

面积占煤田面积21%。矿业废物引起广泛的水污染，垃圾污染，严重影响畜牧业的生产和生活。"①

　　草原上不仅有矿，还有丰富的油，在草原上生产原油，因其本身是液体物质，渗透性强，在开采、炼制、储运和使用过程中，每一个环节都可能污染土壤环境。油田钻井时会产生钻井泥浆和含有油污染物的含油废水，造成钻井泥浆的损失和泥浆循环系统泄漏等。由于条件限制，再加上技术水平和加工技术不高，大量含油废料、废土不可避免的排入，严重影响整个土壤生态系统。石油污染分布较广，排放的全方位、综合性的复杂影响，导致植物死亡。②

　　二连分公司是华北油田主要油气生产单位之一，地处美丽的锡林郭勒盟大草原腹地，被誉为"内蒙古草原上的一颗明珠"。勘探区域主要集中在内蒙古自治区中部的二连盆地，在东西宽600公里、南北长200公里的范围内，从事石油、天然气生产业务，共有员工3000余人，管理着2000多口油、水井，大规模的开采对当地环境产生了一定的破坏。

　　"人为因素对本区景观影响严重，尤其是输油站点之间的砂石便道，对草原切割严重。"③ 要石油，更要生态；要效益，更要环境保护。近年来，二连分公司大力推广应用环保新技术，采油污水净化回注达100%。推进文明生产，在油水井施工现场，全部铺设塑料布，不让一滴原油污染草原。为进一步改善草原生态环境，二连油田每年投入大量资金开展绿化工作，使矿区绿化

　　① 周朗：《矿山环境五大问题亟待解决》，《中国矿业报》2005年05月13日，第2版。

　　② 张学佳、纪巍：《石油类污染物对土壤生态环境的危害》，《化工科技》2008年第6期。

　　③ 李建平、李栋等：《华北油田二连分公司蒙古林作业区生态环境质量状况研究》，《北方环境》2010年第5期。

覆盖率达到42%。二连油田成为内蒙古自治区仅有的几家环境友好型企业之一。

据统计，"内蒙古在开采区的矿山企业，煤炭选矿石渣产生的废物和其他固体废物积累的存储容量，速度超过每年1000吨，并呈逐年增加的趋势，占用了大量的土地，造成了严重的土壤和水的污染，破坏植被，造成水土流失，地质灾害引发山体滑坡和泥石流；'三废'排放，造成严重污染地表水，土壤和空气，危害人类生存环境。而且，因为内蒙古有许多小煤矿，占了内蒙古总的煤矿46%，设备受资金和技术人员的约束"①。内蒙古大部分矿山企业，仍使用传统的粗放式开采方式，给生态环境造成巨大的压力。

原煤、石灰岩、铁矿石、石英石等工矿企业，其主要外排污染物为无组织粉尘、颗粒物与二氧化硫，它们的协同作用会增强二氧化硫的毒性，加大叶片受害症状。在选矿生产过程中产生的粉尘污染对植物的影响主要表现在对作物光合作用的影响上。粒径大于$1\mu m$的颗粒物在扩散过程中可自然沉降，吸附于植物叶片上，阻塞气孔，影响生长，使叶片褪色、变硬，导致植物生长不良。另外，粉尘落到田间会影响土壤透水透气性，不利于植物吸收土壤养分，间接造成植物生长缓慢，甚至死亡。

矿区及周围草原植被破坏了，草原的固碳（或碳库）功能大大降低；在内蒙古喀喇沁旗远航水泥厂矿山采石场调研时我们看到：大量矿山剥离的表层土没有分层分区堆放，堆土场没有表层土覆盖，很多树木、操场被覆压，有些树木已经枯死。

固体矿石类采矿，大多是露天开采，往往是先把矿层上覆及其四周的表土和岩层剥离之后进行的，所以说它对草场的破坏最

①　康萨如拉、哈斯敖其尔：《内蒙古草原区矿产开发对草地的影响》，《经济研究导刊》2011年第19期。

为严重。调研过程中我们发现，废渣排放面积要远远大于矿石开采面积，一般来讲是矿石开采面积的5—10倍，而粉尘污染面积则达5—10平方公里，为矿山采掘复垦和植被恢复带来极大困难；有的堆土场土质疏松，有的没做边坡沙障固定处理，有的堆土场没有植被保护等，极易造成水土流失和风力侵蚀，形成新的沙尘源或流动沙丘。

矿产资源开发对农业生产的影响途径主要来自两个方面：一是污染地下水源和地表径流，被农作物吸收后，在农作物体内富集，影响农作物的生长和农产品质量；二是粉尘污染，主要是煤粉在运输过程中，由于风、雨等天气的影响，导致煤粉粉尘在空气中传播，最后部分粉尘落在植物的叶片表面，堵塞植物的呼吸系统，使植物无法进行气体交换，最终死亡。

二　矿产资源开发对草原地质结构和自然景观的影响

内蒙古煤矿以及金属和非金属矿业，多年来由于乱挖、乱采，塌陷、压占，造成200多万平方公里的破坏，据一些专家估算：一万吨的铁矿石开采，平均有0.5英亩的土地破坏，从而严重破坏了土壤和植被，造成水土流失，雪崩，泥石流，尾矿干形成人工"沙漠"和其他自然灾害。同时，矿山地表植被损毁，山泉绝迹，土壤流失。

内蒙古草原地区矿产资源开发，极大地破坏了草原地区原有的地质结构，矿山采掘区、煤炭堆积区、砂石堆土区、排水区、煤矸石堆放区等，不仅占用了大量土地，破坏了大面积的草场和植被。而且，不断形成堆积上亿立方米到几亿立方米的土山、煤矸石山和上百米深的矿坑，使地貌及地质结构发生了很大变化，极有可能诱发泥石流、塌方、滑坡等地质灾害。20世纪90年代，就在神华宝日希勒露天矿旁边，有100多个小煤窑在草原上开采煤矿，经过十几年后，无序采煤造成一个个的塌陷大坑，使这片草原面目全非。据当地村民介绍，1992年春天，曾经有当地牧民开拖拉机经过，地表突然塌陷，一家三口连同拖拉机陷入地下，拖拉机和人都找不到。

"全区已开发利用的矿产82种，矿区占地面积3583平方公里，矿山开发形成的采空区地面塌陷总面积123.34平方公里。形成的塌陷坑、塌陷群共197处。其中，塌陷影响范围的面积大于10平方公里的特大型塌陷区有3处；1—10平方公里大型塌陷区有13处；0.1—1平方公里中型塌陷区有34处；其余为小于0.1平方公里的塌陷区，地面塌陷灾害造成的经济损失达2.146亿元"[①]，不但对地质环境造成破坏，而且也对人类的生存造成极大威胁。

近年来，内蒙古草原地区因矿产资源的大规模开发利用，导致地面塌陷的速度逐年增加。截至2007年年底，内蒙古自治区内因矿业开发造成的地面塌陷总面积已经由2000年的123.34平方公里增加到226.2088平方公里，几乎增长了一倍。地面塌陷在全区12个盟市均有分布，主要以煤炭矿区地面塌陷为主，占全区总塌陷面积的99.8%，其中破坏草地140.2285平方公里、耕地17.7022平方公里、林地6.95平方公里、建设用地20.06平方公里、荒地40.8220平方公里。从具体分布情况看，煤矿地面塌陷主要集中在扎赉诺尔、宝日希勒、大雁、平庄—元宝山、石拐、乌达、桌子山、东胜、准格尔、黑山9个矿区。由于各矿区煤层赋存状态、开采深度、开采方式及顶板管理方式等因素的不同，地面塌陷的表现形式不尽相同。在研究区内地面塌陷可分为移动盆地型和破裂塌陷型两种，其中草原塌陷面积占61%，工矿企业的排水冲出了狭长的、裸露着泥土的峡谷，小煤窑无序

---

① 史俊平等：《内蒙古地区地面塌陷地质灾害研究》，《内蒙古水利》2009年第2期。

开采导致的上千个沉陷坑，给草原植被带来极大的破坏。

我国相关法规明确规定"谁破坏、谁治理"的原则，但没有明确治理资金的落实渠道，这一原则就如同空中楼阁，根本无法生效，而矿区发展的规律是越进入矿山生产晚期获利能力越低。一旦进入到引发大面积地质灾害的晚期生产阶段，企业根本无法抽出大量资金进行地质灾害治理，最终治理还是要国家和政府埋单。

内蒙古有着得天独厚的自然景观，草原是内蒙古的标志，自古以来就是人们歌颂和向往的地方。"天苍苍，野茫茫，风吹草地现牛羊"，是昔日草原风光的真实写照。

呼伦贝尔大草原是我国北方游猎、游牧民族的发祥地之一。在这片丰沃的土地上，曾经生活过鲜卑、契丹、女真等许多部族，逐渐兴起了繁荣的草原文化。通辽市的科尔沁草原、大青沟景区久负盛名。锡林郭勒大草原是内蒙古四大草原之一，也是典型的天然草原。还有克什克腾的贡格尔草原、包头市的希拉穆仁草原等牧区，这里地域辽阔，草原、森林风光无限：蓝天白云，河道弯弯，绿草如茵，毡房点点，毡包座座，空气清新，这一切都是那么虚幻而美好。但是，今天的草原，由于矿产资源的无序开发、乱牧、乱踩、乱压导致草原退化、盐碱化和沙化、气候恶化以及严重的鼠害等一系列生态问题，在内蒙古绝大多数草原均程度不同地存在着。在油田开发、煤田开采、电厂建设及各类采矿活动中，普遍存在对周围草原植被不同程度的破坏，轻者使草原生态系统结构单一化、生态系统功能衰退，重者导致草地植被完全消失，导致草原沙化、荒漠化，矿区自然风光尽失，到处是裂痕与陷坑，使草原风光大煞风景。

三　矿产资源开发对草原野生植物的影响

草原生态系统孕育着多种野生植物物种，而野生植物物种安全是国家安全的重要组成部分，草原生态系统是指生物及其与环境形成的生态复合体、相关生态过程达到一种平衡的状态，保证物种多样性、遗传多样性和生态系统多样性。这种安全是非常重要的，有环境经济学家称为人类的"最终的安全"，其特殊的重要性体现在物种一旦灭绝就永远消失了，人力无法使其重新恢复。

草原为人类提供了一个丰富的基因库。世界上大部分栽培了的优良牧草，中国都有野生种，是世界上牧草资源最丰富的国家。除植物外，在内蒙古高原，野生动物本是十分丰富的，人类的未来与可供替代的基因物质有着密不可分的联系。有环境经济学家认为，保护生物多样性的价值在于它关系到人类在这个地球上的适当位置，地球除了人类以外，还维持着众多的生命形式。它关系到人类同围绕在人类周围，并最终支援人类的所有其他生命之间的联系。

矿产资源开发的污染物主要来自矿山开采，污染方式主要包括：水体污染、空气污染、水污染、噪声污染、固体废弃物污染。对植物产生不利影响的污水主要是矿井涌水、选矿废水、生活污水等。"草原生态环境的恶化，使草原土壤蓄水能力下降，导致河流径流量减少、小溪断流、湖泊干涸、水位下降、水土流失加剧，会直接影响植物对水分的吸收，改变植物的形态特征。"①

内蒙古草原原生植物，总体处于退化演替过程中，"植物群落结构特征发生变化，稳定性降低，盖度下降，物种丰富度指数基本上随退化演替程度的加深而减少，且退化越严重，物种丰富

---

① 武焱、朱丽、田建华等：《荒漠草原区小铁矿开采对生态环境影响分析》，《阴山学刊》（自然科学版）2008年第4期。

度指数越低"①。而矿产资源开发、建设对该区域的草原植被和植物生存环境产生重要影响，主要表现在矿产资源开采、运输、加工等造成的矿区及其周边地区的地表植被破坏，从而改变了自然景观，减少了植被种类和生物量，影响了矿区内及周边植被生长环境。

对草原野生植物影响比较大的污染来源还有粉尘污染。粉尘的污染主要表现在煤粉尘沉降在植物叶片、嫩枝、树干等上面，堵塞气孔、影响气体交换，破坏正常的光合作用，甚至伤害组织，进而影响植物的正常生理活动和生长发育，导致植物枯死、植物物种减少。

四　矿产资源开发对大气环境和区域小环境的影响

内蒙古西部地区，处于干旱、半干旱地区，降水量一般在 200 毫米以下，而蒸发量大多在 1000 毫米以上，有的矿区作业路面洒水降尘不到位，矿区上空尘土飞扬，再加上发电产生的大量粉煤灰、二氧化碳、二氧化硫，以及矿区大动力作业设备、车辆排放的尾气，对大范围空气质量造成负面影响；矿产中含有的 Ca、Mg、Na 等可溶性盐分，溶解于地表水中，容易形成次生盐碱化，一些酸性、磁性、重金属、放射性物质也对地表水、土壤和大气造成不同程度的污染。矿井空气污染主要来自矿井通风、排水、燃煤锅炉、煤自燃和各种金属选矿厂排出的废气（灰尘），这些排放物（粉尘）对植物、土壤和人体造成伤害。在开采过程中的废弃物堆、选矿尾矿的形成，因为小颗粒，主要是粉尘，大风天气，粉尘飞扬，能见度降低，造成周围的环境严重污染，危害人民

---

① 李政海、鲍雅静：《锡林郭勒草原荒漠化状况及原因分析》，《生态环境》2008 年第 6 期。

的健康。

中国五大露天煤矿，内蒙古就有四个，分别为伊敏、霍林河、元宝山和准格尔露天煤矿，其中准格尔是目前全国最大的露天煤矿。露天开采是把矿层上覆及其四周的表土和岩层剥离之后进行的，它对土地的破坏非常严重。露天煤矿原料堆场的粉尘、精矿浓缩溢流水、尾矿水以及生活污水等将会对周围地区大气、土壤、水源产生重要影响。露天开采煤田，对大气环境的影响比地下矿山勘探，钻井，爆破，采矿更严重，机械损耗产生的运输和其他粉尘对矿井局部环境产生重大影响。煤炭企业排放废气，煤矸石自燃的烟尘进入大气，化为二氧化硫，氮氧化物，二氧化硫污染等，尤其是会形成酸雨，降落地面威胁着作物，造成森林、草原、农作物大面积死亡。

另外，煤炭、煤矸石自燃也是大气污染的重要因素之一，例如：鄂尔多斯市黄天棉图地区在20世纪80年代，星罗棋布有300多处小煤矿，均沿浅表煤层露头开采，造成采空区遗留大量浮煤并残留大量煤柱，一旦具备氧化条件便迅速自燃，形成大面积火区。再如：在横跨乌海市和鄂尔多斯市鄂托克旗的骆驼山矿区，不见明火的煤田自燃，让周围变成了烟雾缭绕的"烟都"。

内蒙古自治区煤炭协会在2009年组织煤田地调研，煤矿设计部门、煤矿科研部门专家现场勘探，经过半年时间，查明"全区12个盟市中11个有煤火，火区达230处，火点647个，燃烧面积约6381.37万平方米。既有煤矿火区，也有煤田火区；既有深部火，也有露头火；小的火龄四五年，大的几十年甚至上百年，火情成因非常复杂，主要分布在西部地区的古拉本煤田、乌达煤田、桌子山煤田、准格尔煤田、东胜煤田"①。

煤矿开采而产生的工业废气排放量是空气的主要污染源之一。废气引起的酸雨，使粮食减产，酸雨还对铁路、桥梁等露天设施造成腐蚀与破坏。煤矸石山长期在露天堆积，易于风化破碎，产生大量粉尘随风飞扬，污染大气，有的地区煤矸石山的燃烧可长达几年、几十年，自燃的煤矸石山还排放大量有毒、有害气体，不仅使矿区附近的草木枯萎，农业减产，而且使矸石山附近居民的呼吸道疾病发病率上升。

五　对草原野生动物的影响

生物多样性是自然界长期进化的结果，地理环境是人们赖以生存的物质基础。地理环境是指一定社会所处的地理位置以及与此相联系的各种自然条件的综合，包括气候、土地、河流、山脉、湖泊以及各种动物资源、植物资源、矿产资源，"人类之所以能在地球上生存、繁育，依赖于两个环境，一个是自然界中的氧气、水、温度等这些无机环境；第二个是有机环境——生命物质系统，也就是地球上的生物多样性。人类的衣食住行必须依赖于无机环境和有机环境，特别是有机环境。可以毫不夸张地说，生物多样性资源是一个国家的主权，是一种重要的战略资源"②。

现在的物种灭绝跟历史上的几次大规模物种灭绝的最大不同就是：历史上的物种灭绝过程，是地质的变动和重大的自然灾害造成的，现在的物种灭绝主要是人为的对环境的破坏和人类对自

---

① 戴宏：《熄灭它，那一处处不点自燃的煤火》，《内蒙古日报社数字报刊》2010 年 9 月 1 日第 1 版。

② 陈光磊：《反思物种灭绝与生物多样性》，《郑州航空工业管理学院学报》（社会科学版）2005 年第 2 期。

然近乎疯狂的掠夺造成的。而且这些物种的灭绝会打破生态系统的平衡，从而使人类生存环境急剧恶化。人为因素造成的物种灭绝速度，要比物种自然灭绝速度快成百上千倍。

内蒙古草原生态系统大部分地处干旱、半干旱地区，年降雨量较少。与森林生态系统相比，草原生态系统的动植物种类要少得多，群落结构也不如前者复杂。在不同的季节或年份，降雨量很不均匀。因此，种群密度和群落的结构也常常发生剧烈变化，生态环境非常脆弱，很容易遭到破坏。

首先，矿产开采项目在基建施工期、生产运营期，机械噪声、开山炮声及其他人类活动，改变了野生动物的栖息环境，对矿区及周围一定范围内野生动物的活动和栖息产生重要影响。

其次，内蒙古草原资源长期受到乱采、乱挖、毁草开荒的破坏，致使天然草原面积大幅度下降。使野生动物生存空间越来越小。

再次，随着人口的增长，牲畜大量增加，对土地和水资源的过度利用，加剧了草原和沼泽系统的退化。

生态破坏最明显的直接后果是生物物种的正常生存受到严重影响。草原生态环境的破坏不仅使野生动物的栖息地面积明显减少，而且这些现存的栖息地被公路、铁路、草原围栏、农田、村落分割成许多相互隔离的小区，对许多具有迁徙习性的动物造成严重的威胁。例如：在采油期，油生产正常运行，生产设备大修过程中会产生含油废水等。石油类污染物主要通过动物喂养、呼吸、皮肤渗透到动物体内等，可以破坏脂溶性生物膜的结构，构成对动物神经系统的选择性损伤，呼吸道和生物毒性代谢机器的侵蚀，导致动物的皮肤、口腔和鼻腔过敏、炎症、破坏和不正常的觅食；免疫系统的抑制，有时会导致继发性细菌或真菌感染。

在充分肯定矿产资源开发对促进牧区经济社会发展的巨大作用和历史功绩的同时，我们也清醒地看到，部分牧区矿产资源的开发，对当地的生态环境及可持续发展造成了一定负面影响。如何切实做到开发与保护并重、发展与环境"双赢"，是内蒙古自治区面临的一个亟待研究解决的重大课题。在调研中我们了解到，目前有的地方在矿产资源开发中不同程度地存在着急功近利、低水平重复、盲目无序、一哄而上等问题。这不仅破坏浪费了宝贵资源，而且引发了一系列生态环境问题，由于牧民意见多，潜在的风险十分大。特别是露天煤矿的开发，对生态环境影响尤为明显，使得本来十分脆弱、敏感的生态环境形势变得更加严峻。目前，生物多样性受到威胁，概括起来主要有以下几个方面：

首先，草原生态系统功能不断退化，草原生态系统受到威胁。导致草原生态植物形态单一，抗病虫害能力差，部分植物、动物种群退化。草原野生动物栖息地不断减少，草原动植物资源减少，大风日数和沙尘暴次数逐渐增加，物种及其栖息地的变化，最终必将威胁人类自身的生存。

其次，动植物物种濒危程度加快。人口的增长以及对大自然的改变，生物资源的过度开发、环境污染等，使得内蒙古草原上的生物物种的生存受到了威胁。中国是野生动物资源、植物资源极其丰富的国家，但是，内蒙古大量的小型兽类、鸟类、爬行类动物，因各种因素的影响，已经濒危灭绝，昔日内蒙古大草原上号称草原霸主的"草原狼"和号称"沙漠之舟"的野生双峰驼，已经绝迹。据估计,我国野生高等植物濒危比例达15%—20%，其中，裸子植物、兰科植物等高达40%以上，野生动物濒危程度不断加剧，有233种脊椎动物面临灭绝，约44%的野生动物呈数量下降趋势，非国家重点保护野生动物种群下降趋势明显，另外，内蒙古草原上可食性牧草逐渐减少，毒草和杂草增加，使牧场的使用价值下降。

最后，草原上植物遗传资源不断丧失和流失。一些植物野生近缘种的生存环境遭到破坏，栖息地丧失，野生植物遗传资源不断消失或萎缩。部分珍贵和特有的植物、林木、花卉等资源流失严重，传统和稀有品种资源遗传基因丧失。

因此，我们在快速发展经济的同时，要保持头脑清醒、高度重视、趋利避害、因害设防，积极稳妥地处理好人口、资源、环境之间的矛盾。要努力改变传统工业所形成的价值观念、生产方式和发展模式，促进内蒙古草原牧区矿产资源开发、生态环境保护协调和可持续发展。

六　矿产资源开发对水资源的影响

内蒙古草原地区水资源紧缺的形势日趋严重。干旱少雨、水资源短缺是内蒙古草原地区生态环境最主要的制约因素，而大多数矿产资源开发耗水量都很大，地处湿润地区向半干旱地区的过渡地段的呼伦贝尔大草原，是内蒙古几大草场水资源最丰富的地区，是世界著名的三大草原，适合草原碱草、紫花苜蓿生长，共有120多种营养丰富的牧草，素有"牧草王国"之称。随着中国工业化进程的加快，增加了对各种矿产资源的需求，内蒙古出台了一系列产业投资的激励措施，神华集团、大唐和国内其他主要能源、矿业公司已经进入了内蒙古矿产资源的区域。

地表水资源非常稀少，地表径流是稀缺的，且具有明显的季节性，地下水是唯一可靠的来源。煤炭开采，发电，煤化工，金矿石，将需要大量抽取地下水，这样下去，根据有关监管呼伦贝尔市做的直接结果就是地下水位的下降。内蒙古草原草原勘察设计院的研究人员研究发现，现在和20世纪70年代相比，呼伦贝尔草原退化、沙化面积增加190万公顷。20世纪80年代以来，大多数在呼伦贝尔草原不仅牧区河流水位下降，近年来流量减少，在2010年，呼伦贝尔七条河流中最美丽的莫尔格勒河因煤矿开采而面临断流。

地表河流的断流、流量的减少导致草原总体面积减少，草原退化、沙化及盐碱化。在锡林郭勒盟胜利煤田神华西一号矿区现场，每天向外排出地下水 2 万吨，据有关部门反映，锡林浩特西郊地下水位已明显下降，80 米深井以前能抽半天水不干，现在几分钟就抽干了。

再如扎来诺尔煤矿是呼伦贝尔草原上百年老矿，由于矿区长期、大量排放的矿井水、洗煤水、工业废水及生活污水，严重污染了附近的河水、湿地和草原，疏干排水破坏了地下水均衡系统的平衡，而且矿井涌水、选矿废水、生活污水直接影响植物对水分的吸收，改变了植物的形态特征。

七　无序开发导致矿产资源枯竭

(一) 资源浪费

各类自然资源并不是孤立的，往往在时间、空间上重叠，相互作用，相互依存，共同构成一体的系统。任何一种资源开发不可避免地会对其他资源产生影响，从而导致资源系统的变化。在内蒙古，由于受金融、技术、设备的制约，矿产资源粗放型开采的传统方式没有得到彻底改变，大矿小开，一矿多开，弃贫采富、掠夺性开发的现象依然存在。包括一些大型矿业公司，综合回收率低于全国水平，内蒙古的煤炭资源回收率为 45%，远低于国家规定的 65%。例如：包头市的白云鄂博稀土矿，是独特的多金属矿山，包括铁、铌、锰等稀土资源，然而，矿产资源利用率很低，在采集和冶炼过程中，约有 15% 的流失率。铌、钍利用率更低，几乎没有得到实质性的发展，大量的铌、铍矿资源被排入尾矿坝，没有发挥共生矿床的资源优势。

(二) 资源枯竭

自然资源具有双重价值，即显价值与潜价值，显价值也称经济价值或商品价值，经济价值是可以用货币来衡量的；潜价值也称服务价值（包括生态价值、社会价值等），是不能用货币来衡量的。这就使人们产生一种误区："自然资源只有卖出去就有钱，否则就一文不值，是捧着金碗要饭吃。"而资源所具有的潜在价值往往被人们忽略，人们往往更多地考虑近期利益和眼前利益，而忽视长远利益和整体利益。

长时间以来，由于衡量中国的国内生产总值是经济增长的关键指标（GDP），其中包括所有商品和服务的工业和农业生产的价值，以及计算的固定资产折旧，但不包括由经济损失造成的自然资源消耗和环境退化价值。例如：我国很多有色金属矿往往都是共生矿，开采过程中往往开发利用一种资源，却浪费了其他一些资源，再如：水体污染造成的损失、对人体健康造成的损失、生态环境破坏所造成的损失、动植物的损失等。因此，虽获得了强大的经济指标，但它使资源破坏、生态破坏、环境恶化。从而导致了各地区掠夺性开发，资源贫乏、消耗大、浪费严重，生态破坏，环境恶化。地球上自然资源的储量是有限的，对那些不可再生资源来说，随着人类的繁衍，保护区将逐渐减少，直到它完全耗尽（如煤，石油，有色金属等）。

另外，矿产资源是不可替代的。但随着科学技术的不断进步，大多数自然资源产品可以通过人工合成的化学物质所取代，但所有的替代品仍然是原料来自天然资源或其衍生物，在本质上仍然是自然资源。同时，在一定的时间和技能水平的一些自然资源并不完全是由人工产品替代，所以说，对资源的无节制地开发利用，其结果必然是资源短缺与枯竭。

据了解，到 2012 年内蒙古共有乌海市、鄂尔多斯市棋盘井矿区，赤峰市元宝山矿区，包头石拐矿区，满洲里市扎赉诺尔矿区，呼伦贝尔大雁和宝日希勒矿区，通辽霍林河矿区等 8 大资源枯竭地区 13 个矿区，需要对地质环境进行恢复治理，治理面积达 20 平方公里。

　　包头石拐矿区是内蒙古自治区煤炭资源开采最早的地区之一，至今已有近 300 年的历史，它也是包头市重要的煤炭能源基地。"一五"时期国家兴建的石拐区煤矿是全国 156 个重点工业项目之一，仅新中国成立以来就出产煤炭 1.2 亿吨，支持了国家的经济建设。资源枯竭的矿区出现土地大面积塌陷，水源严重污染，大批劳动力失业等开发后遗症困扰着失去资源优势的矿区，2011 年，石拐区列入国家第三批资源枯竭城市。

　　由于受采空区的影响，石拐区的大部分地质结构发生了变化，许多耕地和地下水都被严重污染。如今这些煤矿都被关闭了，大量的地下积水无法排出，全部囤积在深近 500 米的矿洞内，这些积水慢慢地向地面表层渗透，渗出来的水里含有盐、碱和矾等，甚至还有些酸性物质，于是这里的地都成了盐碱地。类似这样被污染的耕地，石拐区大概有 1000 多亩。

　　另外，因为地下是采空区，地面下沉。在国庆乡东山村，就有一个因为地面下沉形成的直径约 25 米的大洞。调查发现，直径在 5—10 米的地表塌陷洞，在石拐区随处可见，这一地区已不适合人类居住，不得不进行移民搬迁。

　　2005 年，国家发展和改革委员会批准了石拐区采煤沉陷区综合治理项目，到 2007 年先后异地安置石拐区的 12459 户，这只是前期工程，总体上共有 6.6 万人口需要搬迁，仅此一项共计花费资金四五十亿元。今后，石拐矿区生态环境的恢复与治理则需要花费十几年甚至几十年的时间。资源枯竭的后果不仅仅是一个经济发展后劲不足的问题，矿区的生态移民、环境修复也是一个系统而复杂的工程，需要耗费大量的人力、物力、财力，耗资将是巨大的。

　　此外，除了矿区矿产资源枯竭以外，矿区附近的生态资源也会枯竭，例如森林、草原、各种野生动植物等。

　　总之，内蒙古草原地区矿产资源开发，对内蒙古草原生态环境，特别是矿区周边的草原生态环境，具有重要的影响，处理不好就会对草原生态环境产生巨大的破坏作用。矿区周围的各种动物、植物和微生物都将受到影响，还会导致生态破坏、草原生态系统功能衰退、环境污染、资源浪费、地质灾害和矿区人口健康状况下降等严重问题。

第三章　内蒙古草原地区矿产资源
开发对畜牧业经济的影响

内蒙古草原地区矿产资源开发利用和内蒙古牧业经济是内蒙古两大支柱产业，而这两大支柱产业发展的好与坏，又直接关系到整个内蒙古草原生态环境。内蒙古大草原是我国主要牧区之一，又是矿产资源富集区，合理开发利用草原地区矿产资源，保护草原生态环境，为畜牧业经济发展奠定物质技术基础，对于提高畜牧业综合生产能力，促进畜牧业产业结构调整和现代牧业经济发展具有重要意义。但是，近年来草原牧业经济效益，远不如矿产资源开发效益高。所以，矿产资源开发严重影响了草原生态环境，从而也间接地影响了畜牧业的发展。实现矿产资源开发、牧业经济发展、保护草原生态环境的"三赢"，是内蒙古现代经济社会发展的重要任务。

第一节　内蒙古畜牧业经济发展现状

水、草、畜是牧业经济的三大要素，内蒙古自治区是我国重要的畜牧业生产基地和畜产品加工基地。改革开放初期，内蒙古提出"念草木经、兴畜牧业"的发展思路，草原畜牧业呈现出大发展、大繁荣的景象。然而，由于忽视了科技兴牧，草场载畜量过高，使草场出现严重的退化、沙化现象。20世纪80年代开始，内蒙古又提出"变资源为经济优势的发展思路"，草原地区矿产资源开发进入大发展时期，由于存在乱采乱挖的情况，使得内蒙古草原生态环境雪上加霜，草场破坏必然影响内蒙古畜牧业经济的有序发展。

一 内蒙古畜牧业经济发展概况

牧区是指利用天然草原，采取放牧方式，以经营畜牧业取得产品为主业的地区。内蒙古、西藏、青海、新疆四省区是我国四大牧区。其中内蒙古牧区是我国草地类型最为丰富、牲畜品种最为齐全、畜产品产销量最大牧区之一。

内蒙古草原辽阔，纵横数千公里，广泛分布着内蒙古特有畜牧品种，蒙古马、蒙古羊、蒙古驼、蒙古牛等。

在当今世界地方品种资源日益贫乏的情况下，这些丰富的蒙古系品种，对今后的家畜育种将起到重要的作用。内蒙古畜种资源得天独厚，丰富多样，具有数量多、分布范围广的特点。三河马、三河牛、科尔沁牛、滩羊等，是发展畜牧业的基础，小尾寒羊是现在最好的肉羊品种之一，适应能力强，抵抗能力强，生长速度快，繁殖率高。

内蒙古培育的优良品种，有毛、肉兼用的内蒙古细毛羊、乌兰察布细毛羊、呼伦贝尔细毛羊；鄂尔多斯细毛羊、中国美利奴羊（科尔沁型）；乌珠穆沁肉用羊、乌珠穆沁白绒山羊，阿拉善双峰驼等。培育品种种类多、数量大，而且具有较高的生产性能，在提供高档畜产品和支援其他省市种畜等方面，均发挥了重大作用。

内蒙古的肉、奶、绒毛、皮张四大类畜产品，在国内占有重要地位，有些产品在国外也享誉盛名。奶类、肉类是内蒙古的大宗产品，粗羊毛诸如鄂尔多斯市、巴彦淖尔盟所产的"河西春秋毛"，仍不失为全国粗羊毛中之佳品。阿拉善所产"王府驼绒"，驰名中外；白山羊绒在国内外享有盛誉。皮张是内蒙古地区的特产，年产量在千万张以上，制革原料皮、制裘原料皮门类齐全，品种繁多，黄牛冬皮、晚秋驼皮、山羊板皮、山羊绒皮、珍珠羔皮均有大量产销，多为上乘。得天独厚的资源优势，无疑为内蒙古和牧区经济的繁荣发展奠定了坚实的基础。

畜牧业是由初级产品生产者（牧场主）—生产资料供应者—畜产品加工者—畜产品售者等四个部分组成。按生产过程可分为：产前环节—产中环节—产后环节—消费环节。产前环节主要是畜牧业生产资料和牲畜品种的供应，包括牲畜品种的供应与改良；牧业机械、饲养牲畜的各种保温、进食、棚圈、围栏等设备；牧业医药、能源、饲料等物资的供应。产中环节包括从畜牧业育肥、孵化到出栏的全过程。产后环节主要包括畜产品的收集、加工、运输、储存和销售等。

二　内蒙古畜牧业经济发展方面取得的成就

内蒙古的畜牧业是以利用天然草场为主，近年来圈养数量不断增加。畜牧业作为内蒙古的基础产业和牧区经济的主体，新中国成立后，迅速发展，主要畜产品产量稳定增长，取得了巨大成就。"2012 年，全区羊肉、猪肉和牛肉产量分别为 88.6 万吨、73.9 万吨和 51.2 万吨，分别比上年增长 1.6%、3.6% 和 3%；禽蛋和牛奶产量分别为 54.5 万吨和 910.2 万吨，分别增长 3.8% 和 0.2%。"[①]截至 2013 年，牧区不同组织形式的生态家庭牧场已超过 3.5 万个，生猪、奶牛、肉牛、肉羊、肉鸡和蛋鸡规模化养殖比重分别达到 42.9%、52.9%、39.6%、55.9%、73.6% 和 93.5%。牲畜总头/只连续多年保持在 1 亿头/只以上，为内

---

① 内蒙古统计局：《2012 年内蒙古经济实现了稳中有进》，2013 年 4 月，内蒙古自治区发展和改革委员会网站（http://www.nmgfgw.gov.cn/zwgk/zwxx/jjyx1/201304/t20130401_125594.html）。

蒙古各族群众以及为全国各地提供了大量的天然、绿色、环保的各种奶类产品和肉类产品，为繁荣发展我国牧业经济做出了重大贡献。

（一）畜牧业生产逐步走上科学养畜的道路

长期以来，蒙古族牧民一直过着"靠天养畜""逐水草而居"的游牧生活，"天牧""嘹牧"是最基本的牧业生产方式，畜牧业生产科技含量低，畜产品质量差、经济效益低。这种落后的牧业经营与生产方式还直接导致草场资源的破坏、抵御自然灾害能力差、牧业生产经济效益低的三大恶果。

新中国成立后，特别是改革开放以来，生产力水平不断提高，科技养畜的水平大大提高，畜牧业基础设施建设不断加强，新的畜牧草种不断引进、新的牲畜品种不断改良、饲草料生产基地建设不断提高，使内蒙古畜牧业生产逐步走上科学养畜的道路。

"十二五"以来，紧紧围绕"畜产品增产、农牧民增收、草原增绿"的发展目标，充分发挥农牧结合的双重优势，以改革开放和科技创新为动力，深入贯彻落实科学发展观和"十八大"精神，以加快转变畜牧业发展方式为主线，继续推进现代畜牧业持续健康发展。例如：内蒙古知名企业蒙牛集团与澳大利亚合资建设了具有世界先进水平的澳亚牧场，乳泉、创维、巨华、克林泰克等企业也投资兴建了高水平、高质量的牧场。大力推进"牲畜种子工程"建设，目前，全区已具备年生产种公羊14.8万只、牛冷冻精液1000万粒（支）的供种能力，年牛冷配300万头以上，羊人工授精1100万只以上，牧区保持一定的养殖规模，提高个体单产，提升草原品牌核心竞争力；农区增加牲畜数量，提高繁殖率，提高品质效益，使内蒙古牧业生产从初级阶段向高级阶段发展过渡。通过这种养殖模式可以进行统一饲养管理、疫病防治、良种扩繁、饲料配方，有效引导或影响散户养殖向规模化养殖、集团化养殖方向发展，提高了人民生活水平，农牧民收入实现较快增长，物质文化生活水平显著改善。

（二）畜产品商品基地建设初具规模

目前，随着草场流转速度加快，一些大公司开始介入内蒙古畜牧经济行业，公司加牧户的新的畜牧业生产经营模式开始出现。在牧民自愿的基础上，将草场流转给一些大公司经营，牧民以草场入股分红。这些大公司资金雄厚、实力强，具有现代畜牧业经营理念，无论是草场基础设施建设、草籽更新与引种，还是畜产品品种的改良，都取得了前所未有的发展。目前，已经建成一大批集中连片、专业化程度高、科技含量高、具有鲜明特色的畜产品基地、加工基地、出口创汇基地，形成了产、供、销一条龙式的完整产业链，到 2013 年，全区羊肉产量超 3000 吨的旗县有 73 个，牛肉产量超 3000 吨的旗县有 53 个，奶类产量超万吨的旗县有 72 个，禽蛋产量超 2000 吨的旗县有 39 个，山羊绒产量超 50 吨的旗县有 32 个，成为国家最重要的畜牧业基地之一。

内蒙古自治区牲畜数量居五大牧区之首，草食牲畜数量列居全国第二，内蒙古已成为全国培育牲畜新品种最多的地区，全区有新品种和品种群 23 个，数量超过千万，占全区牲畜数量的 1/5，这些良种牲畜汇集了多种优良性状基因，使这里成为国家最大的良种"基因库"。三河牛、草原红牛、三河马、内蒙古细毛羊、中国美利奴羊（科尔沁型）、乌珠穆沁肉用羊、白绒山羊等多个品种，已被推广到全国各地，并先后向越南、蒙古、朝鲜出口三河马、三河牛和白绒山羊等优良种畜。内蒙古是全国最大的皮、毛、绒生产基地，全区细羊毛、半细羊毛、山羊绒、驼绒产量均居全国各省区的首位，白山羊绒"白如雪，轻如云，软如丝"，被国际市场誉为"纤维钻石""软黄金"，阿拉善驼绒纤维细长，拉力大，弹性强，光泽好，以"王府驼绒"驰名中外。

（三）畜牧业机械化和现代化水平得到迅速提高

内蒙古自治区政府对农作物秸秆转化工程、草场改良技术应用非常重视，将其纳入内蒙古自治区畜牧业机械化发展整体规划之中，提出要大力发展农作物秸秆加工转化机械化技术，满足牛羊圈养和舍饲的要求，并作为自治区畜牧业机械化项目重点工程之一。通过实施机械化草场改良项目，发挥试点示范、典型引路作用，带动草原生态建设和饲草生产发展。

三　内蒙古草原畜牧业经济发展存在的主要问题

人是牧业经济的主导者，草原是牧业经济的载体，畜是牧业经济的核心，水是牧业经济的生命。人、草、水、畜是草原畜牧业经济生产中最基本的四个要素。这四者之间的互动，形成草原牧业经济复杂多变的有机整体。目前，内蒙古牧业经济发展主要存在以下几个方面的问题：

1. 人口大量增加使局部草原不堪重负

内蒙古草原从面积上说是地广人稀，但是人口分布却相对集中，大多集中在水草丰美、物产丰富之地，导致草原局部地区人满为患，已经严重超过草原的承载能力。

首先，是改革开放的不断深入，内蒙古各地区为了发展经济，大量地招商引资，更有许多内地人口大量向内蒙古草原腹地迁徙，从事种植、养殖、服务、旅游、资源开采等行业，内地大量人口涌入内蒙古草原地区，虽然在一定程度上促进了内蒙古草原地区经济社会的发展。但是，随着人口的增加，对各种物质资源的消耗也随之增大，使草原上的动植物资源大量消耗。

其次，随着内蒙古草原旅游业的兴起，各地游客每到夏季纷纷到内蒙古草原观光、旅游，而且大多集中在每年的8—9月份，这种短时间内大量人口的集中涌入，极大地破坏了草原资源，再加上管理不善等方面的问题，导致草原生态遭到人为破坏非常严重。一是大量的生活垃圾被遗弃在草原上，污染了草原生态环境；二是游客纷纷在草地上乱碾、乱压、乱踏、乱采（花蕊、花朵），使草原牧草丧失结籽的机会，影响次年的草木生长；三是这个季节正是牧草开花抽穗、动物繁殖哺育后代的季节，大量游客的涌入，使牧草遭到碾压、践踏，动物失去栖身之地，破坏了整个草原生态系统的良性循环。

最后，探矿、采矿业的发展，使资源开采区人口大量增加，随之该地区的第三产业迅速发展，导致更多的人口涌入，使草原地区生态环境雪上加霜。

2. 牧草严重短缺、超载、过牧现象严重

改革开放初期，又快又好地发展是基本理念，"快"是第一要务，"好"只是停留在口头上，我国经济几十年的飞速发展是建立在资源浪费、牺牲环境为代价上的。草原生态环境的重要意义没有引起有关部门的高度重视，只有到了沙尘暴肆虐京津、雾霾天气席卷中华大地的时候，人们才开始反思内蒙古草原生态环境对全国生态安全的意义。由于草原生态环境的历史欠账太多，使得内蒙古天然草原整体生产能力仅仅相当于 20 世纪五六十年代的 50% 左右，而人工草地发展缓慢，草原面积增长，远远低于牲畜增加的速度。牧草资源短缺也就成为必然，牧草质量下降、严重短缺是制约内蒙古草原畜牧业发展中的最大障碍。传统过度放牧方式，使草原利用率降低。如牲畜品种差、肉蛋奶的产量低、对粮草的转化率低、饲养的周期长，养殖业发展的成本高，畜牧业经济有循环但不经济。

超载、过牧，仍然是内蒙古畜牧经济发展过程中的重要问题，天然草地的好坏与牲畜头数的变化有着直接关系。目前，内蒙古天然草地生产力还处在低水平的维持状态，最主要的原因是牲畜的数量超过了草场的承载能力。草场缺少休养生息的机会，进而失去了最高的生产力。休牧、禁牧是目前遏制天然草地退化的最有效的措施之一。但是目前来看，政策一紧，牲畜就降一点，政策一松就反弹，大多数牧区，牲畜头数的超载问题仍处在禁而难止的状态，甚至一些牧区已经到了无草可牧，不得不进行生态移民的地步。

3. 水资源短缺、牧业经济基础设施薄弱、牧民抗灾能力差

水是生命之源，是牧业经济之本。目前内蒙古大部分牧区水源严重短缺，降水量远远低于蒸发量，牧草严重缺水，人畜所必需的饮用水严重短缺，例如，阿拉善盟的居延海，在20世纪50—60年代，水源还十分充沛，到80年代已经干涸。再加上近年来草原地区矿产资源开发过程中大量抽取地下水，造成地下水水位下降，严重制约内蒙古畜牧业的发展。

草原牧区道路、交通、通信条件差，草场基础设施建设投入不足，包括牲畜品种的更新、改良；优质牧草的培育、种植；牧业经济的一些配套设施落后；草原的沙化、碱化退化治理措施不到位等，都大大影响了畜牧业经济的发展。牧草短缺、水源短缺、基础设施落后，除了制约牧业经济发展以外，还有一个最为直接的后果就是自然灾害频发、牧民抗灾能力减弱。内蒙古是我国各种病虫害灾害最为严重的地区之一，自然灾害种类多、频度高、分布广、抗灾能力差。近年来，内蒙古连续出现"一年一小灾，五年一大灾"的局面，特别是冬季雪灾，给牧民造成的损失最为巨大，由于夏季草场牧草短缺，再加上超载放牧、人为破坏，牧民储备的越冬牧草的数量越来越少，尤其是道路、交通、通信等基础设施落后，一旦发生雪灾，往往牛羊成批死亡，人的生命安全也受到威胁。例如："自2012年入冬以来，内蒙古出现多次大范围寒潮降雪天气，东部地区遭遇严重雪灾，目前已造成直接经济损失6.9亿元，26万人需要救助。根据内蒙古民政厅最新统计，雪灾已经造成全区8个盟市44个旗县的77万人受灾，死亡2人，转移安置3721人，需救助人口约26万人；设

施农作物受灾 33963 公顷，绝收 1164 公顷；倒损房屋 5157 间；直接经济损失 6.9 亿元。"①

4. 畜牧业产业结构和布局不合理

总体来讲，内蒙古牧业经济主体还是靠天养畜，漫天散养仍然是牧民的主要养畜模式，圈养、科学饲养牲畜的规模较小。此外，畜群畜种结构、分布状况都存在许多不合理的地方，例如：母畜良种畜比重严重偏少、大型牛羊畜类偏多、小型畜类少、肉用品种偏多、高蛋白的品种较少，这种结构影响了畜牧业多种经营的发展，同时也不能满足当前社会对各种畜产品的需求。

5. 畜牧业体系建设滞后、科技含量低

就内蒙古整个牧业体系看，还没有形成完整的产、供、销一体化生产经营体系，畜牧产品的加工、深加工的生产体系不完善，由于牧民以个体承包草场为主，草场流转还处于起步阶段，一家一户的生产模式仍然占主体地位，畜产品安全质量较差。此外，内蒙古动物疾病防治体系基础仍然很薄弱，口蹄疫等各种疾病和传染病的多发已成为制约内蒙古畜牧经济发展的重要因素。畜牧业体系不完善影响畜牧业经营者的收入稳定，畜牧业生产科技含量低，绿色、生态、高效、科学的畜牧生产意识淡薄。

6. 矿产资源开发成为影响牧业经济的重要因素

近年来，内蒙古草原地区矿产资源的开发带动了当地经济的发展，矿产资源的开发利用，实现了内蒙古自治区的跨越式发展，矿产资源开发已经成为内蒙古的支柱产业。所以，牧业经济在内蒙古总体经济发展战略上的地位逐渐下降。畜牧业经济发展动力不足、投入不够，重"矿"轻"牧"思想严重，畜牧业发展后劲不足，例如：对畜牧业发展的认识不到位，不能够正确地

---

① 贺勇、吴勇：《内蒙古遭受严重白灾 26 万人需要救助》，《人民日报》2013年1月7日。

处理矿产资源开发与发展畜牧经济的关系，不能正确处理近期利益与长远利益的关系。所以，在开采矿产资源和保护环境发展畜牧业经济的关系中，畜牧经济的发展往往让位于矿产资源开发，草场破坏严重，环境得不到恢复，牧草质量下降，制约了牧业经济的发展。

总之，"畜禽种业是国家战略性、基础性核心产业。自主育种能力不强，主要畜种的优秀核心种源依然依赖进口；基础设施建设滞后，良种繁育规模小、推广难度大；畜禽遗传资源状况呈现总体恶化趋势；种畜、禽生产经营监管薄弱，种畜禽质量总体不高等"①。尽快解决这些问题，已成为加快现代畜禽种业建设、促进现代畜牧业发展的主要任务。

第二节　矿产资源开发与畜牧业经济的关系

在国民经济发展过程中，内蒙古草原地区矿产资源开发和畜牧业经济关系非常密切，矿产资源开发产业促进了畜牧业经济的发展，而畜牧业经济发展也拉动了矿产资源开发产业的发展，它们之间形成了互相制约、互相促进、互相影响的关系。

一　合理开发矿产资源有利于促进畜牧业经济的发展

传统畜牧业向现代畜牧业转化，畜牧生产的机械化是关键因素，并且畜牧机械化水平是实现畜牧业现代化的核心因素。在这方面，西方国家给我们提供了许多有益的参考，如美国、加拿大等草地资源丰富的国家，借助发达的现代工业和科技优势，注重牲畜品种改良、优质牧草的推广，实现了畜牧业现代化。而目

---

① 李希荣：《我国畜牧业已经由传统畜牧业向现代畜牧业转型的新阶段》，《中国饲草》2012 年第 13 期。

本、荷兰等草地资源短缺的国家，以提高草地生产率为主要目标，借助科技的优势、生物工程技术实现了畜牧业的现代化。

"尽管这些国家畜牧业现代化道路选择不同，但都有一个共同特点，那就是都是在矿产资源开发产业提高到较高水平的基础上，大幅度提高畜牧业机械化水平，进而实现畜牧业现代化。"①这些国家的牧业经济现代化的经验都值得我们学习与借鉴。

内蒙古草原地区矿产资源开发是畜牧业经济发展的基础，矿产资源开发能为畜牧业经济发展提供重要支撑，并将极大促进畜牧业经济的发展。具体来说，这种促进作用主要表现在以下几个方面：

1. 矿产资源开发为内蒙古畜牧业经济发展提供重要物质基础

矿产资源开发为我国工业经济发展提供了能源、动力和原材料，间接地为畜牧业经济发展提供重要物质基础，内蒙古传统畜牧业向现代畜牧业转化，关键是畜牧业各个环节都要实现机械化，包括牧草改良、饲料加工、疫病防治、畜产品加工、储运等。

首先，实现牧草播种、饲料生产机械化，进一步发展烘干、精深度加工等机械设备。

其次，要延长产业链，大力研制牲畜养殖加工的机械化，推进优良品种工程、优质饲料工程、疫病防治工程、保鲜储运工程、质量检测和卫生安全工程的畜牧业机械化。

最后，推广有利于减轻污染、节约资源、保护环境的机械设备，为畜牧业可持续发展服务，而矿产资源开发及其带动的相关产业的快速发展，如机械制造、交通运输业、煤化工等，能为畜

---

① 陈智广：《内蒙古畜牧业现代化之路探索》，内蒙古教育出版社2009年版，第159页。

牧业发展提供现代化的畜牧机械、仓储设备、加工设备，从而促进畜牧业发展。

随着人们物质生活水平的不断提高，饮食结构发生的巨大改变，其中肉、奶、蛋等畜产品的比重会大大增加，对畜产品的数量需求越来越多，质量需求越来越高，在这种情况下，畜牧业必须迅速提高机械化水平、提高劳动生产率，满足人们对畜产品越来越多的需求。而使用传统生产工具的传统畜牧业生产率低、工艺水平差，根本无法满足这种需求。这就要求必须用现代机械武装畜牧业，实现畜牧业机械化，而这些条件的实现必须以全社会的工业化为前提，矿产资源开发利用，是我国工业化的必要条件，是实现牧业现代化的物质基础。

所以，矿产资源开发促进了内蒙古经济社会的发展，地方财政收入的增加，有利于有更多的资金投入到牧业经济领域，有利于实现畜牧业机械化、现代化。就内蒙古而言，通过矿产资源开发及延伸工业的发展，带动畜牧业经济的现代化，是一条比较现实的路子。实践证明，矿产资源开发利用水平高，必然带动畜牧业生产方式的根本变革。

2. 矿产资源开发及相关企业的发展，促进牧民科技文化水平提高

实现畜牧业现代化必须要求有一大批掌握先进科学技术和文化知识的劳动者，这也是畜牧业现代化的必要条件，牧民科学文化素质的高低是畜牧业现代化的重要标志。畜牧业机械化、现代化的过程，要求牧民必须具备较高的生产技术、科学养殖技术，掌握畜牧机械的操作、使用、维修等技术。

在矿产资源开发地区，由于牧民经常参与矿产资源开发有关的工业生产经营活动，他们在现代工业技术面前，会深切感受到科技带来的深刻变革，会自觉接受工业经营思想、新观念，有一种来自社会环境的压力，会努力提高自身科技文化水平和素质，

牧民科技文化素质就高，进而带动矿产资源开发及相关产业的发展。而在包括矿产资源开发行业在内的整个工业发展水平较低的地区正好相反，由于在那里使用的是传统技术，即使不具备较高的科技文化素质，靠经验也能操作、使用、维修相关的生产工具。所以，他们没有提高自身科技文化素质的冲动和欲望，相反，那些有较高科技文化水平的劳动者，由于学习科技文化耗费了大量的时间，有可能因没有相关的生产经验而不能操作传统的生产工具，不能成为熟练劳动力而影响收入，这样反而会削弱人们的求知欲望，不利于劳动者素质的提高，进而影响畜牧业现代化的发展。

3. 矿产资源开发促进畜牧业生产的良性循环

从某种意义上讲，牧区工业化过程就是畜牧业机械化的过程，也是畜牧业现代化的过程。尽管不同国家、不同地区推进畜牧业机械化的内容和形式不同，发展模式和途径也不尽相同。但是，共同点都是要解决畜牧业机械化和畜牧经济现代化的问题。

机械化过程包括生产、加工、储运、生物工程、科技转化工程等一系列的牧业经济现代化的过程，内蒙古草原地区矿产资源开发及相关产业的发展，必然引起畜牧业经济在这方面的改革与创新。从牧场的管理与维护到优质牧草的种植推广；从牲畜品种的改良到优质牲畜良种的引进推广；从畜产品的加工工艺到仓储、包装、运输，必然要产生一个质的飞跃，促进内蒙古畜牧业生产的良性循环。

4. 矿产资源开发加快畜牧业劳动力转移

畜牧业从业人员多少，是衡量一个国家牧业现代化水平的一个重要标志。随着畜牧业生产要素中现代化水平提高，从事牧业生产行业的劳动力必然大量减少，而从事畜产品加工、商贸行业、为畜牧经济发展的服务行业人员大量增加。特别是随着草原牧区矿产资源企业及相关企业的大量增加，牧民剩余劳动力向矿产资源开发企业、相关企业转移成为一种可能。因此，矿产资源开发业的发展促进了畜牧业劳动力向第二、第三产业转移。

二　畜牧业经济发展有利于矿产资源开发行业的发展

畜牧业在国民经济中占有基础性地位，牧业现代化、机械化必然促进工业经济的快速发展，而工业化进程的加快，必然加大能源、资源的需求。所以，牧业经济的快速发展，间接地推动了矿产资源的开发。与此同时，由于内蒙古草原地区矿产资源开发，直接与草原生态环境、牧业经济密切相关，牧业经济需要发展绿色、生态、环保的畜产品，这就要求草原地区矿产资源开发企业及相关产业必须提高科技水平，促进矿产资源开发水平的进一步提高，那些高污染、高排放，达不到草原生态环境要求的矿产资源开采企业必然被淘汰出局。

1. 畜牧业为矿产资源开发企业提供必要的生活资料

畜牧业经济的发展能为包括矿产资源开发产业在内的整个国民经济从业人员提供必要的生活资料，从而为矿产资源开发产业发展提供重要支撑。作为国民经济重要组成部分的农业，包括种植业、畜牧业，在国民经济中处于基础性地位，缺一不可。其中，种植业是人类通过劳动，利用绿色植物转化、蓄积太阳能的过程。但是，植物转化蓄积的太阳能为人们直接利用的部分是相当有限的。据测定，农作物的全部产品中，可为人类直接利用作为生活资料的仅占 1/4，其余 3/4 是秸秆、枝叶等。

草原、草山、草坡、森林，产生大量的牧草，这些牧草养育了各种动物，"这些动物能够将牧草中的有机物质转化为人类所必需的脂肪、蛋白质等，是种植业无法代替的。牲畜可以把人类不能直接食用的植物，合成、转化为能吃、能用的肉、蛋、奶、皮、毛等。牲畜的这一功能在相当长的历史时期内，是其他任何经济部门所不能代替的"①。

衡量食物构成水平，是以食谱中提供的能量和蛋白质多少为标准的。人体对食品营养的需要，不仅包括植物脂肪和蛋白质，而且包括动物性脂肪和蛋白质。动物性食品的蛋白质含量比谷物食品高70%，并且动物蛋白质营养比一般的植物蛋白更为全面、丰富，是人体所必需的。因此，大力发展畜牧业，提高动物蛋白质在人们食物中的比重，对改善人民生活，增强人民体质有着重大作用。

2. 畜牧业经济拉动了矿产资源的开发

畜牧业经济发展能够拉动畜牧机械制造产业发展，进而促进矿产资源开发产业发展。首先，实现牧草播种、饲料生产机械化，进一步发展烘干、精深度加工等机械设备，还要延长产业链，大力研制畜禽养殖加工的机械化，推进品种工程、优质饲料工程、疫病防治工程、保鲜储运工程、质量检测和卫生安全工程的畜牧业机械化，推广有利于减轻污染、节约资源、保护环境的机械设备，为畜牧业可持续发展服务。而畜牧业经济的发展，必然拉动牧业生产机械、兽医药品、饲料添加剂、化学肥料、风力发电设备、畜产品加工机械和其他生产需用物资的需求，这必然拉动机械制造工业的发展，而机械制造工业的发展必然拉动矿产资源开发产业及相关产业的发展。

3. 合理发展畜牧业，为矿产资源开发提供良好的环境

保护和改善生态环境，不仅关系一个国家经济的可持续发展，而且关系一个民族的生存，是功在当代、利在千秋的宏伟事业。而在畜牧业经济发展过程中合理利用草原资源，实行科学放牧，合理保护草场资源，对保护和改善生态环境起着重要作用。

---

① 陈智广：《内蒙古畜牧业现代化之路探索》，内蒙古教育出版社2009年版，第3页。

努力调整畜牧业生产结构，使畜牧业生产方式发生根本性转变，全面推行以草定畜、季节休牧、划区轮牧的科学饲养方式，可以使草场资源得到合理保护，能够促进生态环境和经济发展良性互动，使草原保持绿草繁茂、生态良好的状态，为居民居住和生产活动提供良好的环境，这必定会吸引矿产资源开发企业到牧区投资开厂办企业，从而促进牧区矿产资源开发。这对促进包括矿产资源开发产业在内的国民经济发展具有重大意义。

第三节 矿产资源开发对畜牧业
经济发展的负面影响

内蒙古矿产资源开发促进了内蒙古畜牧业水平的提高，畜牧业的发展也支持了矿产资源开发的发展。但是，由于内蒙古矿产资源在开发过程中，没有处理好矿产资源开发与畜牧业经济之间的关系，破坏了生态环境。同时，矿产资源开发水平低，不能给畜牧业经济发展提供有力的支撑，这些因素的存在都严重影响和制约着畜牧业经济的发展，也将成为畜牧业现代化的巨大障碍。具体来说，内蒙古矿产资源开发过程中对畜牧业经济发展的负面影响主要表现在以下几个方面：

一 草原地质条件破坏

近年来，矿产资源开发速度的加快，一方面，给地区经济的发展提供了推动力。另一方面，由于草原地质环境破坏和生态环境恶化，给畜牧业经济发展造成一定的压力。草原地质环境破坏对畜牧业经济的影响和制约主要包括以下几个方面：

第一，采空区塌陷。由于内蒙古草原地区煤炭资源非常丰富，且分布广泛，多年开采，导致地下开采形成的地面塌陷现象非常普遍。赤峰市、呼伦贝尔市、锡林郭勒盟、鄂尔多斯市、乌海市、阿拉善盟等盟市，都不同程度地存在着地面塌陷。据统计，"截至 2007 年底，内蒙古自治区内因矿业开发造成的地面塌陷总面积达 226.2088km²，地面塌陷在全区 12 个盟市均有分布，主要以煤炭矿区地面塌陷为主。全区 25 个煤炭矿区地面塌陷集中区共破坏土地面积 225.7627km²，占全区总塌陷面积的99.8%，其中破坏耕地 17.7022km²、林地 6.95km²、建设用地20.06km²、草地 140.2285km²、荒地 40.8220km²"[①]。

地面塌陷导致草地面积减少，也会给牧区群众生命财产造成巨大损失，这将直接影响畜牧业经济的发展。草地资源是畜牧业进行生产的基本生产资料，草地资源的减少，必然从根本上减少畜牧业生产规模，严重影响畜牧业经济的发展。

第二，矿渣堆积侵占草地资源。据统计，内蒙古全区每年固体废弃物 2.86456 亿吨、矿区每年排出的废水、废液 3.1185 亿吨。固体矿产资源开发，大量矿渣无须堆放，尤其是原煤生产企业，在矿区及周边地区堆放大量的煤矸石，导致草地资源的减少，矿山废弃物引起扬尘、渗漏、淋滤，也必然从根本上减少畜牧业生产规模，影响畜牧业经济的发展，严重影响了周边居民的正常生产与生活。"露天开采外排土石压占的土地约是挖掘土地量的 1.5—2.5 倍，平均为 2 倍。每采 1 万吨煤，排土、煤矸石压占土地 0.04 — 0.33km²，平均为 0.16km²。矿产资源的开发利用过程中所产生的废石排放后残存堆积于矿区附近，侵占和破坏大量草地资源，现绝大多数小矿山没有排石场和尾矿库，废石和尾砂随意排放，不仅占用草地，还造成水土流失。"[②]

————————

　　① 席莎：《内蒙古自治区煤炭矿区地面塌陷严重程度分析》，硕士学位论文，中国地质大学，2012 年，第 17 页。

　　② 杜淑芳：《矿产资源开发与草地生态环境保护的对策建议》，《包头职业技术学院学报》2013 年第 1 期。

第三，引发滑坡、泥石流等灾害。矿山开采废弃的矿渣、土石等大多露天堆放于沟边、坡面、河岸等处。内蒙古虽然降水量稀少，但是却大多集中在 6—10 月份，降水量集中很容易造成洪灾，这些露天堆放的矿渣等废弃物，在洪流冲刷下，极易形成一定规模的泥石流。滑坡、泥石流等因素造成内蒙古可利用草场面积下降严重，可利用草场无论全区范围，还是牧区范围都在减少，而且退化速度高于建设速度。这样一来，促使较多的草场超载过牧。内蒙古东部地区河流两岸的夏季牧场，西部地区的冬季营地及畜群饮水点都存在沙化、退化的危险，已形成恶性循环。可利用草场是畜牧业的载体，它的日益减少，将严重影响畜牧业生产的发展，进而影响畜牧业现代化的发展。

二 草原水体污染

"矿业活动中的采矿用水、抽出的矿坑水、矿石选冶过程中的用水等（其中后者用水量最大，占矿山总用水的 80% 以上），通常含有对人体有害的成分或超过人体允许摄取含量的有害物质。这些水以各种方式进入地表水或地下水中，产生水质污染。由矿业活动造成水质污染比较严重的地区，主要分布于巴彦淖尔市、乌兰察布市、兴安盟、呼和浩特市、包头市等有色、贵金属矿山。这些矿山的选矿废水有的排入尾矿库，有的甚至直接排放到周围的沟谷中，既污染了地表水，并通过下渗作用污染了地下水。还有的矿山、矿石、废石露天堆放，在风化作用下，经大气降水、地表径流发生溶滤作用，使矿石中的有害化学成分释放到环境中，不仅污染了地表水，还影响了地下水质量。"[①]

矿业开采中的水质污染对畜牧业产前、产中、产后各个环节

① 王剑民：《内蒙古矿山地质环境问题及防治对策》，《西北地质》2003 年第 3 期。

都产生严重的负面影响，进而全面影响畜牧业经济的发展。矿产资源开发对草原生态环境污染有一个量变到质变的过程，当污染浓度总量超过草原环境自净能力时，便产生危害，影响畜牧业生产，进而影响畜牧业现代化发展。如铁、钢、煤等矿产资源开发过程中，采用的原料含有大量的氟化物，这些矿石在冶炼制作过程中，都有大量的有害物质排放进入大气，并受风力、风向和降尘作用，不但影响周围地区的生活环境，也造成周围草原生态环境的污染，使这一地区的畜牧业经济蒙受巨大损失。"由于常年采食高氟牧草，进入机体的氟量增加，使肌体组织器官受损，造成骨骼疏松，红细胞、血红蛋白、血清蛋白含量减少，牙齿变形，长短不齐，臼齿高低悬殊，咀嚼困难，营养下降，母畜流产，造成体质衰竭而死亡。"[1]

1982 年以后，随着畜牧业综合防治试验的开展，国家投入了大量的人力物力和资金，使受害区的牲畜头数得到迅速的恢复和发展。但是后来，国家无偿投资大幅度减少，始终未根除家畜氟污染及排氟量回升的影响，牲畜头数的质量再度下降，牧民生活面临困难。"毕克梯嘎查牲畜头数由 1989 年的 18433 头/只减少到 1991 年的 16500 头只（牧业年度）。牲畜个体产肉量和产绒量有所下降，1990 年春牲畜流产量率达 72%，繁殖成活率仅为 18%，1991 年流产率为 62%。"[2]

由此可以看出，矿产资源开发污染对畜牧业生产的影响极大。畜牧业现代化是以生产为起点的，环境污染影响畜牧业生产环节，也必将大大影响畜牧业现代化的顺利进程。

---

① 王剑民：《内蒙古矿山地质环境问题及防治对策》，《西北地质》2003 年第 3 期。

② 暴庆五：《草原生态经济协调持续发展》，内蒙古人民出版社 1997 年版，第 197 页。

三 矿产资源开发使畜牧产品加工、运输、销售环节受到一定程度的污染

任何事物都与周围事物发生各种关系。环境是指与某一事物发生关系并对该事物产生某些影响的所有外界事物的总和。这里所说的环境是畜牧业生产的环境，指畜牧业生产的广义环境，这个环境不仅包括畜牧业生产的自然环境（大气、水、土壤等），还包括畜产品储存、加工、运输、销售等过程所处的环境。

矿产资源开采、加工生产过程中，通过排放废气废渣，在畜产品储存、加工、运输、销售等环节对其造成污染，其中一些重金属元素如汞、镉、铅等污染的危险性最大。矿产资源开发过程中对畜产品的污染主要通过大气传播，先通过空气传播污染畜产品储存、加工、运输、销售等环节所处的环境，再通过环境将有害的气体污染物、有害的矿物质颗粒传播到处于储存、加工、运输、销售等环节的畜产品表面或其内部。大体可将常见的大气污染物分为：氧化性污染物、还原性污染物、酸性污染物、碱性污染物和固体颗粒物。在内蒙古矿产资源开发过程中，一些地区由于没有采取必要的环保措施，没有很好地处理矿产开发中产生的矿渣和尾气，这些矿渣和尾气都成为污染畜产品的因素。

首先，矿渣是污染畜产品的第一因素。由于矿产资源开发过程中，尾矿、矿渣、土石露天堆放，雨季经大气降水、地表径流发生溶解深入土壤，还有矿渣中的有害物质在水中溶解，然后挥发到空气中，这些含有有害有毒物质的空气，有时候直接传播到处于加工、运输、销售过程而未采取合理保护措施的畜产品表面，直接造成畜产品污染，而大部分情况是，尾矿、废矿中的有害有毒物质通过空气传播对牧区环境造成污染，在多种因素的影响之下，对处于加工、运输、销售环节的畜产品造成污染。

其次，矿产开发中产生的尾气也会污染畜产品。汽车尾气对

畜产品的污染要比尾矿、废矿对畜产品造成污染的过程更直接，它不需要先在水中溶解，在挥发的过程，就可以直接排放到空气中对环境造成污染，再在畜产品加工、运输、销售等环节对其造成污染。如铁、钢、煤等矿产资源开发过程中，采用的原料含有大量的氟化物，这些矿石在冶炼制作中，都有大量的有害物质排放进入大气，并受风力、风向和降尘作用，造成周围草原生态环境的污染，影响畜产品的加工生产，进而严重影响畜牧业经济的发展。

四　粗放式开采与无序开采导致草场载畜量下降

内蒙古矿产资源非常丰富，矿产资源开发方面也取得了显著成绩。但是，长期以来，矿产资源开发方面一直实行传统粗放式开采方式，依靠增加生产要素量的投入来扩大生产规模，它在生产方面的具体表现就是：

1. 大矿小开、一企多采

把具有丰富储量的矿产资源交给资质比较低的矿产企业，由于其资金短缺、设备落后、管理水平低，必然造成资源浪费。矿主们"采肥弃瘦"，本来可以大量采掘的资源被抛弃，原本可以开采10年、20年的资源，在大矿小开、一企多开、无序开采的影响下，矿山寿命大大缩短，例如：我们在鄂尔多斯市采访一位曾在80年代当过矿长的矿主。据他介绍，以前在开采原煤的时候，许多小煤矿在采矿面上很少打巷道支架（防止冒顶的支架），因为打支架费用太高、成本过大，为了省下这笔费用，采煤时用原煤当支架，也就是每隔几米留下一个宽大的、能够防止塌方、冒顶的煤柱做支架。一个开采矿面大约有1/5的原煤被做支架使用。也就是说，一些现在已经被废弃的煤田矿井，大约有1/5的原煤弃之不采。由于矿井封闭、塌陷等原因，二次开采的可能性几乎为零，所以这些原煤被白白地浪费。

2. 一矿多企

本来由一家企业开采的矿区，却有多家企业同时开采，多家企业为了各自利益，必然是掠夺性开采，往往导致企业之间争夺资源、超能力生产，直接导致资源浪费、环境破坏，不能很好地利用资源，不能把有价值的矿产资源充分开采，限制了矿产资源的深度开发。

3. 采富弃贫

科学合理的采矿应该是充分采集矿石中的可利用的矿产，把它充分利用于生产，使它充分发挥经济效益。但由于政府相关部门管理不善，企业管理人员思想觉悟低、设备落后、技术水平低等原因，往往只开采矿产资源含量高的矿产，而放弃开采矿产资源含量低的矿产，造成矿产资源的严重浪费，而且这种现象比较普遍。

造成这种状况的原因是多方面的：

首先，是矿产企业资金投入不足，没有充足的资金来源，不能在设备和技术方面进行更新，无法购买生产效率高、采集能力强、操作简便、信息化程度较高的机械设备。

其次，是设备机械化信息化程度不够，这个因素是资金不足的直接后果，在当今发达国家矿产企业已经进入信息化的条件下，而我国很多矿企业还停留在半机械化、手工劳动的水平，导致机械设备开发利用的效率低下，单位矿产产品的开采成本高昂。

最后，矿产企业劳动力素质低，管理人员管理水平低。一部分中小企业管理人员都不具备专业管理素质和没有经过专门学习，导致管理水平低下。与此同时，矿产企业劳动力大部分都是从流动务工人员中招聘的，只熟悉简单的手工开采方式或只会使用最简单的机械设备，这也导致矿产资源开发水平停留在较低的层次。

这些因素综合在一起，必然导致矿产资源开发资源浪费严重，效益低下，尤其是容易造成环境破坏和污染，而环境破坏和污染必然对包括畜牧业在内的整个国民经济造成极其严重的负面影响。

五　牧民兼业不利于现代牧业发展

在内蒙古草原地区矿产资源开发过程中，牧户兼业现已是牧区各地出现的普遍现象，牧户兼业是指牧户在经营畜牧业的同时，还从事与矿产资源开发相关的产业，比如：有的在矿产资源开发企业务工；有的从事与矿山开采业相关的设备、机械、零部件等经营业务；还有的从事饭店、旅店等服务业，为矿产资源企业提供各种服务。

根据兼业程度的差异，兼业牧户分为两种类型：第一类兼业是指以从事畜牧业为主，以畜牧业收入为主的兼业；第二类兼业是指以在矿产资源开发企业工作为主，畜牧业作为副业，收入以矿产资源经营为主的兼业。

牧户兼业在增加牧民收入方面起着重大作用，但对畜牧业本身的发展却带来了许多负面的影响。首先，不利于畜牧业结构调整，阻碍了畜牧业劳动生产率的进一步提高；其次，不利于提高畜牧业经营规模，对畜牧业规模的扩大具有负面影响；再次，畜牧业发展要求扩大单个牧户经营的规模，牧户在矿产资源开发产业务工的同时，不放弃草场经营，这种做法必然导致单个牧户经营草场不能扩大，草场不能向草场经营大户集中，无法实现畜牧业规模经营；最后，兼业牧户对畜牧业生产不像纯牧户那样重视，在草场基础设施建设方面、在生产管理环节上投入不足，管理不能及时到位。

兼业牧户对草地的利用效率也不高，有的出现闲置现象。这些行为不仅没有使畜牧业生产结构得到调整优化，增加畜牧业效益，反而因资源使用效率下降，减少了畜牧业生产的效益。与农村外出务工人员大体相似，外出兼业、务工的牧民大多数是有一定文化、知识水平，而继续从事牧业生产的人员，科学文化素质相对较低，这样牧户兼业就会降低畜牧业集约化、现代化、科学化，制约了先进畜牧业技术的推广使用，使部分畜牧业较长时间地停留在传统产品、传统结构、传统水平上，影响畜牧业经济现代化水平提高，影响了畜牧业向现代畜牧业转化。

第四节　新常态下促进内蒙古草原地区矿产资源开发与畜牧业协调发展的有效途径

2014 年召开的中央经济工作会议，特别提出要准确把握经济发展新常态。"具体到畜牧业发展，将出现六个新常态：一是畜禽产品的个性化、特色化、多样化消费将成为新常态。二是畜牧业现代化与新型工业化、农村城镇化一体化推进，城市资本、工商资本、金融资本发展畜牧业将成为新常态。三是标准化、信息化、适度规模化的养殖生产将成为新常态。四是农村富余劳动力减少，畜牧业投入增加、畜禽养殖效益空间缩小将成为新常态。五是养殖环保压力加大，畜禽产品市场竞争加剧，生态效益型畜牧业发展将成为新常态。六是养殖资源合理利用、养殖产业链条延伸、养殖功能拓展将成为新常态。转变畜牧业发展方式，科学引领畜牧业发展。"[①]

无论是矿产资源开发，还是牧业经济的发展，都和草原生态环境有着密切的关系，如何做到经济发展与环境保护的双赢是本质与核心问题。所以，应协调矿产资源开发与畜牧业经济的关系，促进矿产资源开发与畜牧业经济协调发展，实现经济发展与

---

① 武深树：《科学引领畜牧业发展新常态》，《湖南畜牧兽医》2015 年第 1 期。

生态环境保护的双赢，进而促进整个牧区国民经济的发展。具体来说，要做到以下几点：

一　提高矿产资源开发产业水平，促进畜牧业生产现代化

实现畜牧业机械化和畜牧业经济现代化，以矿产资源开发为基础。所以，为了促进畜牧业经济发展，必须采取措施推进矿产资源开发产业水平提高，为畜牧业经济发展提供必要的支撑，具体来说，要做到以下几点：

1. 采取措施扶持矿产资源开发产业发展，推进矿产资源开发产业水平提高

矿产资源开发行业是内蒙古的支柱产业，我们应该充分发挥内蒙古的资源优势，采取有效措施，扶持矿产资源开发产业发展，努力提高其发展水平，做到以下几点：

（1）扩大开放水平。首先，要在更大范围、更广领域和更高层次上推动矿产资源开发产业对外开放，学习、借鉴西方发达国家的经验、教训；其次，可积极鼓励多种经营方式，鼓励国内外技术含量高的企业以独资、合资、合作、特许经营等方式参与矿产资源开发，不断优化产业结构，推动矿产资源开发产业规模化、外向化方向发展；最后，要充分发挥大企业在矿产资源开发产业方面的示范作用，引进、吸收科技含量高、环保意识强、严格规范的大中型企业，激活这些企业在矿产资源开发产业的热情和活力，促进草原地区矿产资源开发产业协调有序发展。

（2）提高科技水平，降低运营成本。草原地区矿产资源开发，有别于其他行业，必须充分发挥政府的主导作用。必须加强两个监管：一是政府必须加强对矿产资源开发企业的监管，优化经济结构，统一规划和组织协调，积极引导企业引进高新技术，进一步加大对支柱产业的扶持力度，搞好规模经济，实现支柱产业在高起点上的产业升级，以市场扩张带动企业规模扩张，并真

正做大做强优势矿产资源开发产业企业。二是，上级政府必须加强对下级政府的监管，防止下级政府乱批、乱建一些高排放、高污染、高能耗的"三高"项目上马。充分利用内蒙古的资源优势，加快煤化工产业、机电一体化、新材料、新能源的发展，加快重点项目建设步伐，继续构筑、建设一批规模大、生产科技含量高、经济效益好的矿产资源开发企业。

（3）加大投资结构调整力度。严格执行国家产业结构调整政策、投资产业政策。禁止、限制资源浪费、污染严重的矿产资源开发企业。积极鼓励企业投资环保，不断挖掘改造、进行技术创新，进一步提高产业的经济效益、社会效益与生态效益。为优势产业的发展提供有力支持，通过优化产业结构，进行产业整合、强强联手、扶持大型骨干矿产资源开发企业进行技术改造和产品升级，淘汰生产技术工艺落后、科技含量低的企业。

2. 努力推进畜牧业机械结构调整

在矿产资源开发产业中与畜牧业机械化关系最为密切的产业应该是畜牧业机械设备制造工业，而内蒙古矿产资源开发产业发展过程中，畜牧业机械设备制造工业发展水平不高，严重制约了畜牧业经济的发展。为此，我们必须重点发展畜牧业机械设备制造工业，积极推进畜牧业机械结构调整，推进畜牧业机械化发展。畜牧业机械化结构战略性调整、畜牧业机械化发展，既是适应新时期国民经济和畜牧业发展的需要，也是扩大内需、促进畜牧业机械化持续发展的迫切需求，也是提高畜牧业机械化整体素质和效益的根本性措施。

根据畜牧业结构调整的需求，大力发展人工牧草、饲料生产科学化；延长产业链，大力研制畜禽养殖加工的机械化；加快饲料生产的机械化程度；进一步发展烘干、精深度加工等机械设备；积极推广优质饲料工程、动物、天然草场等疫病防治工程、畜产品保鲜储运工程、质量检测工程、积极推进网络、信息服务工程等。

3. 推进畜牧业机械化的应用与发展

（1）因地制宜，有重点地推进畜牧业机械化。目前，内蒙古牧区经济发展不平衡，各地由于资源禀赋和丰富程度不同，市场发育程度不同，劳动力素质不同，这些主客观条件的不同必然造成畜牧业发展水平的不同，我们发展畜牧业机械化也应该因地制宜、扬长避短。在内蒙古牧业经济发达地区，草场连片、集中地区，条件优越、适宜机械化作业的地区，率先实现畜牧业机械化，积极带动其他地区实现畜牧业机械化，充分发挥畜牧业机械化的进程中起示范、带动作用。

内蒙古草原丰富多样，各类型草原广泛分布于全区各地。所以，支持有区域特色的畜牧业主导产品和支柱产业的机械化发展，更有利于扬长避短、发挥优势，推进牧业机械化水平的提高，进一步深化技术推广体制改革。

（2）大力促进畜牧业机械技术进步。采取自主研发和国外先进畜牧机械装备技术相结合的方针，加速牧业机械的更新换代速度，提高畜牧机械产品安全性与可靠性。

（3）建立与畜牧业机械化相适应的新牧区经济体制。在家庭经营基础上，加快草场流转速度，建立健全与新牧区相适应的社会化服务体系。

首先，要在有条件的地区培育牧区草地市场、加快草地流转速度，为畜牧业机械化创造条件，逐步发展草地规模经营。

其次，通过扶持畜牧业服务企业、畜牧业专业协会和合作社以及社会中介组织，进一步完善畜牧业机械化社会化服务体系，推进畜牧机械服务的社会化、市场化、科学化、现代化进程。

再次，逐步形成扶持畜牧业机械化发展的财政政策、货币政策、宏观调控等政策，用经济手段、法律手段、市场手段，大力加快牧业机械化发展。

最后，进一步深化畜牧业机械化管理体制改革，转变政府职能，把政府对畜牧业机械化的管理职能真正转变到制定和执行发展战略、发展规划、宏观调控政策，搞好畜牧业机械化基础建设，创造良好的畜牧业机械化发展环境上来。

二　治理整顿矿山地址环境，促进畜牧业经济发展

由于矿产资源开发产业和畜牧业经济之间关系密切，矿产资源开发产业的发展过程中必须保护草原生态环境，为畜牧业经济顺利发展创造条件。畜牧业发展和工业发展不同，它最基本的生产资料是草地，而草地饲草的生产是以良好的生态环境为条件的，只有良好的生态环境才能保证畜牧业生产正常进行。而内蒙古牧区生态环境不容乐观，与此同时，内蒙古矿产资源开发过程中高耗能、高污染情况严重，使生态环境进一步恶化，严重影响了畜牧业的发展。因此，为了促进畜牧业发展，我们要做到以下几点：

1. 加强对矿产环境问题的整顿清理

加强管理，严格治理矿产环境，坚决取缔非法开采企业、坚决取缔那些高污染、高排放等不利于草原生态环境保护的企业。严格制订进入矿产资源开采开发行业企业的条件，坚决遏制设备简陋、经营粗放、破坏资源、破坏环境的企业进入这个领域。对好的企业，要在电价、地价、税费方面给予优惠政策支持。

2. 积极引导矿产开采开发企业自觉树立环保意识

各级政府要制定合理的政策、措施，形成政府、社会、企业联动机制保护草原生态环境，企业必须为环保提供专项资金，政府也要拿出专项资金，加大对矿山环境治理力度。按照"谁破坏、谁治理、谁投资、谁受益"的原则，通过招标、招商等形式，鼓励企业、单位、个人积极参与到草原生态环境保护的建设中来，环境保护也要采用环保科技，结合不同地区土壤特点、气

候特点、植被特点以及环境特点，因势利导、因地制宜，开展草原生态环境保护工作。敦促企业进行污染治理、生态恢复，有关部门要切实对矿区及周边地区草原生态环境进行监督、检测，实时监控。加大违法行为查处力度。

3.依靠科技进步，综合治理矿山环境

搞好矿山地质环境、生态环境的保护工作，必须对矿山环境进行综合治理，搞好矿山地质环境保护，科技要先行。要开展对不同矿种、不同开采方式的矿山环境治理与生态恢复技术规范与标准的研究，严格矿产资源开发、建设项目环境影响评价和地质灾害危险性评估，提高对矿山生态破坏、环境治理和地质灾害防治评价的科学性和准确性。通过科技进步和技术改造，提高矿山企业采、选、冶工艺水平，减少环境污染和生态破坏。通过卫星遥感等监测系统，加强对矿山地质环境监测，特别是对那些危害面大、程度严重的矿山企业，实行跟踪监测、定位监测，将污染程度控制在最小范围，对那些不达标的企业，实行关、停、并、转，或严格取缔。

三　加快内蒙古牧区剩余劳动力转移，促进畜牧业经济发展

目前，造成内蒙古牧区劳动力不能顺利转移到矿产资源开发行业的原因主要有：一是牧区劳动力综合素质低；二是矿产资源开发企业和牧区劳动力之间缺乏必要的了解和沟通；三是牧区劳动力在矿产资源开发业和畜牧业范围兼业，已成为内蒙古牧区劳动力转移和畜牧业现代化的"瓶颈"；四是现代化矿山企业用工减少。因此，为了在发展矿产资源开发的同时，要促进畜牧业现代化发展，从根本上解决全区牧区剩余劳动力的转移问题，我们应该采取以下几个方面的措施。

1.加强对牧区劳动力转移工作领导

草原地区矿产资源开发区各级政府，应把牧区劳动力转移工

作列入重要工作日程，全面统筹、齐抓共管、采取有效的措施，一方面要积极推进牧区劳动力向矿产资源开发行业转移，就地拓宽就业门路，为转移牧区富余劳动力创造有利条件；另一方面，要做好牧区劳动力进入矿产资源开发行业的组织和信息指导等服务工作，引导和促进牧民有序流动，进一步清理对牧民矿产资源开发行业务工的不合理限制和歧视性做法。

2. 提高牧民科技文化素质

从实行九年义务教育以来，内蒙古农村牧区九年义务教育发展取得很大的成绩，为农村牧区培养了大量具有较高文化水平的劳动力，但牧民文化素质还不能满足经济社会发展需要，文化素质不高是影响牧区剩余劳动力转移数量和层次的重要因素。为此，要改变牧区劳动力文化素质低的现状，除了要在牧区真正普及九年义务教育，保证适龄少年儿童入学，为以后的就业打好基础外，更要确保面对牧区所有人口的基础教育，积极开展职业技术教育，使牧民在就业中拥有一技之长。

3. 发挥矿产资源开发企业在牧区剩余劳动力转移的重要作用

随着牧区产业结构逐步优化，矿产资源开发企业成为就地吸纳剩余劳动力的重要途径之一，地方政府积极鼓励矿产资源开发企业吸纳牧区剩余劳动力。鼓励牧区矿产资源开发企业与牧民合作，发展牧业经济，既可以解决部分牧民长期在企业务工，也可以满足部分牧民亦牧亦工的要求，在实现牧民充分就业上发挥着不可替代的作用。企业要大力发展牧区第二、第三产业，把发展畜产品加工业作为矿产资源开发企业再次创业的突破口。同时，要把引导矿产资源开发企业发展和小城镇建设结合起来，加快牧区城镇化进程，带动牧区工业和牧区人口由分散走向集中，并逐步形成规模，为产业结构的优化和第二、第三产业的发展创造条件。还可因地制宜，发挥地区优势，把一部分剩余劳动力转移到多种经营上。

4. 建立健全牧区社会保障制度

目前，内蒙古草原牧区草原流转速度较慢，劳动力转移阻力大，其中一个重要原因是牧区劳动力缺乏必要的社会保障，牧民不想失去他们祖祖辈辈赖以生存的牧场。为此，必须不断完善牧区社会保障制度，以促进畜牧业现代化和牧区经济的发展。

牧区社会保障制度的建立是一项十分复杂的系统工程，涉及面广、政策性强，直接关系到每个社会成员的切身利益。因此，各级政府一定要统一认识、加强领导，使牧区社会保障制度的建立和改革真正健康有序、扎实有效地顺利推进。

四　实施科技兴牧战略

绿色、环保、天然的牧业产品，越来越受到广大消费者的青睐，为内蒙古由传统畜牧业向现代畜牧业转化提供了历史机遇。但是，我们应清醒地看到，内蒙古草原生态环境不容乐观，矿产资源的无序开发导致草场质量下降、水源污染严重等问题。所以，必须依靠科技实施牧业经济产业结构调整，加快草场流转步伐，打破行业界线和所有制界线，走"区域合作、技术合作"的新路子，促进养殖水平的提高，延长畜牧业产业链，提高畜牧产品附加值。走牧区工业化道路，大力发展畜牧业产品加工、再加工产业链企业，依靠科技兴牧，走牧区工业化道路。

1. 完善畜牧业技术推广服务体系

建设社会主义新牧区，必须完善畜牧业技术推广服务体系，由于牧民技术水平相对落后，固化了的传统的牧业经济方式严重影响了现代牧业技术的推广、落实，在内蒙古牧区推广牧业技术服务体系建设势在必行。"要加强以盟（地区）、旗（县市区）技术推广部门为骨干，以苏木（乡）科技综合服务站为基础，以各类协会、学会为载体的农牧民自我服务为补充，专业部门与群众相结合，各方面共同参与的技术推广服务网络。要从大中专毕业生和苏木（乡）现有的干部中，选拔一批有专业技术的人员充实到综合服务站。各旗县的科技和农业部门都要培育和建立不同层次、各具特色的科技示范基地，形成嘎查（村）有示范户，苏木（乡）有示范嘎村（村），旗（县）有示范苏木（乡）的科技示范体系，从而为紧密型技术承包聚集更多的科技力量和提供更广大的活动舞台。牧业、林业、农业、水利、牧机、科技教育、财政、金融等部门分工协作，密切配合，加大支持保障力度，并逐步建立起以项目为载体，以政府投入为指导，以牧民投入为主体，金融部门投入为补充的多元化投入机制，使服务体系迅速覆盖内蒙古自治区牧区。"①

2. 加强基础设施建设、饲草料基地建设

加强基础设施建设是实现牧业现代化的根本途径，其核心是棚圈建设、饲草料基地建设。饲草料和基础设施建设是发展现代畜牧业的前提，可以全面推进青贮、黄贮技术，走规模化集约化的发展道路。利用内蒙古得天独厚的草原优势，因地制宜，科学养畜。结合牧业结构调整，在旱地、沙地、碱地种植饲草料，扩大高蛋白、优质饲料的种植基地建设，保护和改善天然草场，加大牧区退化草场的治理，采取划区轮牧、禁牧、围栏、封草、育草等措施。加快草地自然保护区建设和草原地治蝗、防洪、防涝等自然灾害的预防措施，使内蒙古大草原再现生机。

3. 提高畜产品加工企业的技术水平

随着我国小康社会的全面实现，以肉、蛋、奶为主的传统的畜牧产品，已经不能满足广大消费者的需求，大力发展畜产

---

① 陈智广：《新技术背景下的内蒙古畜牧业发展思路探索》，《阴山学刊》2013年第5期。

品加工企业的技术水平，既可以满足消费者的需要，又能够提高畜产品的附加值，提高牧民的经济收入。"要多渠道融通资金，扶持一批生产规模大、技术水平高、竞争能力强的企业，使之成为与畜牧业生产基地联系密切，辐射带动能力强的龙头企业。要加强横向联合，通过股份合作、联营等方式积极引进资金、技术和先进的管理经验，对现有企业进行创新改造；要正确处理畜产品加工企业在专业化基础上分工与协作的关系，要从技术和经济角度分析畜产品加工企业的生产规模，打破部门分割和地区封锁，以骨干企业为核心，采取股份制或股份合作制的形式，对中小企业进行联合兼并，实行专业化生产，对畜产品进行深加工，提高装备水平，实施名牌战略，增强市场竞争能力。"①

五　依托草原文化,促进内蒙古特色牧业经济的发展

草原文化是"历史上曾经生存、繁衍在蒙古草原上的各民族人民共同创造的物质文明、精神文明的总称。草原文化中的生态伦理思想，不畏困难、积极进取的民族精神，为内蒙古以牛羊肉、奶、皮毛等畜产品为主的特色产业的发展，注入了深厚的文化底蕴，提供了持久发展精神内驱力。在崇尚绿色、天然和环保的今天，为内蒙古特色经济的发展提供了无限的商机。近年来，内蒙古自治区利用草原文化丰富的内涵，打造'草原品牌'，推动民族特色产业发展的新思路，取得了显著成效②。"伊利""蒙牛""草原兴发""鄂尔多斯羊绒集团""小肥羊""小尾羊"等已成为全国知名畜产品企业，打造出全国知名品牌。

---

① 陈智广：《新技术背景下的内蒙古畜牧业发展思路探索》，《阴山学刊》2013年第 5 期。

② 侯丽清：《草原文化与内蒙古特色经济的发展》，《实践》2006 年第 7 期。

　　把草原文化、民族文化与区域文化，与内蒙古特色牧业经济有机地结合起来，构筑具有现代企业的新型企业文化，对内蒙古特色牧业经济的发展具有巨大的推动作用。

　　总之，"建立健全覆盖整个产业的保障机制，支持土地、资金、劳动力等生产要素向适度规模养殖场户和新型养殖主体流动，支持规模养殖场的畜禽栏舍、粪污处理、病死动物无害化处理设施等基础建设，支持良繁体系、良种补贴、疫病防控、技术推广等公益技术推广应用，完善养殖保险、灾害救助、目标价格形成等风险防范机制，确保畜牧业持续健康发展"①。

　　就内蒙古草原地区矿产资源开发和畜牧业经济发展与环境保护三者的关系来看，内蒙古要实现矿产资源开发、现代畜牧经济的发展和草原生态环境保护的"三赢"，必须全面落实科学发展观，做到人口、资源、环境全面协调和可持续发展，要坚定不移地贯彻党的十八大精神，以"建设美丽中国"为契机，以经济发展新常态为切入点，从实际出发，合理开发利用内蒙古草原地区矿产资源，促进内蒙古畜牧经济的快速发展，做大做强内蒙古畜牧业，促进内蒙古经济社会又好又快地发展。

---

　　①　武深树：《科学引领畜牧发展新常态》，《湖南畜牧兽医》2015年第1期。

第四章 内蒙古草原地区矿产资源开发
对当地农牧民生产生活的影响

　　内蒙古草原地区矿产资源的开发与利用，极大地促进了地方经济社会的发展，采矿业已成为资源富集区经济发展和财政收入的重要支柱产业，给地方带来巨大的经济效益，地方经济实力和财政收入显著增强，当地少数民族群众的生活水平不断提高，传统农牧业生产结构发生重大变化，居民的生产方式和生活方式也发生了很大的变化。但是，从牧民总体收入构成来看，虽然矿产资源的开发带动了整个内蒙古经济社会的快速发展，但当地农牧民并没有从矿产资源开发中得到更多的实惠，反而要承受在资源开采过程中给他们生产、生活带来的许多负面影响，如空气污染、水体污染、粉尘污染、噪声污染、草场破坏等，除了身心健康受到威胁以外，有的在经济上还要蒙受巨大的损失。在调研中我们发现，有的地区出现了矿产资源开发区牧民的生活水平与当地经济发展水平相分离的情况。

　　与此同时，由于体制、机制、制度等方面原因，也会产生诸多矛盾。这些矛盾集中表现为：草原生态保护政策与牧民生计之间的矛盾；矿产开发商与当地居民在利益上的矛盾；地方政府的利益与牧民的利益发生矛盾与冲突等。地方政府运用行政权手段、法律手段、行政力量，改变了法律和政策赋予牧民的权利——草场使用权，使牧民的合法权益受到侵害。地方政府和资源开发商成为最大的受益者，有时也致使国家整体利益受到损害，如在农牧民心目中，政府的公信力、政策公信力下降，生态安全受到威胁等。

由于民族地区的特殊性，如果不能很好地协调各种利益关系，势必会影响民族地区的社会稳定、影响民族团结的大局。

第一节　内蒙古草原地区矿区农牧民生活状况

内蒙古自治区是中国最早成立的自治区，全区总人口2400多万，其中蒙古族人口400多万，80%居住在农村、牧区、矿区、偏远山区。中国现有的经济统计都是以行政区划为单位、逐级统计的，而以草原矿产资源开发地区为对象，很少有专门的经济统计，对生活在这一地区的少数民族生活状况的研究相对薄弱。所以，我们以个案来分析草原地区矿产资源开发区的群众生活状况。

我国全面建设小康社会主要包括六大方面：经济发展、社会和谐、生活质量、民主法制、文化教育、资源环境。草原牧区的蒙古族群众，在这六个方面基本都落后于全国平均水平，不仅民族地区与发达地区有差距，就民族地区内部来看，聚居在边疆地区、农牧区、矿产资源开发地区的少数民族群众与内蒙古自治区城镇居民的差距依然很大，主要体现在以下几个方面：

一　经济发展方面

对少数民族经济的调查研究离不开其地域空间的特点，内蒙古草原地区矿产资源开发区，大多分布在高寒、山地草原、荒漠草原地带，由于地域的限制，大部分少数民族群众主要从事农牧业生产。例如：在内蒙古锡林郭勒盟的东乌珠穆沁旗和西乌珠穆沁旗，从事畜牧业的基本都是蒙古族，草原畜牧业是其基本产业，而且收入比较单一。西乌珠穆沁旗户籍人口7.23万，蒙古族有 4.92 万人，占总人口的 68%，其中牧业人口 3.99 万，占总人口的 55.1%；东乌珠穆沁旗户籍人口 5.65 万，其中蒙古族人口 4.08 万，占总人口的 72%，牧民人口 2.78 万，占总人口的 49%①。

"内蒙古自治区草原的牧民，大都从事农牧业生产，产业结构比较单一，科技含量低，产品市场竞争力差，有的只是从事一些简单的粗加工，农牧业产品的附加值比较低。据内蒙古自治区统计局发布的统计公告显示，2011 年第一产业增加值 1304.91 亿元，增长 5.8%；第二产业增加值 8092.07 亿元，增长 17.8%，其中工业增加值 7158.94 亿元，增长 18.2%；第三产业增加值 4849.13 亿元，增长 11%。三大产业比重为 9.4：54.5：36.1，可见，对于主要从事农牧业生产的少数民族牧民来说，产业增长率远远低于城镇的第二和第三产业。为内蒙古的蒙牛、伊利、小肥羊、小尾羊等企业提供奶源、肉源的农牧民，其经济收入很低，但相反，这些企业却打造出了内蒙古的品牌，创造了良好的经济效益，企业员工收入可观。"② 据调查，这些企业的员工，"人均一年可支配收入在 3 万—4 万元之间，远远高于农牧民的人均收入 7851 元"③。

二 消费水平与生活质量方面

目前，我国少数民族地区多数城市居民的生活水平已经处于小康型，而大多数处于矿区、边远地区、牧区的少数民族群众的

---

① 黄建英：《论少数民族经济与少数民族地区经济》，《学术探索》2009 年第 1 期。

② 薛萌：《少数民族地区的发展不等于少数民族的发展——以内蒙古自治区为例》，《阴山学刊》2012 年第 5 期。

③ 胡敏谦主编：《城镇居民家庭基本情况》，《2011 年内蒙古统计年鉴》，中国统计出版社 2011 年版，第 230 页。

消费水平仍停留在温饱型向小康型的过渡阶段上。由于受收入、医疗保险、交通、通信、教育等多种因素影响，少数民族群众消费较城镇居民消费具有明显的差距，反映出草原牧区群众的生活质量、幸福指数较低。

1. 内蒙古牧民人均纯收入状况

内蒙古草原牧区群众人均纯收入，从 2008 年到 2010 年，相对城镇居民差距较大（参见表 4—1）。

表 4—1　　　　内蒙古城镇居民绝对人均纯收入、
牧民家庭绝对人均纯收入（元）

收入　　　　　　　　年份	2008	2009	2010
内蒙古城镇居民绝对人均纯收入	14433.0	15849.2	17698.2
内蒙古牧民家庭绝对人均纯收入	6194	7071	7851

（资料来源：《2011 内蒙古统计年鉴》表 10—3 和表 10—19。）

从表 4—1 的数据中，首先可以看出，内蒙古 2008 年城镇居民绝对人均纯收入是牧区居民绝对人均纯收入的 2.33 倍；2009年城镇居民绝对人均纯收入是牧区居民绝对人均纯收入的 2.24倍；2010 年城镇居民绝对人均纯收入是牧区居民绝对人均纯收入的 2.25 倍。牧民的绝对人均纯收入远远低于城镇居民绝对人均纯收入。

此外，牧民的收入含金量不高。牧民想要收入高，就要养好牲畜，以卖得好价钱，维持生计，但是牲畜的好坏，不但看饲养人是否尽心，而且受很多客观条件的限制，如气候状况、草场状况等，一旦遇到旱灾、水灾、白灾（雪灾），没有供牲畜食用的草场，都会使牲畜的质量下降、产量下降，有时冬天的一场雪灾会导致牧民一年的辛苦付之东流。此外，现在牲畜身上的病毒也

在不断地升级，一旦遇到比较大的疫情，牧民的整个畜群都可能
受到威胁，牧民们缺少应对这种情况的知识和行之有效的方法。
即使牧民每年的收入都有所增加，也并不稳定。而城镇的职工收
入稳定，还在不断地增长。从收入的角度分析，城镇的居民收入
是少数民族收入的三倍左右，但是在花费上差距却不大。因此，
少数民族的生活质量与城镇居民的生活质量的差距还是很明显。

2. 牧民家庭平均每人生活消费支出状况

总体来讲，草原牧区群众家庭平均每人生活消费支出，从
2008 年到 2010 年，食品消费支出仍然占消费支出的大部分，没
有太大变化（参见表 4—2）。

表 4—2　　　　　内蒙古牧民家庭与城镇居民家庭
平均每人生活消费支出（元）

家庭平均每人生活消费支出	食　品		居　住		医疗保健		交通通信	
年份	2008	2010	2008	2010	2008	2010	2008	2010
城镇居民	3553	4211	1028	1384	870	1126	1192	1769
牧民家庭	1992	2259	818	959	555	821	977	1513

（资料来源：《2011 内蒙古统计年鉴》表 10—5。）

结合表 4—1、表 4—2 分析，从 2008 年到 2010 年，牧区少
数民族群众人均收入和消费水平都有所提高，但无论是人均消费
支出还是家庭人均生活费支出，总体消费结构体现了牧区群众生
活质量相对较低的现象没有太大的变化。虽然用于食品消费方面
的支出，相对其他地区较少，但实际上占农牧民家庭收入的绝对
值仍然较高。用于生活消费、交通通信、医疗保健等方面的支出
远远高于其他地区，而用于文教、娱乐及服务的支出虽然有所增
加，但绝对数仍然较低。

2012 年，"内蒙古自治区呼伦贝尔市莫力达瓦达斡尔族自治旗宝山镇大沟点屯通国电项目顺利完成，莫力达瓦达斡尔族旗、乡、村、组通电均达到了 100%，全旗住户通电率达 100%，莫力达瓦达斡尔族 32 个自然村组，680 户的 2600 人摆脱了无电的困境，甩掉了油灯粪火'和'日升而作、日落而息'的生活，步入了现代化的生活轨道。然而在城镇里通电已经是十几年前就已经解决了的事情，这也从另一个侧面反映了少数民族落后的生存条件"①。

同时，从表 4—1 和表 4—2 中还可以看出，牧民的生活水平要追赶上内蒙古自治区总体生活质量，仍然需要加倍的努力，收入和基本的民生有待于继续改善，生活质量和幸福指数有待于进一步提高。

三　文化教育方面

在牧区和矿区，教育投入与其他地区也存在较大的差距，农牧区、山区办学条件差、师资力量薄弱，学生上学难的问题较为突出。

首先，从少数民族学生的教育环境来看，牧区、矿区地域偏僻，经济基础薄弱，大部分年轻人外出务工，居民以老人和留守儿童为主；公共经费不足导致了办学的条件非常差，蒙古族中小学校园都很简陋，教学设施和设备陈旧、短缺；而在大城市，如包头市、呼和浩特市等城市的中小学校，都是高楼林立，并且每年都在不断地翻修，而有的旗、县、区，民族学校连水电费都无力支付，一个老师、一根粉笔、几套桌椅，还是传统的上课方式，互联网在大部分民族学校还没有普及，也没有现代化的教学

①　薛萌：《少数民族地区的发展不等于少数民族的发展——以内蒙古自治区为例》，《阴山学刊》2012 年第 5 期。

仪器，这极大地阻碍了少数民族学生视野的扩展和思维、素质能力培养。

其次，缺乏高质量的师资。高学历的教师不愿意去这样艰苦的环境教学，或者从这里走出去的学生，一旦有了发展，也不愿意再回来。教师学历低、教学水平也相对较差，对于牧区的学生而言，已经输在了起跑线上，失去了很多受良好教育的机会。此外，大多数教师没有获取优质教学资源和对外信息交流的渠道，无法使用任何多媒体等手段进行教学，教学水平和教育理念还处于较低的水平。

最后，随着教育布局的调整，要实现教育资源的优化集中，特别是内蒙古自治区撤乡并镇以后，使得中小学生的集中住宿率上升，家长和学生承受着巨大的感情压力。而且，中小学生的生活自理能力差，有的需要家长去陪读，教育成本上升。这对于收入不高的少数民族家庭来说，需要很大一部分支出。而城镇里的孩子，学校条件好，都在离家近的学校上学，上学的成本比较低。所以，高考加分并不能弥补少数民族小学、初中、高中的教育缺失。目前，许多高校为了解决少数民族学生接受高等教育难的问题，开办了一些少数民族预科班。但是，由于这些少数民族学生基础教育阶段大多用母语授课，汉语水平相对较低，再加上对汉语的理解、掌握需要一个过程，预科一年结束，分流到各个院系后，学习成绩相对较差，而学校的奖学金、助学金大部分按学习成绩来确定，少数民族学生基本拿不到奖学金，国家对少数民族的帮扶并未完全达到预期的效果。

四 医疗卫生事业方面

在少数民族群众聚居的牧区、矿区，少数民族群众就医难、看病难的现象还没有从根本上改变，医疗条件差，医生的医疗技术也相对较低。卫生院硬件建设不足、设施简陋、设备陈旧，不能满足各族群众的就医需要。旧房、危房率高，特别是一些乡镇卫生院危房率高是十分普遍的问题。据调查，内蒙古塔河县十八站鄂伦春族乡卫生院设有 600 平方米的病房，病房低矮潮湿，有的已经属于危房，威胁病人安全；呼玛县白银纳鄂伦春族乡卫生院没有设立结核病专科病房。少数民族地区绝大多数医疗卫生机构根本无法自我增添和更新医疗设备，部分设备的添置主要依靠上级项目支持。乡镇卫生院基本靠"老三件"（听诊器、血压计、体温计）诊病，乡卫生院只能用简单的药物进行医治，医生的业务水平相对较低，只能对一些普通的患者进行救治，对一些疑难、危重的患者不能进行及时有效的救治，导致一些危重患者丧失了有效治疗时机。有的根本查不出患的是什么病，只能去城镇，甚至大城市去看病，而看病的路费、住宿费、高额药费导致少数民族更加贫困[①]。据统计，"北京市的死亡率是 4.41‰，内蒙古的死亡率是 5.54‰"[②]。

据有关部门报道，2011 年中国人均寿命为 73.5 岁左右，而少数民族人均寿命为 70 岁左右，也从侧面反映出牧民医疗卫生事业发展落后的状况。

五　社会保障方面

农牧区的社会保障覆盖范围小、参保率低、投保档次低。"由于教育落后，对新生事物的认知程度较低。大多数民族地区观念相对比较封闭、保守，少数民族聚居地区更为严重。调查发现，牧民对社会保障制度的肯定程度不高，只有 28.5% 的牧民认为社会保障制度'作用很大'；31.5% 的农牧民认为'作用很

---

① 薛萌：《少数民族地区的发展不等于少数民族的发展——以内蒙古自治区为例》，《阴山学刊》2012 年第 5 期。

② 盛运来：《中国统计年鉴》，中国统计出版社 2012 年版，第 3—4 页。

小'；11.5％ 的牧民认为'没有作用'；28.5％ 的牧民认为'作用不清楚'，还有的则完全不清楚。"①

　　牧民对社会保障的作用认识程度较低，并且在现阶段实行"以个人缴纳为主、集体补助为辅、政府予以扶持"的方式。个人缴纳那一部分是自愿的，牧民的收入本来就很低，并且收入不固定，长期以来形成的观念就是他们的生、老、病、死，由个人或家庭来承担，这些导致了参保率低。参保的、个人缴纳的费用低，最后的保障水平也低。据统计，"2010 年我国城镇职工平均养老金为每月 1200 元，而五项社保法定缴费之和相当于工资水平的 40％ 甚至 50％，农牧区居民难以承受如此重负"②。

　　实施西部大开发战略以来，民族地区在经济社会等方面的发展取得了巨大进步。内蒙古自治区经济发展增速一直位居全国前列，成为经济发展最快的省份。资源优势向经济优势的转变，带动了相关产业的蓬勃发展，地方经济实力和财政收入显著增强，农牧民收入不断提高，但是社会保障方面的差距仍然较大。

　　总之，内蒙古草原地区、矿区的牧民与内蒙古民族地区整体发展存在较大差距。他们在经济发展、社会和谐、生活质量、民主法制、文化教育等方面还很落后，由于社会历史、地理环境、自然条件、文化特征等原因，造成民族之间及其地区之间显著的经济社会发展差距，这些地区农牧民的整体生活状况亟待改善。

---

　　①　哈斯其其格：《构建内蒙古农村牧区社会保障创新体系的几点思考》，《内蒙古财经学院学报》2011 年第 1 期。

　　②　同上。

第二节　内蒙古草原地区矿产资源开发
对当地农牧民生产生活的影响

内蒙古经济近几年创下了年均 22.8% 的高增长率，其中第二产业对地区 GDP 的贡献率接近 60%，比全国的平均水平高出了近 13%。在第二产业中，矿产资源开发贡献率最为突出，极大地促进了地方经济社会的发展，也给当地居民带来新的发展机遇，提高了当地居民的生活水平，改变了传统落后的思想观念，有利于发展现代农牧业。总体上看，矿产资源开发带动了整个内蒙古经济社会的发展。但是，从内蒙古草原牧区、矿区的牧民总体收入构成来看，他们的收入主要还是来自牧业收入。也就是说，草原牧区的农牧民，特别是矿产资源开发地区的农牧民，不但没有从矿产资源开发中得到更多的实惠，而且还要承受资源开采过程中带来的空气污染、水资源枯竭、草场遭到破坏对他们生产生活带来的损害，经济上也要蒙受巨大的损失。这也是导致草原地区农牧民不满情绪的重要原因之一。

一　内蒙古草原地区矿产资源开发对矿区农牧民生产、生活的积极影响

改革开放以后，特别是随着国内城镇化、工业化进程加快，我国东部地区对资源需求的加大，极大地带动了矿产资源开采业的快速发展，内蒙古自治区进入了矿产资源开发的高峰时期，以能源为例，从 2006 年到 2010 年，仅 5 年的时间，三大能源的开采总量，就从 2006 年的 22298.37 万吨，增加到 2010 年的 49740.18 万吨，纯增 27441.81 万吨，增长了 1.23 倍（参见表 4—3）。

表 4—3　　　2006—2010 年三大能源生产总量及构成

名称 年份	占能源总产量的比重（%）			能源生产总产量（万吨）	占能源生产的总比重（%）
	原煤	原油	天然气		
2006	95.33	1.10	3.17	22298.37	99.6
2007	94.17	0.89	3.15	26725.88	99.11
2008	94.52	0.75	4.00	33440.86	99.27
2009	92.87	0.67	4.84	40185.85	98.38
2010	92.35	0.53	5.42	49740.18	98.3

（该资料根据《内蒙古统计年鉴 2012》综合而成。）

长期以来，由于地域辽阔、居住分散、交通不便，内蒙古牧区的能源问题一直难以解决，广大农牧民过着"油灯粪火"的生活。草原地区矿产资源的开发利用，给当地农牧民带来新的发展机遇，采矿产业的快速发展，在帮助生产生活条件差的农牧民实现整村搬迁的同时，也让矿区附近的大部分牧民像城里人一样享受现代生活。矿产资源开发，给当地居民带来的最大影响是带动了其他产业的发展，尤其是第三产业的发展，如"草原游"持续升温的今天，草原生态旅游将成为牧区第三产业发展的主体之一，辽阔的草原、清新的空气、热情的歌舞、飘香的奶食、淳朴的民风，这些都是内蒙古草原得天独厚的旅游资源。矿产资源的开发，使交通、通信得到了改善，再加上资源开采过程中，矿区人口增加，使得草原上的外来人口增加，为牧民发展餐饮业、旅游业以及其他商业活动提供了机遇，草原上越来越多的蒙古族牧民，依靠特色旅游走上致富路，使传统的牧业经济发生了巨大的改变，牧区经济和产业结构实现了历史性的跨越，也使牧民生产、生活发生了翻天覆地的变化。主要体现在以下几个方面：

1. 促进生产结构的改变，优化了产业结构

蒙古族是一个历史悠久而又富有传奇色彩的民族。千百年

来，在一定的自然地理、经济和社会条件下形成了"逐水草而迁徙"的游牧生活，长期以来，牧区以传统的畜牧业为主，改革开放以后，基本是以牧民家庭承包经营为主。虽然在市场经济的影响下，传统牧业经济受到一定的冲击。但是，由于他们大多生活在草原深处，那里地广人稀、交通不便、信息不灵、市场意识淡漠、经济结构和经济成分单一、第三产业还非常薄弱，"逐水草而居""漫天散养"仍然是牧业经济的主要模式，在这些地区牧民的生活，仍然处于极端困难的境地。矿产资源的开发，不仅带动了第二、第三产业迅速发展，而且引进了不少国有大中型骨干企业、民营经济、股份制经济，既为繁荣牧区经济注入了强大的活力和动力，也为农牧民就业和增收拓宽了渠道。

（1）生产总值三次产业结构

从1985年至2010年内蒙古产业结构变化十分明显。改革开放的三十多年间，内蒙古三次产业在全社会生产总值三次产业结构总量中所占比重发生了巨大的变化：第一产业生产总值比重大幅度下降，由1985年的32.7%下降到2010年的9.4%。第二产业生产总值由1985年的24.8%大幅提高到2010年的54.5%。第三产业由1985年的32.5%上升到36.1%（参见表4—4）。

表4—4　　　　　内蒙古生产总值三次产业结构

年份 产业	1985	1990	1995	2000	2005	2010
第一产业	32.7%	35.3%	30.4%	22.8%	15.1%	9.4%
第二产业	24.8%	32.1%	36.0%	37.9%	45.4%	54.5%
第三产业	32.5%	32.6%	33.6%	39.3%	39.5%	36.1%

（该资料根据《内蒙古统计年鉴2012》综合而成。）

（2）固定资产投资额三次产业投资结构发生了巨大变化

第一产业投资比重，由 1985 年的 9.3% 下降到 2010 年的 5.4%。第二产业由 1985 年的 49.0% 提高到 2010 年的 55.2%。第三产业由 1985 年的 41.7% 小幅下降到 39.4%（参见表 4—5）。

表 4—5　　　内蒙古固定资产投资额三次产业投资结构

年份 产业	1985	1990	1995	2000	2005	2010
第一产业	9.3%	7.6%	8.6%	11.1%	5.2%	5.4%
第二产业	49.0%	57.3%	64.8%	34.3%	58.9%	55.2%
第三产业	41.7%	35.1%	26.6%	54.6%	35.9%	39.4%

（该资料根据《内蒙古统计年鉴 2012》综合而成。）

（3）就业结构发生了巨大变化

从 1985 年至 2010 年内蒙古产业结构变化十分明显。改革开放的三十多年间，三次产业在全社会从业人员总量中所占比重发生了巨大的变化：第一产业从业人员比重大幅度下降，由 1985 年占绝对优势的 60.4% 下降到 2010 年的 48.2%。第二产业从业人员由 1985 年的 20.4% 下降到 2010 年的 17.4%。第三产业由 1985 年的 19.2%，提高到 34.4%（参见表 4—6）。

表 4—6　　　　　　　内蒙古居民就业产业结构

年份 产业	1985	1990	1995	2000	2005	2010
第一产业	60.4%	55.8%	52.1%	52.2%	53.8%	48.2%
第二产业	20.4%	21.8%	21.9%	17.1%	15.6%	17.4%
第三产业	19.2%	22.4%	26.0%	30.7%	30.5%	34.4%

（该资料根据《内蒙古统计年鉴 2012》综合而成。）

　　产业结构的调整，离不开人才结构的支撑。"十一五"以来，随着内蒙古经济发展方式逐步由粗放型向集约型转变，生产技术水平迅速提高和劳动力整体文化素质差、技术水平低之间的矛盾日益突出，由于技术水平低而不适应新工作岗位的结构性矛盾问题日益严重，内蒙古各高校及人才培养部门针对这一情况，拓宽人才培养渠道。目前，内蒙古农村牧区人力资源状况到2011年，在内蒙古苏木乡镇、嘎查村培养大约8万名各类实用型科技人才和管理人才。其中，内蒙古苏木乡镇一级培养大约2万名具有中专以上学历或初级以上职称的各类专业实用人才；内蒙古嘎查村一级培养大约6万名掌握专业生产技术、技能的实用人才。但是从实用人才内部结构看，技术型人才相对较多，经营、管理型人才相对较少；有一技之长的人才相对较多，复合型人才相对较少；直接从事农牧业生产的人才相对较多，面向采矿、建筑、加工、流通和服务领域的人才相对较少。农牧民的技术素质会直接影响到产业结构的调整、技术水平和产业竞争力的提高。建设社会主义新农村新牧区，加快农村牧区经济发展，推进农牧业产业化，促进农牧业增效、农牧民增收和农牧产品竞争力增强，不仅需要整体农牧民科学文化素质的提高，也需要大量的科技创新人才、开发人才、服务人才和加工人才等农村牧区实用人才。同时，加快农村牧区剩余劳动力转移和推进城镇化，实现进城务工农牧民稳定就业，也需要农牧民具备较高的文化素质和一定的实用技能。

　　2. 一定程度上改善了牧民的生活环境和条件

　　为了恢复和保护草原生态，减轻草场压力，矿产开采企业和地方政府投入大量资金，改善当地农牧民的生活和生态环境，按着"谁破坏，谁治理"的原则，近年来内蒙古自治区出台了一系列关于草原地区矿产资源的开发政策，对矿产开采企业设置了非常高的门槛，对矿区生态环境的保护与修复提出了明确的要求。对生态环境不适合居住的矿区采取异地安置的政策，并对转移安置牧区人口在资金上给予补偿，要求企业吸纳当地居民就业，对移民采取技术培训、岗前培训、创业培训等形式，使这些牧民走上发家致富的道路，部分牧区草原生态得以修复、局部地区生态恶化趋势得到有效控制和好转，矿产资源开发拉动了地方经济快速发展、财力明显增强，为这些工作提供了有力的资金保障。在全国率先开展退耕还林还草的内蒙古自治区，自2000年国家实施退耕还林还草工程以来，到2005年全区退耕还林还草工程共完成2987万亩，其中退耕还林还草1114万亩，荒山荒地造林1873万亩，中央和地方各级财政实际投入58.7亿元，用于种苗费、粮食等补助。

在内蒙古通辽市我们了解到，通辽市在"十二五"期间，全市建设饲草料基地500万亩，退耕还林还草500万亩，其中退耕还草300万亩，退耕还林200万亩。2012年已完成退耕还林还草面积127.42万亩。其中，退耕还草80.82万亩，完成任务的110.7%；退耕还林面积46.6万亩，完成任务的112%。矿产资源开发为生态保护与建设提供了有力支持，极大地改善了牧民的生活环境和生态环境。

3. 推动了牧民思想上的深刻变革

内蒙古呼伦贝尔市是我国草原畜牧业的重要地区。据统计，"这一地区的草场平均每亩产出仅为13.3元，扣除成本，不足发达国家的40%。在西藏、青海等高寒草原地区，草原产出率更为低下，每亩草场的产出甚至不足10元。目前，我国草原畜牧业生产尽管已经出现了反季节销售、发展羔羊经济等一些有别于传统生产方式的经营模式，但多数还停留在粗放经营、靠天养畜阶段，投入低、产出低、效率低的'三低'现象仍然普遍存在"①。

---

① 殷耀：《工业化使草原不再美丽》，2012年5月，新华网（http://www.nmg.xinhuanet.com/zhuanti/jdwt/2006—01/03/content_5958405.htm）。

矿产资源的开发及现代工业的兴起，对传统的放牧畜牧业生产方式及广大牧民的传统思想观念是一个巨大的冲击，随着社会经济的快速发展和人们生活水平的不断提高，社会环境和生活方式的改变，交往范围的扩大，牧民的价值观正在突破传统、向现代开放的方向进行重构，对他们来说这无疑是一种巨大的挑战。

古代蒙古族是游牧民族，因此，游牧经济的价值观有自己的特点和局限性。对牧人来说，牲畜和草场都是生产资料，其产品的生产——牲畜繁育是在很大的自然环境中进行的，想要保证生产资料来源，那就必须对草场的再生能力加以保护。在生产领域，畜牧业在蒙古人的经济生活中占据了主导地位，成为主要的生产部门。因此在牧民的观念中，历来都十分重视畜牧业生产，并逐渐使之成为一种价值取向。并且孕育产生了爱护自然，保护再生的价值观和价值取向，往往忽视资源开发利用的经济价值和社会价值。

现在，牧民的这种传统经济价值观念、生产方式、生活方式、思维观念、传统文化等，必然受到工业文明、城市文明的巨大冲击，随着社会经济的快速发展和人们生活水平的不断提高，人们的价值观必然要突破传统，向现代开放的方向进行重构。所以，社会环境和生活方式的改变，交往范围的扩大，矿产资源的开发，必然会使蒙古族文化需要继承自己的优秀传统，同时更需要与时俱进，获得全面、健康、稳定的发展，使牧民传统观念产生深刻的变革。在调查中发现，一方面牧民对矿产资源开发带来的不利因素表示强烈不满，另一方面他们又纷纷依托矿产资源开发带来的工业化、城镇化、牧业产业化，发挥优势，推动特色优势产业发展，获得了良好的发展。

4. 改变了牧民的传统就业方式

鼓励牧民转移就业、自主创业，是内蒙古草原地区矿产资源开发解决牧民就业的有效方式。从 2010 年起，内蒙古实施了一系列优惠政策，引导和鼓励牧民转移就业，努力拓宽牧民的就业增收渠道，改变了牧民主要靠畜牧产业就业的传统模式。例如，内蒙古规定牧区新开工的水、电、路等公共工程建设项目和新增的公益性岗位，将优先安排牧民就业。凡是牧民开办的工商企业或个体经营项目，内蒙古将免除地方的教育附加费、卫生检疫费、治安费、人防费等费用。

2011年，"内蒙古以提高农牧业富余劳动力转移就业的组织化程度为重点，多层次、多形式开展转移就业培训和在岗农牧民工技能提升培训，引导和鼓励接受培训者参加职业技能鉴定。加大各级政府组织实施转移就业工作力度，充实转移就业服务机构和工作力量；在重点城市建立农牧民工综合服务中心；支持劳务输出的旗县在主要输出地建立服务站，为转移就业人员搞好协调、管理和服务。2011年，内蒙古实现农牧民转移就业259.8万人"①。

此外，各旗县区也根据自身实际，加大牧民转移就业的力度。如我们在内蒙古西乌珠穆沁旗了解到，2012年西乌珠穆沁旗出台转移就业牧民培训补贴政策，着力提高转移牧民就业：

一是对有组织的参加重型机械驾驶操作培训的转移就业牧民，补贴培训费、办证费、职业技能鉴定费2000元；

二是对有组织的参加大项目用工"订单式"培训的转移就业牧民，补贴培训费、办证费、职业技能鉴定费600—1000元；

三是对持"职业技能培训证"，自愿到劳动保障部门认定的培训机构参加技能培训的转移就业牧民，补贴培训费、办证费、职业技能鉴定费600—1000元；

四是对自愿申报到职业院校学习技能的转移就业牧民，补贴

---

① 李云平：《内蒙古实现农牧民转移就业259.8万人》，《北方新报》2012年9月3日第2版。

1000元。这些政策与措施，极大地调动了农牧民转移就业的积极性，改变了农牧民的传统就业观念。

二　内蒙古草原地区矿产资源开发对农牧民生产、生活的消极影响

随着矿业开发业的发展，地方财政收入增加，对社会基础设施建设的投资力度加大，整体上得到了较好的改善。在一定程度上吸纳了矿区和矿区周边农民工的就业，改善了当地群众交通、电力、通信、人畜饮水等生产生活条件，带动了矿山周围种养殖、餐饮、运输、机械设备租赁等服务业的快速发展，成为新牧区建设最积极的推动力量，但同时也给当地的农牧民生产、生活带来一些负面影响。主要表现在以下几个方面：

1. 对草原生态环境的破坏影响了牧民的收入

矿产资源的开发与利用，普遍存在对周围草原植被不同程度的破坏，导致矿区周围土壤沙化、草场退化、水土流失、土壤盐碱化、"三废"污染、地下水资源短缺等问题突出；同时草原资源长期受到乱采、乱挖、毁草开荒的破坏，致使天然草原面积不断下降。此外，随着人口的增长，对土地和水资源的过度利用，加剧草原生态环境的退化，牧民赖以生存的草原草种退化、载畜量下降，影响了牧民的经济收入。土壤干化硬化，使土壤微生物急剧减少，牧草根系大量死亡，草场的生产力与生态功能大幅度下降。牧民的抗灾能力减弱，导致近几年内蒙古草原"三年一小灾，五年一中灾，十年一大灾"，给当地牧民造成了极大的经济损失。例如：2012年入冬以来，内蒙古多次出现大范围寒潮降雪天气。全区雪灾面积为56.38万平方公里，占全区总面积的49.33%；由于连续降雪，交通阻断，牧区饲草料、粮食、衣被、取暖燃料价格上涨，导致牧区缺粮、缺衣被、缺燃料人口急剧增长。例如："锡林郭勒盟截至2011年，全盟实有在期采矿权635

个，其中石油 17 个，煤炭 32 个，黑色金属矿 24 个，有色金属
矿 22 个，贵金属矿 7 个。因开矿造成的环境破坏现象日益突出。
目前，锡林郭勒盟已形成明显矿区生态环境破坏的地区有：锡林
浩特煤矿、西乌旗哈达图煤矿、西苏旗查干淖尔碱矿、东乌旗宝
力格银矿矿区等。"①

　　目前，内蒙古草原地区部分矿产企业缺乏科学发展观和循环
经济意识，在开采中只追求短期利益，环境恢复治理力度不够，
经费投入不足，矿产资源采、选、冶过程中"三废"数量大，
治理率低，矿业开发引发的地面塌陷、废石堆放、破坏土地、污
染水源等生态地质环境问题日益突出，矿山环境恢复治理保证金
制度尚未健全，环境保护和治理力度仍需加强，严重影响了当地
农牧民的生产和生活。

　　此外，随着矿区开采业的发展、人口增加，当地的生产、生
活用品、餐饮等服务业、住房等市场需求增大，资源开采区的物
价也会随之高涨。例如：鄂尔多斯市的伊金霍洛旗，是原煤生产
的主要基地，煤炭企业的员工大多从事高风险、高体力耗费的工
种，工资远远高于当地居民的平均收入，消费水平是当地居民的
2—3 倍，企业员工消费带动了当地物价的上涨，导致伊金霍洛
旗群众基本生活用品的价格高于鄂尔多斯市的价格，而鄂尔多斯
市的物价又远远高于相邻的包头市、呼和浩特市的物价。矿产资
源开采区及其附近地区的农牧民，收入较低，却"享受"着高
物价，劳动收入含金量大大降低。从 2008 年至 2010 年，鄂尔多
斯市康巴什的房价达到 1 万/平方米（排除炒作的因素以外），
近年来随着煤炭价格低迷、煤炭行业的不景气，外来务工人员大
量撤走，现在房价又暴跌到 5000 元/平方米以下，这在一定程度

---

　　① 何广礼、萨如拉图雅：《浅谈锡林郭勒草原矿产开发中的草原生态保护》，
《环球市场信息导报》2011 年第 12 期。

上损害了当地群众的利益。

2. 没有给当地居民带来更多的实惠

矿产资源的开发，地方财政收入明显提高，也促进了当地经济社会的全面发展。但是，就牧民个人而言，并没有从矿产资源开发中获得更多的实惠。1997 年 1 月 1 日起施行的修订后的《矿产资源法》第三条规定："矿产资源属于国家所有，由国务院行使国家对矿产资源的所有权。地表或者地下的矿产资源的国家所有权，不因其所依附的土地的所有权或者使用权的不同而改变"[①]；第十条规定："国家在民族自治地方开采矿产资源，应当照顾民族自治地方的利益，做出有利于民族自治地方经济建设的安排，照顾当地少数民族群众的生产和生活。"[②]

但是在实践中，"照顾当地少数民族群众的生产和生活"却往往成为一句空话。照顾多少、怎样照顾，没有明确的规定，2012 年全国人大代表李凤斌向全国人大提交"关于建立民族地区矿产资源开发与当地牧民利益补偿机制的建议"的议案。据了解，到目前为止，这种利益补偿仍然处于试点阶段，具体数额由地方政府确定，大多数牧民仍然被排斥在利益分配体制之外。农牧民的纯收入主要还是来自家庭经济收入，大部分还是来自牧业收入。例如：2010 年，内蒙古牧民人均纯收入达到 7851 元，其中，家庭经营性收入 5932 元，占总收入的 75%；工资性收入 909 元，占总收入的 11.5%，其中牧业收入为 5474 元，占总收入的 69%。从以上数字分析，内蒙古农牧民人均纯收入主要来自家庭经营性收入，特别是牧业收入，工资性收入占的比重比较低；收入来源相对单一，牧民人均纯收入的增长速度相对较慢。"而同期全国农民人均纯收入中工资性收入占 40.00%、家庭经

---

① 《中华人民共和国矿产资源法》，第 3 条，1986 年 10 月 1 日起施行。

② 《中华人民共和国矿产资源法》，第 10 条，1986 年 10 月 1 日起施行。

营性收入占 49.03％、转移与财产性收入占 10.97％，工资性收入比重内蒙古比全国低 21.77％，家庭经营性收入比重内蒙古比全国高 17.35％，家庭经营性收入中来自第一产业的收入内蒙古占 90％以上、全国占 78％左右。"[1]

3. 带动当地居民就业的力度较小

尽管各级政府一再强调，矿区要优先安排当地居民到矿区就业，鼓励吸纳当地牧民到采矿企业就业。但是，在调研中我们发现，矿产开采企业所吸纳的当地牧民就业非常有限，原因主要来自两个方面：

一方面，矿产开采企业现代化水平提高，科技含量增加，科技含量的高低在很大程度上决定了用工的多少，人才质量的高低。科学技术是企业立命之本，是企业生存和发展的根基。近年来，内蒙古草原地区矿产开采各企业都坚持"科技兴企"的发展战略，不断加大科技投入。所以，每个企业都依据市场需求变化和市场竞争格局，选择适合本企业发展目标的新型工艺设备；创新项目，不断加大科技投入，加强科研开发、依靠技术创新、技术进步推动产品结构调整；引进大、精、尖和成套性很强的设备，如采煤机，大型高效分离设备、破碎与磨矿设备、全断面联合掘进机等产品。研发大型露天开采成套设备，适应地下采矿条件的防爆和低噪声中小型成套设备，隧道掘进现代化大型设备，简化流程破碎设备和粉磨设备，超微粉成套设备和移动式洗选设备等，不断向大功率、重型化、自动化、智能化方向发展。

例如：神华集团有限责任公司（简称神华集团）是于 1995 年 10 月经国务院批准设立的国有独资公司，是中央直管国有重要骨干企业，是以煤为基础，电力、铁路、港口、航

---

① 王关区：《内蒙古农牧民增收问题的探讨》，《北方经济》2011 年第 3 期。

运、煤制油与煤化工为一体，产运销一条龙经营的特大型能源企业。截至 2012 年底，神华集团共有全资和控股子公司 21 家，生产煤矿 62 个，其中煤炭、煤制油煤化工技术达到国际领先水平，是我国规模最大、现代化程度最高的煤炭企业和世界上最大的煤炭经销商。而煤炭的主产区主要分布在内蒙古鄂尔多斯。神华神东煤田位于内蒙古鄂尔多斯市南部和陕西省榆林市北部。神府东胜矿区是我国目前已探明储量最大的煤田，也是神华集团的核心煤炭生产企业，矿区规划面积 3481 平方公里，地质储量 354 亿吨。目前，拥有 17 个矿井，其中千万吨矿井有 7 个，从 1985 年矿区开发建设以来，始终坚持高起点、高技术、高质量、高效率、高效益的建设方针，"生产规模化、技术现代化、队伍专业化、管理信息化"为特征的新型集约化安全高效千万吨矿井群生产模式。

由于企业实现了生产规模化、技术现代化、人才专业化，企业用工总量极为有限，而且要求专业技术人才。"大煤矿开采中，直接雇佣的劳动力人员仅为传统煤矿的 3%，2008 年鄂尔多斯全市煤炭产业实现增加值 254.97 亿元，而其中的职工收入占增加值的比重仅为 5% 左右，煤炭开采业的富民作用比较弱。"[1]

所以，草原地区矿产资源开发不能解决当地牧民的就业问题。

另一方面，当地的农牧民地处边疆地区，总体教育水平落后，农牧民的文化水平相对较低，缺乏相应的理论知识、专业技术、操作能力和管理水平，再加上农牧民传统落后的就业观念的影响，所以很难在这些企业里找到工作。尽管政府也采取了集中培训等措施，但造成这种状况的主要因素有：一是技能性培训比

---

[1] 胡德、李靖靖：《关于内蒙古矿产资源开发管理体制改革调研报告》，《北方经济》2009 年第 7 期。

例较低；二是技能性培训时间短，致使农牧民工对矿产采掘业技能掌握不准；三是尚未形成有利于农牧民到矿山开采企业就业的社会氛围；四是语言沟通、思维方式方面还存在一定障碍，影响了牧民到矿山企业就业。因此，地方政府只能采取"转移"就业的方式，解决牧民的就业问题。

转移就业意味着农牧民要离开他们世世代代生活的草原，迁入新社区，为了适应在新的社区学习、生活和工作，本身就意味着这些牧民从思维方式、交往方式、风俗习惯等诸多方面都要发生重大改变。所以，无论是从融入新社区的深度上，还是从心理情感上，都给这些失去牧场的牧民造成心理上很大的不适应与情感压力。有时因为思维方式、风俗习惯、宗教信仰等问题与原著居民发生矛盾与冲突，在很大程度上影响了他们的生活质量和幸福指数。

4. 影响矿区周围居民的身体健康

随着矿产资源的进一步开发，矿山固体废弃物和废水排放量惊人，所造成的环境影响越来越大，治理的难度也随之加大。矿山生产过程中所使用的凿岩机、挖掘机等一些机械设备发出的噪声以及汽车运输、铁路运输等都会带来噪声污染，影响居民健康，因煤炭等矿产资源开采形成的二氧化硫、二氧化碳、一氧化碳等废气，排放的矿渣，大量漂浮的粉尘和污染的废水造成从天空到地下，立体重度环境污染，并直接损害周围居民的身体健康。此外，矿山事故对附近居民的人身财产安全也构成严重威胁，"1994 年和 2001 年内蒙古东乌珠穆沁旗两个银矿发生过两起重大有毒氰化物污染事故，大量氰化物废水深入地下，污染草原导致牧民 200 余头牲畜饮用水中毒死亡。东乌珠穆沁旗某造纸厂是一家重污染企业，单位产品的污水排放量为国家标准的4.67 倍，年总排放量达 200 万吨，且没有任何处理，汞超标 19

倍，酚超标竟达 3300 倍，牧民也出现头晕恶心等中毒症状"①。

5. 对蒙古族原生态民族文化的影响

随着矿产资源开发、快速工业化以及城镇化对草原生态环境的破坏，导致蒙古族的传统文化，尤其是原生态民族文化受到威胁。所谓原生态文化，"是指文化一种初始的、质朴的、更贴近生活的状态，具有少加工、与生产生活直接联系的特点"②。

现时代是一个文化多元时代，多种文化共存是时代主题。文化多样性理论主张文化界如同生物界一样，要多种文化共存才能持续发展。原生态民族民间文化为我们提供了风格迥异、多姿多彩、独具特色的文化形式，对文化的共同发展、共同繁荣起到不可替代的作用。一方面，文化多样性理论激活了原生态民族民间文化，并促进其发展与繁荣；另一方面，原生态民族民间文化的繁荣又是对文化多样性理论的强力支撑，并进一步促进了文化多样性理论的发展。

蒙古族原生态文化是蒙古族在历史长河中的积淀，它的稳定传承性决定了它基本保留了古老的文化风貌，为我们了解蒙古族传统文化、认识历史提供了现成的、活生生的资料，是蒙古族留给世人宝贵的文化遗产，具有独特的历史价值和文化价值。

但是，随着草原牧区矿产资源开发和人口的急剧增加，以及其他各种因素的影响，使得蒙古族原生态文化在不断消失。包括语言、文字、信仰、习俗、节日、庆典等，许多非物质文化遗产后继无人，大有消失之势。可以说，失去草原就失去了游牧民族曾经创造的光辉灿烂的草原文化，必然导致蒙古牧民在心理上产

---

① 尚时路：《资源开发的生态补偿——一个不容回避的话题》，《中国发展观察》2005 年第 6 期。

② 刘宗碧：《"原生态文化"研究的方法及其反思》，《昆明理工大学学报》（社会科学版）2012 年第 2 期。

生一种失落、孤独、苍凉与悲怆之感。

第三节　内蒙古草原地区矿产资源开发
导致矿区社会矛盾频发

资源与环境，是人类生存和发展的基本条件，内蒙古草原地区幅员辽阔，自然资源丰富，但生态环境非常脆弱。西部大开发政策实施以来，由于实行资源导向型开发战略，一些企业片面追求经济利益，忽视环境保护，加之相关的法律法规不完善，治理补偿机制不健全等诸多因素的困扰，使得内蒙古草原地区因资源开发所导致的发展与环境保护之间矛盾日益突出。

一　资源开发与环境保护之间的矛盾

随着中国工业化、城市化建设的快速推进，国民经济建设对矿产资源的需求正在迅速增长，资源开发与环境保护的矛盾日显突出。如何解决内蒙古草原地区矿产资源开发与环境保护之间的矛盾，成为社会广泛关注的话题，我们"既要金山银山，也要绿水青山"，要实现资源开发与环境保护双赢。自然资源的开发利用首先应讲究经济效益，没有经济效益，各项活动将丧失动力，社会经济的发展也将成为一句空话。与此同时，自然资源的开发利用还应讲究生态环境效益，如果片面追求暂时的经济效益，而忽视对资源的合理利用与保护，必将损害资源与环境，破坏生态，而恶劣的生态环境反过来又会抑制经济发展。任何发展都离不开资源和环境基础的支撑，随着资源的日益枯竭与环境的日益恶化，这种支撑会变得越来越薄弱和有限。因此，经济越是高速发展，越要加强资源与环境的保护，以获得长期持久的支持能力，实现我国社会经济的可持续发展。

二　地方政府和中央企业之间的矛盾

按《矿产资源法》规定：矿产资源属于国家所有，代表国家所有单位是中央人民政府和各级地方政府。地方政府往往更多的是代表地方利益，中央企业往往是代表国家利益，这就不可避免地产生地方政府与中央企业之间的利益分歧。"当地政府和中央企业之间的利益分配矛盾最为明显；一方面体现在各种费用征收中。在地方制定的各种费用类型中，许多项目是中央企业不执行的。如 2008 年鄂尔多斯煤炭局和当地政府制定的所有煤炭企业的 8 项费用合计 11. 24 元/吨，而当地的国有企业仅向当地政府上缴 4. 7 元/吨，许多费用项目在国有企业得不到执行，即使在可执行的费用项目中，当地企业与国有企业之间也存在一定差别，如 2006 年开始征收的跨区生态恢复补偿金，当地企业的征收标准为 2. 0 元/吨，而国有企业的标准为 1. 8 元/吨，国有企业与当地企业存在很大区别，在中央企业和地方政府利益矛盾存在的背景下，双方出于各自利益考虑必然加强对矿业权的争夺。"[①]（见表4—7）

表4—7　　2008 年鄂尔多斯矿山企业开采中的税费分配情况

项目	分配主体及标准
增值税	75％归中央，25％归自治区、盟市所有
资源税	全部归地方政府 标准：3—5 元/吨
营业税	国有企业上缴中央，地方企业上缴当地政府
各种费用	全部归地方政府 地方企业：约 11. 24 元/吨，中央企业：约 4. 7 元/吨

①　内蒙古发展研究中心调研组：《关于内蒙古矿产资源开发管理体制改革调研报告》，《北方经济》2009 年第 7 期。

国有企业是中央利益的代表者，地方企业是地方政府利益的代表者，代表国家权力的相关部门，逐步建立和规范当地矿产资源开发的秩序，实现"矿产资源国家所有"应当分割的利益；而各级地方政府往往变通国家政策，与国家行政权力相周旋，力求实现自身利益最大化。

三　矿产资源开发企业与当地农牧民之间的矛盾

首先，机械化开采中对地方居民的就业带动比较弱，转移安置往往使农牧民饱受背井离乡之苦，同时还会给他们的后续生活带来诸多问题，积怨情绪增加，造成心理失衡。

其次，许多矿区特别是原煤生产企业，在矿区及周围出现了不同程度的地表塌陷、生态环境污染，给当地居民生命财产造成一定的威胁，矿区及附近的群众不得不承受因为矿产资源开发所造成的水体污染、环境污染、噪声污染等压力。虽然一些企业对生态环境进行了一定治理，但企业往往仅治理矿区之内的地区，矿区之外的地区则无人过问。矿区附近的居民得不到相应的补偿，引发当地群众对矿产资源开发企业的不满。

最后，矿产资源开发中，企业有巨额利润，国家和地方政府有税收，而当地的农牧民却被排除在利益分配之外，并没有从矿产资源开发中受益，矿产资源开发并没有惠及普通群众。所以，当地居民想方设法阻止企业开采，动辄断路、静坐、抗议，甚至游行示威。一些大型企业往往采取资金补偿的形式化解矛盾，而个别私营企业往往采取重金利诱苏木长、嘎查长、头人，打压农牧民，甚至雇用黑社会用威逼、恐吓、威胁等手段对付农牧民。调查中还发现，由于当地农牧民在矿产资源开发中得到的实惠较少，所以他们也往往把环境问题放大，当地农牧民并不是反对资源开发，关键是要从中得到利益。反之，如果一些企业给予农牧民更多的补偿，达到他们的心理预期，对于环境破坏程度，他们并不关心。

在企业与居民的利益博弈中，矿产资源开发地区牧民是明显的弱势群体。在这场矿产资源开发利益的分配中，由于矿区群众得不到利益，或者只得到很少的利益，必然导致企业与矿区牧民之间产生各种各样的矛盾，当这一矛盾难以解决的时候，农牧民往往通过上访、集会等形式到地方政府申诉。所以，这个矛盾往往转化为地方政府与农牧民之间的矛盾，越是资源开采多的地方，往往越是矛盾最为集中的地方。

四　矿产资源开采地区各级地方政府之间的矛盾

内蒙古草原生态环境比较脆弱，在草原地区开采矿产资源，很容易出现环境破坏，而且又很难恢复，而这种污染与破坏只能由当地群众承受。这样必然引发当地农牧民的不满，一旦农牧民发生群体性事件、上访等情况，基层地方政府要承担巨大的压力。"在各种税费的收入分配中，当地政府分配给矿区所在地的苏木、嘎查的部分很少。如2008年鄂尔多斯政府收取的煤炭开采行业税收中，所得税95%都上缴鄂尔多斯政府，只有10%左右留在矿区；在中央返还25%的增值税主要在内蒙古自治区、鄂尔多斯市及矿区所在政府进行分配，此外资源税收入也主要在自治区与鄂尔多斯市共同分成，这样总体留给下级的部分就非常小。"①

从而导致基层地方政府对上级地方政府的不满，加剧了各级地方政府之间的利益之争。

---

① 内蒙古发展研究中心调研组：《关于内蒙古矿产资源开发管理体制改革调研报告》，《北方经济》2009年第7期。

五　地方政府与当地农牧民之间的矛盾

内蒙古各级地方政府都积极鼓励勘查、开发有市场需求的矿产资源，特别是优势矿产资源。进入 21 世纪初以来，由于内蒙古各地区为了追求 GDP 总量的增长，大力开发矿产资源，使其成了增加 GDP 的支柱产业。由于自身投资能力有限，各地区实施了"引进来"战略，加大招商引资力度，充分动员社会各种有利因素，广泛开展"人文"招商，"情感"招商，"待遇"招商，为鼓励投资，各级政府都制定了有关矿产资源开发的优惠政策，从水、电、土地使用、税收等方面，都给投资者以巨大的优惠政策，积极引导和鼓励国内外客商投资于丰富的贵金属、黑色金属和有色金属等矿产资源和石材、澎润土、沸石、硅石、珍珠岩、叶腊石等非金属矿产资源开发项目。

2005 年《内蒙古自治区人民政府关于进一步加强招商引资工作的意见》中指出：重点引进以煤化工、天然气化工、氯碱化工为主的化工项目，以钢铁、铝、硅、有色金属为主的冶金项目，以煤、电、天然气为主的能源项目，以工程机械、运输机械为主的装备制造业项目，以稀土、生物制药、信息产品制造为主的高新技术产业项目。建设一批规模大、技术水平高、产业链长、资源转化能力强、符合环保要求和行业标准的大项目。

2012 年《内蒙古自治区加强招商引资工作若干政策规定》出台，涉及探矿、采矿方面的优惠政策主要有：第十九条，探矿权、采矿权使用费，第 1 个年度可以免缴，第 2 至第 3 年度可以减缴 50%，第 4 至第 7 年度可以减缴 25%，矿山闭坑当年可以免缴采矿权使用费；第二十条，投资企业取得采矿权，从事矿产资源开采，经自治区国土资源管理部门批准，其缴纳的矿产资源补偿费留自治区部分的 50% 由地方财政返还。综合开采回收共、伴生矿产的，减半征收矿产资源补偿费，采用自治区尚未使用的先进技术回收伴生矿产的，免缴其伴生矿产的矿产资源补偿费。投资者依法获得探矿权、采矿权后，盟市、旗县、苏木乡镇除依法收取税费外，不得强行提出合作、合股、分成等要求。

"近年来矿产资源开发带来了巨大利益空间的分割，各种新旧势力在当地牧区进行新一轮的角逐和博弈。尤为突出的是相关部门的行政权力和黑恶势力的进入。在矿产资源收益分配中，各主体之间的关系主要是由资源勘查、开发利用过程中所涉及经济利益之间的利害关系所决定的，主要利益分配主体有政府、企业、被侵占草原的牧民。"[①]

各盟、市、旗、县区的招商引资优惠政策倾斜度更大。在调研中发现，有的地区甚至违反有关国家政策，或采取"打擦边球"等方式大力引进外商、私营企业开发资源，对外来投资、合作创办矿产项目的，优先提供场地、水电、运输、劳动力等一切便利条件。内蒙古各地区招商引资政策，形成一股强大的磁力，吸引了大量资金、技术开发矿产资源，我们查阅的所有内蒙古各地区关于招商引资的文件，很少提到如何对让出土地的农牧民给予补偿的问题，只有在《中华人民共和国矿产资源法》第三十六条中规定："国务院和国务院有关主管部门批准开办的矿山企业矿区范围内已有的集体矿山企业，应当关闭或者到指定的其他地点开采，由矿山建设单位给予合理的补偿，并妥善安置群众生活；也可以按照该矿山企业的统筹安排，实行联合经营。"其余大部分是地方政策性规定，不同地区，政策不一，而且也没有明确的补偿标准。当矿产资源开发商遇到当地农牧民的反对时，开发商往往通过政府出面协调解决土地使用、环境污染等问题。这时，地方政府往往与矿产资源开发商站在一起，当地政府

---

① 王利清、马建荣：《矿产资源开发中政府、企业与牧民的利益博弈》，《前沿》2010年第5期

挨家挨户和他们谈，甚至逼迫他们签订草场使用权回收合同。

例如：上海庙镇位于鄂托克前旗西北部，全镇总面积3871.21平方公里，是一个包括有蒙古族、汉族的少数民族地区。全镇91.2％的地区属干旱硬土梁区，自然生态环境十分脆弱，已被列为鄂尔多斯市的农牧业禁止开发区，亟待加强生态自然恢复区建设。但这一地区是一个分布面积达4000多平方公里、煤炭储量142亿吨，预计远景储量500亿吨以上的大型整装煤田。巨大的煤炭资源和开发远景使这块土地价格飙升，由此，"上海庙能源化工基地"应运而生，一系列规划相继出台，《上海庙能源化工基地开发总体规划》于2011年1月获国家发改委批复。其远景规划是：到2020年形成煤化工产能600万吨，火电装机容量700万千瓦以上，煤炭生产能力6000万吨的产业发展格局。

鄂托克前旗上海庙镇47户农牧民反映：上海庙镇政府从2004年开始，在没有出示任何文件情况下，以每亩100元的价格，强行征收10余万亩草场地进行工业园区开发。

由于给农牧民补偿费用太低，导致当地农牧民对政府的信任下降，甚至通过集会、静坐、集体上访等形式要求保护自身的权益，造成政府与农牧民的矛盾凸显，影响民族地区的社会和谐与稳定。2011年发生在锡林郭勒盟的"5·11"事件就说明了这一点。"一方面，代表国家权力的相关部门逐步建立和规范当地矿产资源开发的秩序，实现'矿产资源国家所有'应当分割的利益；另一方面，地方政府变通国家政策，有策略的与国家行政权力周旋，力求实现自身利益最大化。于是，在锡林郭勒盟牧区出现了国家行政权力的延伸与扩张。与此同时，一些地方政府和管理机构的公职人员以'私人'身份参与到资源开发过程中，正是这些具有明显公权力优势的人员涉足牧区的矿产资源开发，显著地改变了牧区的开发权利结构。"①

六 牧民之间的矛盾

家庭联产承包责任制实施以后,内蒙古牧场也进行了分片承包。目前草场使用权大体分为三类:一是国有部分;二是集体所有部分;三是牧民个体所有部分。改革开放初期,由于草场面积广大,农牧民对草场边界并不十分在意,各家大体有个界限,草场边界划分并不十分明晰。各家牲畜越界吃草现象十分普遍,牧民也并不十分在意。但是,进入 21 世纪以来,由于矿产资源开发占用草场,要进行补偿,这直接涉及农牧民的切身利益,导致了牧民与牧民之间的草场边界之争的矛盾。部分牧户在经济利益的驱动下,不断扩大或变相扩大草场范围,侵占公共草场、堵截他人牧群出入、挖渠断路、草界争夺等矛盾时有发生。原有的友好关系恶化,牧民与牧民之间的矛盾明显增多。

第四节 内蒙古草原地区矿产资源开发过程 中产生社会矛盾的主要因素

内蒙古草原地区矿产资源开发过程中,产生社会矛盾的原因是多方面的,总体上主要有四个方面的因素:一是政策因素;二是矿产资源所有权和开采审批权方面的因素;三是法律方面的因素;四是利益因素。

一 政策因素

地处我国北部边陲的内蒙古自治区,抓住机遇、发挥优势,

① 王利清、马建荣:《矿产资源开发中政府、企业与牧民的利益博弈》,《前沿》2010 年第 5 期。

积极调整经济结构，经济快速发展，成为令各省区市刮目相看的一匹"黑马"，被专家称作"内蒙古现象"。内蒙古综合经济实力实现了重大跨越，经济结构产业结构发生深刻变化，第二产业比重提高了近 10 个百分点。初步形成了能源、化工、冶金、装备制造、农畜产品加工、高新技术等具有内蒙古特色的六大优势产业，成为拉动自治区经济增长的主要力量。

内蒙古"资源型经济特征明显。内蒙古是发展中的民族自治区，地域辽阔，资源丰富，资源型产业在地区经济中占主导。资源转换是经济发展的主要途径，把内蒙古的资源优势转化为经济优势成为内蒙古资源转化战略的重要方面。通过资源开发转化利用，内蒙古创造了发展奇迹"①。

实施西部大开发以来，内蒙古自治区为了发挥资源优势，大力开发矿产资源，并出台了一系列招商引资的优惠政策。但是这些政策都是针对引进外资的，而对于当地的农牧民，却没有让他们得到更多实惠的具体政策，这就造成了内蒙古的另外一种现象：国民生产总值增长连续 8 年全国第一，而农牧民人均收入和可支配收入却增长缓慢，"2011 年人均 GDP 排名第 8 位的内蒙古，人均 GDP 含金量却位居倒数第一"②。

尤其是在矿产资源开发地区，广大农牧民没有从资源开发中受益，反而产生许多社会问题与社会矛盾。"资源资产收益分配中资源资产收益的外部效益不受重视，牧民没有纳入分配主体中，不但无法获益，反而要承担采矿所带来的环境污染和生态破坏。因此，牧民更倾向非法采矿，甚至愿意参与其中而获益。矿

---

① 姜月忠：《内蒙古经济发展模式——边疆民族地区发展道路的成功实践》，《中国民族报》2010 年 11 月 19 日。

② 郝时远：《中国民族政策的核心原则不容改变》，《中国民族报》2012 年 2 月 10 日第 5 版。

区牧民接受政治信息较少，利益渠道狭窄，组织化水平偏低，因而话语权很微弱。因为采矿导致大量牧民被迫离开生养几代人的草原，而且要改变生活劳作方式。采矿搬迁几乎彻底割裂了牧民与传统物质文化生活环境的联系，对牧区基层秩序影响巨大。同时，采矿征迁加剧了草原地区原本就十分尖锐的人地矛盾。"[①]

而美国、加拿大、巴西、日本等国家，在矿产资源开发过程中取得了比较成功的经验。他们的做法是保证企业、各级政府和个人利益的一致性，有效地化解了这一矛盾。如"各国都把发展流域所在地经济作为流域开发的一个重要目标，在税收分配、转移支付等方面对当地有所倾斜；征收水资源使用费，将其大部分留在流域所在地；流域开发主体与所在地共享流域开发效益……保持各级政府、企业、私人等利益团体的目标一致性"[②]。

我国在草场征用补偿资金由于国家没有统一的标准，只有"适当补偿"。所以，这样就导致两个方面的结果：一方面，一些地方政府一再压低草场补偿资金；另一方面，一些农牧民漫天要价，导致农牧民与地方政府之间的矛盾升级。

二　法律因素

我国法律规定：矿产资源所有权主体是国家，国务院代表国家行使其权利。矿产资源所有人依法享有占有、使用、收益和处分矿产资源的权利。

《中华人民共和国宪法》第九条规定："矿藏、水流、森林、山岭、草原、荒地、滩涂等自然资源都属于国家所有，即全民所

---

① 王利清、马建荣：《矿产资源开发中政府、企业与牧民的利益博弈》，《前沿》2010年第5期。

② 袁朱：《国外能矿资源开发利用产业发展的机制和政策》，《中国发展观察》2010年第3期。

有。"2001 年修订后的《矿产资源法》第三条也规定："矿产资源属于国家所有，由国务院行使国家对矿产资源的所有权。地表或者地下的矿产资源的国家所有权，不因其所依附的土地的所有权或者使用权的不同而改变。"

这些法律、法规是各级地方政府开发利用矿产资源的法律依据，但是《中华人民共和国草原法》第十二条规定："依法登记的草原所有权和使用权受法律保护，任何单位或者个人不得侵犯。"第十三条规定："在草原承包经营期内，不得对承包经营者使用的草原进行调整；个别确需适当调整的，必须经本集体经济组织成员的村（牧）民会议三分之二以上成员或者三分之二以上村（牧）民代表的同意，并报乡（镇）人民政府和县级人民政府草原行政主管部门批准。"第十四条规定："承包经营草原，发包方和承包方应当签订书面合同。草原承包合同的内容应当包括双方的权利和义务、承包草原四至界限、面积和等级、承包期和起止日期、承包草原用途和违约责任等。承包期届满，原承包经营者在同等条件下享有优先承包权。承包经营草原的单位和个人，应当履行保护、建设和按照承包合同约定的用途合理利用草原的义务。"

《中华人民共和国矿产资源法》第十条规定："国家在民族自治地方开采矿产资源，应当照顾民族自治地方的利益，做出有利于民族自治地方经济建设的安排，照顾当地少数民族群众的生产和生活。"

现行的《土地管理法》第四十七条规定："征收土地的，按照被征收土地的原用途给予补偿；征收耕地的补偿费包括土地补偿费、安置补助费以及地上附着物和青苗的补偿费；土地补偿费和安置补助费的总和不得超过土地被征收前三年平均年产值的三十倍。"

事实上，矿产资源地的广大农牧民都已经取得了土地、草场使用权，而且内蒙古自治区规定草场承包、土地承包30年不变，一些地方对草原实行50年的承包期。

地方政府依法开发利用矿产资源，而当地的农牧民往往也依据同一部法律依法维权。所以，这些法律与地方性法规相冲突也是地方政府与农牧民在矿产资源开发过程中产生分歧的重要因素；再加上补偿方面的分歧，是导致矿产资源开发过程中地方政府与农牧民、企业与农牧民产生矛盾的重要原因。

三　矿产资源所有权和开采审批权因素

根据《矿产资源开采登记管理办法》，开采石油、天然气矿产的，经国务院指定的机构审查同意后，由国务院地质矿产主管部门颁发许可证。可以从省一级地质矿产主管部门领取采矿许可证的矿山企业的范围是：开采国务院地质矿产主管部门发证权限以外的且矿产资源储量规模为中型以上的矿产资源。另外，国家地质矿产主管部门根据法律规定，授权省一级地质矿产主管部门对部分应由国务院地质矿产主管部门审批登记的矿产资源开采项目进行审批，颁发采矿许可证。国务院地质矿产主管部门和省（区、市）地质矿产主管部门审批发证权限以外的矿产资源，由县级以上人民政府负责地质矿产管理工作的部门，按照省、自治区、直辖市人民代表大会常务委员会制定的管理办法审批登记，颁发采矿许可证。

从颁发采矿许可证的权限上看，审批权分为国家、省和县级三级。由于三级审批，往往使得资源的非法、无序开采严重，整合难度大。再加上资源开采和利用，长期缺乏有效监管，无证开采、权力寻租等违规开采现象时有发生。私自转移、倒卖、出租采矿权、地方官员参与入股开采的现象仍然时有发生。造成当地行政部门在整治非法矿山时难以落实工作，无法根治非法采矿的混乱局面。这些都是导致地方政府和中央企业之间的矛盾、资源开采地区各级地方政府之间的矛盾产生的重要因素。

四　利益因素

无论是企业、地方政府，还是当地居民，产生多重矛盾的根本因素还是围绕着经济利益展开的。在经济利益的驱使下，在内蒙古草原上一度出现掠夺式开采，秩序非常混乱。许多地区出现了地下水位下降、地表建筑坍塌，而牧民得到的补偿却寥寥无几。特别是征用草地价格以企业与当地政府达成的协议价格为标准，农牧民很少参与，廉价征用牧民承包的牧地、草地，并将征用牧地、草地的赔偿期定为5—20年不等。因此，失去牧地、草地的牧民的生活保障令人担忧，导致企业和地方政府与农牧民之间矛盾突出。

1. 草场归属不明确而留下隐患

草场划分大部分由当地政府来主导，容易产生缺乏有效监督、划分不公正等弊端，部分地区由于受到历史原因影响，行政区域和草场界限的划分不明确，归属问题长期得不到妥善解决。近年来，随着矿产资源开发力度的加大，由于矿产资源开发需要征用、占用大量草场，同时企业或地方政府对征用、占用的草场进行一定的补偿，原本没有得到解决的草场界限的划分问题，使得这一矛盾更加突出。

改革开放以后，"实行家庭联产责任承包制过程中，牲畜草场归户工作存在着不平衡现象，当地牧民住户与外来户、蒙古族与其他民族在承包数量上有明显差别，再加上随着社会变迁，兄弟之间、邻里之间、嘎查与嘎查之间，对草场界限问题越来越关注，成为草场纠纷频繁发生的最大隐患。再加上历史上形成的借牧、代牧协议，以及勘界遗留等问题，群众抢牧、乱牧、蓄意破坏草原围栏等畜牧业基础设施，也导致纠纷频发"[1]。

---

① 向晶晶：《预防处开置跨地区草原、矿产资源发引发草场纠纷的对策》，《资源环境与发展》2011年第3期。

先是草场边界争议突出的核心问题，不是牲畜啃食牧草的问题，而是草场确权的问题，边界摩擦，抢夺草场，驱赶对方牲畜这些都是外在表现。其核心是一旦草原地下资源被开采和利用，人们就会争夺利益补偿。起初为争草场而起矛盾，后来却脱离草场问题而相互仇视起来，成为冤家，使矛盾变得更为复杂更为严重。

2. 不规范的矿产资源开发引起群众不满

为促进经济发展，政府部门引进矿业开发项目或者其他养殖公司，需要使用牧民草场，往往出现地质勘探队、养殖公司等与上级部门直接沟通，但没有得到牧民许可就直接进入其草场进行勘探、打井、建房等作业，引起牧民不满，而有些牧民趁机提出一些无理要求，进一步激化了矛盾。

3. 农牧民群众对国家政策理解偏差引发的纠纷

近年来，随着内蒙古工业强区战略的实施和内蒙古大草原得天独厚的矿产资源优势，吸引了诸多开发商前来勘探和开发矿产资源。在资金补偿方面，牧民群众认为，"开发商应该按照矿区范围支付草原补偿费和利益补偿费"，而开发商认为，"应该只对占用的草场面积进行补偿"。这导致部分群众对开发商补偿费用不满意，从而引发纠纷。

4. 牧民之间的个体矛盾纠纷增多

随着牧区人口增加，人、畜草场面积越来越小，随着草原地区矿产资源开发和补偿的力度加大，牧民"寸草寸金"的概念不断增强。邻里之间、亲友之间，即使是兄弟之间，也会因为草场边界发生纠纷、摩擦。大部分牧民将自家草场用网围栏圈起，一方面阻止他人牛羊群进入自家草场，另一方面却私自去他人草场放牧，相互驱赶畜群等事情时有发生，日久相互发生摩擦和矛盾，严重时采取大打出手、擅自扣留牛羊、暗地相互移动破坏网围栏等非法手段和过激行为，逐渐演变成难以化解的草场纠纷。

第二轮草场承包后，原来预留的公共草场也被重新分包，以前没人问津、也没有人愿意承包的、没有任何牧业经济价值的戈壁、荒滩，现在也成为牧民争夺的对象，说不定下面储有丰富的矿产资源，一旦开采地下资源，牧民将获得十分可观的经济补偿，集体失去了对草地、荒地的控制权，草地、荒地边界争夺等矛盾时有发生。

5. 草场租赁承包，导致各承包者之间的矛盾更加复杂

当前草场承包、畜群承包等十分不规范，缺乏有效监管，导致牧民或嘎查（村）集体因利益受到损害而引起的矛盾纠纷呈上升势头，并且日趋多元化、复杂化。例如：有的村集体组织，把原本属于村集体公共使用的草场租赁给个人，个人又将租赁来的草场转包给其他人，这种层层转包的情况，往往出现牧场的所有权者（集体）和使用权相分离的现象。当矿产开采企业来牧场开采矿产资源时，各类补偿金究竟补给谁就出现了问题。村集体认为：这是公共草场，企业应给村集体补偿，而一级承包者认为：自己从村集体承包的使用年限没到，承包的期限内的补偿理应归自己所有，二级承包者认为：在自己从上一级承包草场使用期限没到，还在承包的期限内，补偿理应归自己所有。而且，自己为了草场的维护、管理，更新草种、改良畜群，投入了大量的人力、物力、财力，自己是实际受损失之人，补偿应该归自己所有。

这些矛盾处理起来十分复杂，既涉及村集体利益又涉及个人利益，既涉及合同法又涉及草原承包法，矛盾突出、复杂。

第五节　化解内蒙古草原地区因矿产资源开发引发的社会矛盾的有效机制

目前，内蒙古草场使用权主要分为三大类，第一类是牧民个

体承包，第二类是由嘎查（村委会）预留，第三类是国有（如：重要滩涂、重点保护区、重点生态功能区等）。矿产资源开发过程中，国有部分草场引发的矛盾较少，容易引起纠纷和矛盾的主要是集体和个人承包部分，一是占用草场补偿过低引发的牧民与企业、地方政府之间的矛盾，二是村委会没有征求牧民意见，私自将预留草场划给矿主使用，引发村民与村委会的矛盾。因此，草场边界问题、矿产资源开发纠纷问题直接关系到人民群众生命和财产安全，关系到纠纷地区的社会稳定，关系到纠纷地区经济发展和社会进步等诸多问题。

一　草原地区矿产资源开发引发的社会矛盾的特点

1. 突发性

在草原矿产资源开发的过程中产生的社会矛盾往往具有突发性。矛盾的突发性特点，就是指突然发生的，由多人参与，以满足某种需要为目的，使用扩大事态、加剧冲突、滥施暴力等手段，扰乱、破坏或直接威胁社会秩序，危害公共安全，应予立即处置的群体性事件。草原矿产资源开发中偶然的小摩擦、小纠纷，或敏感地带的风吹草动都可以使矛盾激化，产生对抗的局面。这种突发性的特点其实也是草原矿产资源开发过程中的小矛盾的积累和激化。

2. 复杂性

草原进行矿产资源开发中，所产生的各种矛盾，往往不是单一的、单纯的，而是错综复杂的。例如：草原矿产资源开发中所涉及的各个利益方都是相互关联的，错综复杂，要想解决好任何一方的利益问题，就必须协调好与其他利益方的关系。所以，不管是农牧民、地方政府还是开发商，他们在整个利益链条中都是交织在一起的，互相影响、互相制约。

3.连锁反应性

在内蒙古广大的土地上，蕴藏着丰富矿产资源的草地有很多，当某一地方的矛盾被激化后，往往会引起其他地方的骚动，因为在矛盾发展的过程中，可能早已开始积累，只是没有爆发的契机。因此，某一地方矛盾的爆发，就成了契机。这种矛盾大多存在农牧民与开发商之间，农牧民与地方政府之间。

4.民族性

内蒙古草原矿产资源开发的地区，大多数是在少数民族聚居的地区，利益主体之一的农牧民，往往是以民族为单位，他们有共同的语言、共同的地域、共同的经济生活和共同的心理素质，因此在矛盾产生的时候，容易将利益矛盾上升到民族层面，从而引发民族问题。

二　建立健全化解社会矛盾的有效机制

因矿产资源开发导致草场纠纷矛盾激化后极易引发群体性事件，严重影响了社会和谐和安全稳定，如何解决这一突出问题是当前摆在地方政府和各职能部门面前的一个重要问题，进一步建立健全和完善化解社会矛盾的有效机制，促进民族团结与边疆稳定，应采取以下措施：

1.维护当地居民合法权益，维护法律的尊严

目前，随着内蒙古草原地区矿产资源开发的力度加大，无论开采面积还是占用草场的面积，都在迅速扩大。由于农牧民对国家政策的理解产生偏差，往往容易与地方政府之间产生矛盾。所以，各级地方政府要做好国家政策的宣传、解释工作，倾听农牧民的诉求。开展宣传教育，提高群众法律意识，并通过多种手段，积极引导和教育农牧民知法、守法、用法。当自身权益受到侵害时，或是面对已经出现的纠纷，通过法律程序和手段维护自身权益，杜绝采用非法行为解决矛盾纠纷。同时，对那些无理取

闹、故意夸大事实、造谣惑众、破坏民族团结和社会稳定的不法分子，依法加大打击力度。把可能发生的矛盾和纠纷，化解在萌芽状态，防止矛盾激化、扩大。

2. 依靠党委、政府，形成调解纠纷合力

针对因矿产资源开发引发的社会问题，要及时、准确地掌握有关矛盾纠纷的信息，提出初步处理方案。形成政府统一领导，由矿产开采企业、公安、环保、草原监理等多部门共同参与的草场纠纷矛盾化解机制，形成合力，特别是对于涉及政策性较强的矛盾纠纷，既要依法解决、把握好政策原则，又要做好思想教育工作，有效化解矛盾，防止矛盾进一步激化。

3. 要发挥各级政府在生态补偿与农牧民利益补偿方面的主导作用

各级政府通过收取企业的增值税、资源税、营业税及其他各种费用，成为矿产资源开发的受益者，按着"谁受益、谁补偿，谁破坏、谁治理"的原则，各级政府应该拿出部分资金对受损群众进行利益补偿。政府还必须发挥其组织协调的功能，增加对生态保护资金的投入额度、受损群众的利益补偿额度，建立健全生态补偿机制和受损群众的利益补偿机制，在利益补偿与生态补偿中，发挥政府的主导作用。做到"开发一矿，造福一方"，政府得资源、企业得效益、群众得实惠。不能将矿产资源地的群众排除在利益分配之外。

4. 企业必须成为对受损群众进行经济补偿的主体

矿产开采企业是草原地区矿产资源开发的最大受益者，企业必须将生态补偿金和对受损群众进行经济补偿纳入企业成本之中，按开采数量、吨位、对草原生态破坏的程度缴纳生态保护费用和对受损群众的经济补偿费用。随着物价上涨和矿产资源价格提高，每年计算一次，这样农牧民可以获得持续的经济补偿，解除牧民的后顾之忧，牧民也可以从资源增值中获得收益，会有效地化解企业与牧民的矛盾。所以，矿产资源开采企业必须成为受损群众利益补偿主体。

5. 发挥主流媒体的积极引导作用

近年来一些网络、非主流媒体为了提高收视率，往往不负责任地将某些事件放大、渲染，对群体性事件的发生起到推波助澜的作用，而主流媒体的客观真实的报道却滞后，使群众产生猜疑，往往导致事件扩大化。所以，必须加强网络及其他大众媒体的监督管理，主流媒体要及时、客观、真实地报道，让群众及时掌握事件真相，是化解社会矛盾的有效措施。

6. 防止个别事件被民族分裂主义分子利用

国际上民族分裂势力、反华势力、暴力恐怖势力等往往借口内蒙古的环境问题、拆迁问题、生态补偿问题，故意制造谣言、散布不实言论、制造民族事端、破坏民族团结。所以，要大力开展民族团结教育，防止个别事件被民族分裂主义分子利用，使事件扩大化。

第五章 内蒙古草原地区矿产资源开发与环境保护的经验教训

内蒙古是矿产资源开发大区，也是草原面积最大的省区之一，我国几大草原大多在内蒙古地区，而且是在少数民族生活的地区，以此为基础，研究内蒙古草原矿产资源开发与生态环境保护具有典型性，研究探讨近年来内蒙古在矿产资源开发与生态环境保护的经验与教训，对其他民族地区也具有重要的参考价值。

内蒙古在合理开发利用自然资源和保护自然环境，使资源优势转化为经济优势的过程中，积累了不少经验，取得了一些成绩，主要表现为：针对内蒙古自治区的实际，加强配套法规建设，出台了一系列操作性强的地方性法规；加大法律的宣传力度，广大群众对于保护矿产资源的法制意识和环境保护意识不断得到提高；采取有力措施，依法整顿矿产资源管理秩序；加强制度建设，鼓励矿山企业走集约化开发道路；实行依法治矿；规划重点生态功能区；政府管理职能不断加强。但是也存在许多问题，主要表现为：采矿点过多；矿产资源总体利用水平不高；矿业结构和开发布局有待调整和优化；矿产资源违法行为时有发生；矿产资源管理秩序的维护工作有待进一步加强；环境破坏严重，治理任务比较艰巨。

第一节　内蒙古矿产资源开发与
环境保护取得的成就

20 世纪 80 年代以来，内蒙古草原矿产资源无序开发引发的环境污染与草原生态破坏日益严重。内蒙古自治区及各盟市、旗县都出台了一系列相关政策，取得了一定的成绩，积极探索在开发中保护、保护中开发，实现矿产资源开发与生态环境保护的"双赢"，不仅取得了巨大成就，而且开发了资源，为内蒙古乃至全国提供注入新的发展动力，促进了经济社会的发展，同时在保护环境方面也取得了巨大成就。

一　规划重点生态功能区，保障生态环境

2010 年，国务院颁发了《全国主体功能区规划》，全国共有25 个，内蒙古就占 5 个，即内蒙古的大小兴安岭规划为森林生态功能区；呼伦贝尔市的呼伦贝尔草原、通辽市的科尔沁草原草甸生态功能区；呼和浩特市、包头市、巴彦淖尔市的阴山北麓草原生态功能区；赤峰市、锡林郭勒盟的浑善达克沙漠化防治生态功能区。

国家级重点生态功能区是指"承担水源涵养、水土保持、防风固沙和生物多样性维护等重要生态功能，关系全国或较大范围区域的生态安全，需要在国土空间开发中限制进行大规模高强度工业化城镇化开发，以保持并提高生态产品供给能力的区域"①。

内蒙古自治区根据国家重点生态功能区规划要求，保障我国

---

① 《关于加强国家重点生态功能区环境保护和管理的意见》（环发〔2013〕16 号）。

北疆生态安全，共规划 5 处国家级重点生态功能区。

国家级主体生态功能区建设，并不排斥其他功能，其原则是坚持以人为本，提高全体人民的生活质量、增强可持续发展能力。根据主体功能定位推动发展，就是深入贯彻落实科学发展观、坚持把发展作为第一要务的现实行动。在不影响主体功能的前提下适度发展非农业产业和非牧业产业，重点生态功能区要把增强提供生态产品能力作为首要任务，同时可适度发展不影响主体功能的适宜产业。

为了更好地保护生态环境，根据不同地区自然环境状况、储藏矿产资源数量、种类、经济价值等情况，经过专家论证评估，综合社会效益、经济效益和环境效益性统一的原则，将内蒙古24 处划为国家级自然保护区，作为国家禁止开发区域。

国家禁止开发区域是指有代表性的自然生态系统、珍稀濒危野生动植物物种的天然集中分布地、有特殊价值的自然遗迹所在地和文化遗址等，需要在国土空间开发中禁止进行工业化城镇化开发的重点生态功能区。对于那些经济价值较低、对森林生态系统、沙地草原、草原生态系统、湿地生态系统、保护野生动物等破坏严重地区，严格禁止从事矿产资源开发等各种经济活动。

内蒙古自治区坚持以科学发展观为指导，加快实施主体功能区战略，树立尊重自然、顺应自然、保护自然的生态文明理念，以保障国家生态安全、促进人与自然和谐相处为目标，以增强区域生态服务功能、改善生态环境质量为重点，切实加强国家重点生态功能区环境保护和管理。坚持生态主导、保护优先。坚持严格准入、限制开发等政策，对于国家重点生态功能区域、禁止开发区域上的地上和地下各类矿产资源一律禁止开采，坚持保护优先、自然恢复为主的方针，实施生态系统综合管理，严格管制各类开发活动，加强生态环境监管和评估，减少和防止了对生态系统的干扰和破坏。与此同时，内蒙古自治区根据实际情况，2011

年 11 月，内蒙古自治区国土资源厅出台了《内蒙古自治区矿山地质环境保护与治理规划》（2011—2015 年），建立自治区级保护区 58 处。

二 合理规划"鼓励开采区""限制开采区""禁止开采区"

内蒙古自治区为了促进矿业开发合理布局，根据内蒙古矿产资源分布及开发现状，结合矿产资源开发利用在国民经济中的作用和地位，实现资源优化配置，推进科学管理，早在 2001 年就出台了《内蒙古自治区矿产资源总体规划》（2001—2010 年），将矿产资源开发划分为：鼓励开采区、限制开采区、禁止开采区三部分，凡是涉及国家主题生态功能区的地区，一律列为禁止开采区。

1. 划定鼓励开采区

（1）呼伦贝尔能源有色金属矿产集中区：范围包括呼伦贝尔市西南部海拉尔盆地和得尔布干成矿带南端，面积 6.25 万平方公里。海拉尔盆地已查明大型煤田多处，年产原煤 1000 万吨以上，是我国东北部主要煤炭基地。区内石油资源丰富，为重要的油气勘查基地，已见工业油流，是大庆油田的重要接续区。规划区西部是我区重要的有色金属和贵重金属成矿带。已查明具有相当规模的矿床 4 处，资源潜力巨大。目前尚无具有规模的开发，属于待开发的处女地。该区建设高起点的贵金属和有色金属开采区。

（2）锡林郭勒石油矿产集中区：范围包括锡林郭勒盟中部地区，东起东乌旗、西至苏尼特右旗，面积 12.8 万平方公里，是我区主要的石油生产基地。目前阿尔善油田已开采生产，年产原油 110 万吨，是呼和浩特炼油厂的主要开采基地。

（3）兴安盟南部—赤峰市北部有色金属矿产集中区：范围包括兴安盟南部到赤峰市北部地区，面积 6.86 万平方公里。区内有色金属和贵重金属十分丰富，已查明大型矿床 3 处，中型矿床及小型矿床多处，目前已具有一定的开发基础和规模，是我区重要的有色金属开发基地。

（4）赤峰—敖汉旗黄金矿产集中区：范围包括赤峰市南部地区，面积 1.5 万平方公里。本区是全区著名的黄金开采区，资源丰富又相对集中。已查明大中型黄金矿床多处，均已开采，该区工业基础雄厚，矿业十分发达，是全区重要的黄金开采区。

（5）包头白云鄂博铁铌稀土矿产集中区：范围包括包白铁路沿线及其附近地区，面积 2.92 万平方公里，是全区铁、铌、稀土资源最富集的地区，是世界闻名的铁铌稀土产地。本区以包钢和稀土高新技术开发区为龙头，组建中国北方稀土集团公司，工业基础雄厚，矿业十分发达，是我国北方稀土和钢铁工业基地。

（6）鄂尔多斯市综合能源矿产集中区范围：包括鄂尔多斯市全境，面积 8 万平方公里，区内已探明东胜煤田和准格尔煤田两个特大型煤田。东胜煤田煤质好，具有高发热量、高挥发分、高灰熔点和特低硫、特低磷、特低灰分等特点，是我国重要的洁净煤和液化煤原材料基地。目前已建成准格尔露天矿和神华两大集团公司，它们是我国重要的煤炭基地。本区也是全区主要的天然气资源集中区。已探明乌审旗、苏里格两个特大型天然气田，总资源量可达 1 万亿立方米以上，是我国第一大气田，是"西气东输"工程的重要基地。鄂尔多斯市是我国鄂尔多斯综合能源基地的重要组成部分，油、气、煤炭资源丰富，潜力巨大，加强该区的开发，对于改善我国的能源结构，调节全国的能源供需平衡，将发挥重要作用。

（7）狼山多金属矿产集中区：面积 2.2 万平方公里，区内已探明霍各乞、东升庙、炭窑口铜铅锌大型矿床 3 处，对门山中型硫锌矿床 1 处，东升庙、炭窑口、对门山伴生丰富的硫铁矿，是全区主要的硫、多金属产区。

（8）乌海能源重化工矿产集中区：范围包括乌海市及周边地区，面积0.5万平方公里。乌海市是以矿业和矿产品加工业为基础的工矿城市，区内煤炭、非金属矿产丰富，保有煤炭资源储量38亿吨，各种用途灰岩4.6亿吨，硅石矿161万吨，耐火黏土、高岭土及瓷石黏土5532万吨，是全区重要的炼焦煤和重化工基地。

划定鼓励勘查、开采区，通过优先设置矿业权等，引导商业性矿产资源勘查、开采活动，促进社会资本投入。鼓励开采石油、天然气、煤层气、油砂、油页岩等能源矿产，鼓励开采铁、优质锰、铜、镍、铅、锌、银等金属矿产。鼓励矿产资源开采和加工企业根据市场需要，延伸产业链，调整矿产品生产结构，提高资源利用水平；鼓励企业对二次资源和可循环利用资源的开发利用；鼓励应用先进开采技术，促进石油的高效开采。鼓励煤矿瓦斯的综合治理和综合利用；鼓励和支持矿山企业开展矿产资源节约与综合利用和节能减排。对于历史遗留的矿山地质环境问题和矿山废弃土地，鼓励调动多渠道资金投入恢复治理和复垦。

2. 划定限制开采区

（1）煤炭资源

划定勘探程度低、埋藏深、煤质较差的鄂温克旗马达木吉煤田、锡林浩特市巴彦宝力格煤田、苏尼特左旗白音乌拉煤田、西乌旗巴彦呼硕煤田、西乌旗吉林郭勒煤田、西乌旗白音华煤田、达茂旗白彦花煤田等7个煤田为限制开采矿区，上述煤田非经进一步勘探，不得开采。

选定全区主要煤炭生产矿区和待建矿区东胜煤田、准格尔煤田、海勃湾煤田、扎赉诺尔煤田、宝日希勒煤田、伊敏煤田、大雁煤田、霍林河煤田、平庄煤田、胜利煤田等10个煤田（矿区）进行重点规划。在上述煤田（矿区）内划定限制开采区40

个，禁止开采区 1 个，作为今后煤炭规模开发的后备基地和审批采矿权的依据。

（2）稀土铁矿产

划定白云鄂博主东矿为保护性开采矿区，对其共生的稀土铌矿资源进行保护；白云鄂博西矿区、三合明铁矿为国家规划矿区；都拉哈拉稀土铌矿区、主东矿境界外底盘稀土铌矿区、东介勒格稀土矿区为限制开采矿区。划定扎鲁特旗 801 稀土矿区为限制开采矿区，划定苏尼特右旗温都尔铁矿为限制开采矿区。

（3）有色金属及贵金属矿产

划定陈巴尔虎旗谢尔塔拉铁锌矿为限制开采矿区。

（4）其他矿产划定乌拉特中旗对门山硫铁矿、乌拉特前旗山片沟硫铁矿、达茂旗布龙土磷矿为限制开采矿区。

（5）限制开采地区

根据自治区政府规定，大兴安岭北部乌玛、奇乾、永安山等未开发的原始林区实行封闭管理，进入该区从事采矿活动须经自治区人民政府批准。

划定限制开采区，通过严格控制探矿权、采矿权的数量，保护资源和生态环境。限制开采供过于求矿产和下游产业发展过快、产能过剩、耗能大、污染重的矿产。对国民经济具有重要价值的特殊煤种和稀缺煤种实行保护性开采。对稀土等国家实行保护性开采的特定矿种的勘查和开采实行规划调控、限制开采。

3. 划定固体矿产禁止开采区

根据全区生态保护的需要；划定巴丹吉林沙漠区、腾格里沙漠区和浑善达克沙地等生态脆弱地区为固体矿产禁止开采区。

"根据法律法规的规定划定基本农田保护区、自然保护区、

地质灾害危险区、风景名胜区、核心生态功能区以及法律规定的
地区，严格禁止新建固体矿产开采矿山。"①

《内蒙古矿产资源规划》是指导矿产资源勘查、开发利用与
保护的纲领性文件，内蒙古矿产资源规划为勘探、开发、采矿权
的审批、环境保护、矿山地质环境恢复治理与矿区土地复垦项目
等提供了重要的政策依据。避免将大中型矿产地化大为小、分割
开采，为矿业权的合理设置提供依据。据了解，一些地方政府、
私营企业，为了发展地方经济，尽其所能、想方设法在限制开采
区申请采矿许可证，都被内蒙古国土资源厅、环保等部门"枪
毙"，为此，一些地方政府有不少意见和情绪。

三　不断完善法律法规及配套法规建设

内蒙古自治区针对本地实际，根据国家有关法律法规，加强
配套法规建设，出台了一系列操作性强的地方性法规，例如：内
蒙古自治区发展和改革委员会于 2008 年 9 月下发了《内蒙古自
治区人民政府关于贯彻国务院促进资源型城市可持续发展的实施
意见》（讨论稿）。要求加大对废弃煤矿、采煤沉陷区矿山环境
治理的力度和资金投入，并拨付专项资金加以解决。2008 年自
治区人民政府第四次常务会议讨论通过了《内蒙古自治区矿山
地质环境治理保证金管理办法》规定矿山地质环境治理实行保
证金制度，为全区矿山地质环境保护与治理提供了必要的资金保
证，同时为矿山地质环境管理提供政策法规依据。

为了全面推进自治区矿山地质环境恢复治理工作，进一步明
确工作任务和目标，自治区人民政府于 2009 年 9 月 18 日颁布了

---

① 《2001 年至 2010 年，内蒙古自治区矿产资源总体规划》，2012 年 4 月，中华
人民共和国国土资源部网（http：//www.mlr.gov.cn/kczygl/kcgh/201111/t201111
03_ 1020985. htm）。

《内蒙古自治区矿山地质环境治理实施方案》（内政办发〔2009〕61号），从基本原则、治理目标和步骤、管理与实施、职责分工、保障措施五个方面对全区矿山地质环境治理提出了明确要求，使全区矿山地质环境治理工作上升到一个更高的层面。

2010年《内蒙古自治区进一步推进矿产资源开发整合工作实施方案》，"确定了45处重点整合区（不含普通建筑用砂石、黏土等盟市发证矿种整合区），共涉及矿业权数302个，其中探矿权96个，采矿权206个；整合后的矿业权数减少至152个，其中，探矿权63个，采矿权89个，整合后矿业权数减49.7%。其中，整合区内确定挂牌督办的整合区16处，占整合矿区总数的35.6%"①。

整合矿产资源，在优化矿山开发布局，提高矿产资源的利用水平、形成规模化和集约化开发；改善矿山安全生产状况和生态环境等方面起到了积极的作用。

2010年自治区财政厅和国土资源厅联合出台了《内蒙古自治区矿山地质环境治理专项资金和项目管理办法（试行）》，明确了地质环境治理资金和项目管理及监督检查程序、措施、责任分工，规范了项目管理与实施的各个环节，保证了项目资金的安全使用和项目的规范和透明运行，为矿山地质环境项目管理与实施提供了制度保障。

2012年出台了《内蒙古自治区地质环境保护条例》。其中第三条规定：地质环境管理坚持积极保护与合理开发利用的原则。任何单位和个人都有保护地质环境的义务，有权对破坏地质环境的行为进行制止、检举和控告，有效地发挥了群众监督的作用。

同时，加大法律的宣传力度，广大群众保护矿产资源的法制

① 王俊霞、贾志敏：《内蒙古草原地区矿产资源开发与草原生态环境保护协调发展的法律研究》，《内蒙古社会科学》（汉文版）2012年第6期。

意识不断得到提高；采取有力措施，依法整顿矿产资源管理秩序；加强制度建设，鼓励矿山企业走集约化开发道路；实行依法治矿，政府管理职能不断加强。

四　建立全区矿山地质环境动态监测体系

建立自治区级矿山地质环境动态监测网，加强对自治区矿山地质环境的有效监控和监测数据的快速采集、分析处理与定期发布，推动全区矿山地质环境保护与治理工作迈向科学化、规范化管理的轨道。建立以企业自主监测，定期监测与应急监测相结合的自治区、旗县、矿山企业三级监测体系。大力开展矿产资源集中开采区等重点矿区矿山地质环境的动态监测工作。建立全区矿山地质环境动态信息系统和数据库，实现对全区矿山地质环境的有效监控和监督管理。实行矿山地质环境监测、预报、预警报告制度，主要检测矿业开发占用破坏土地及地貌景观的破坏，矿山地质灾害，矿山固体废弃物对环境的影响等内容。

五　大力加强矿区生态环境的保护和修复工作

1. 矿区及周边地区实施"退牧、退耕，还林、还草"工程

内蒙古自治区地处我国北疆，承担着维护祖国边境稳定，保障生态安全、民族团结和促进社会繁荣的重任。退耕还林还草工程在内蒙古实施情况是事关农牧业产业结构调整和生产方式重大转变、农牧民的增产增收以及农村牧区社会稳定的大事。退耕还林还草是"指将25度以上的陡坡耕地和25度以下水土流失严重的耕地或沙化、盐碱化、石漠化严重的耕地或生态地位重要、粮食产量低而不稳的耕地通过有计划有步骤地停止耕种，种植生态林、经济林或草场，从而恢复生态功能，是改善生态环境的

一种做法"①。

内蒙古自治区自 20 世纪 90 年代中期就开始在部分地区试点实施退耕还林还草工程，从 2000 年在内蒙古正式实施开始，工程建设涉及全区的 12 个盟市，96 个旗县，830 个乡镇苏木 38731 个行政村，149 万农户。近年来，内蒙古自治区结合国家退耕、退牧，还林、还草工程，据内蒙古退耕办介绍，截至 2010 年，内蒙古共退耕、还林、还草 55003 万亩。在矿区及其周边地区实施"退牧、退耕，还林、还草"工程，既开发了矿产资源，又做到了保护环境，尤其是在一定程度上化解了因矿产资源开发引发的一系列社会矛盾。

（1）在矿区及周边地区实施"退牧、退耕，还林、还草"工程

近年来，内蒙古自治区政府非常重视矿区及周边地区的"退耕、退牧，还林、还草"工程，大部分地区由地方政府牵头，成立了生态建设领导小组，协同矿产资源开发单位、林业、计划、财政等多部门参与，每年年初，地方政府主要领导都要代表地方政府与承担退耕、退牧，还林、还草的农民、牧民签订目标责任状，落实各项任务。为了及时、准确地反映矿区退耕、退牧，还林、还草工程对生态状况变化及经济社会发展的影响，全面科学地评价工程建设成效，在矿区及周边地区建立了效益监测站，开展了退耕、退牧，还林、还草工程效益监测工作。内蒙古还统一印制了"退耕还林（草）证""退耕合同书""退耕还林还草工程验收卡"等，对工程实行了"三严"管理办法。

对于矿区及周边地区退耕、退牧的农牧户，不仅保证国家对于退耕农户的补助金额的足额及时发放，而且，用第二产业反哺

---

① 李彦、宋才发：《民族地区退耕还林（草）及其法律保障研究》，中央民族大学出版社 2006 年版，第 21 页。

农牧业，矿产资源开发收取适当的环境保护资金，用于矿区生态建设和退耕还林还草工程建设。据调查，赤峰市规定：开采地下固体矿产资源，按每吨 1 元收取，地上资源按每吨 0.5 元收取，鄂尔多斯市一律按每吨 1 元收取，由地方林业部门或矿区林场掌握，地方林业部门监督，专款专用，目标是"政府得资源，企业得效益，群众得利益"。

（2）建立一整套防止农户复耕、牧户复牧的监管机制

为了防止部分农户、牧户复耕复牧，建立旗（县）、苏木（乡、镇）、嘎查（村）三级护林队伍，加大了管护力度、为防止牲畜散养对"退耕、退牧，还林、还草"工程的影响，在退耕范围内实施严格禁牧制度。同时，每年的春秋两季，各级林业部门、畜牧部门、各级地方政府，都会派技术人员下来，以开会培训或田间地头的指导方式，指导农户、牧户挖坑、浇水和栽树知识，提高林草的成活率。政府提供的免费服务，不仅提高了政府在农民心中的形象，还体现国家对退耕还林还草工作的重视程度，一定意义上提高了农户对"退耕、退牧，还林、还草"政策的支持度和参与退耕的积极性。

（3）将退牧、退耕的农牧民就地转化为护林员、草场看护员

内蒙古自治区以及各级地方政府，在实践中逐渐摸索出一条既有利于矿产资源开发，又有利于保护生态环境、化解社会矛盾的新路子，主要经验有两条：

一是企业方面：

针对矿产开采企业现代化程度的不断提高，企业吸纳的就业人员有限的具体实际，地方政府积极鼓励企业吸纳退牧、退耕的农牧民，加入企业绿化队、林场，从事植树造林、护草、护林等工作。凡是大力吸纳矿区人员就业的矿产资源开采企业，政府对企业给予一定的优惠政策，比如：土地使用、用水、用电、税收

等方面，给予一定的倾斜。

在调查中发现：退耕、退牧的农牧民，他们对这里的生态环境状况非常了解，他们对世世代代养育他们的草原有着深厚的感情，能使他们赖以生存的草原恢复原有的生态状况，也是他们的共同心愿。所以说，企业在恢复、保护生态环境方面，吸纳他们加入，他们的积极性、主动特别高，实现了企业和牧民的"双赢"。

第一，千百年来，内蒙古草原上的牧民，十分珍爱养育他们的美丽草原，对于蒙古族牧民来说，草原就是他们的家，并且形成了一整套的生产和生活方式，创造了具有浓郁的民族特色、地域特色的牧业经济形式，并形成了辉煌灿烂的草原文化。草原地区矿产资源开发利用，做到既有利于草原生态保护，又是矿产资源合理开发利用，同时又不使牧民离开他们赖以生存的草原，无疑是最佳的选择。作为矿产资源开发企业，有责任保护牧民的经济利益和合法权益，这些农牧民不愿意离开养育他们的这片热土，受到处打工的漂泊之苦，各级政府和企业要在开发矿产资源的同时，大力发展第三产业，建设绿色矿山，使这些农牧民致富不离家，参与到生态草原、绿色矿山的建设中来，充分发挥他们在保护草原生态环境建设和生态文明建设方面的积极作用。

第二，既然"谁开发、谁保护"，企业有责任保护与修复草原生态环境，但是作为企业来说，他们缺乏一定的专业技术人员，仅靠资金投入达不到保护与修复草原的目的，而草原上的牧民熟悉这里的气候条件、环境状况，适合种植什么树木，播种什么草种，怎样使草场实现自然修复，有着得天独厚的优势。同时，他们熟悉这里的人文环境，在植树造林、护草、种草等方面具有一定的优势，企业可以吸收在这方面富有经验的牧民，让他们参与到草原生态环境保护的工作中来，加大技术培训、技术指导，往往会起到事半功倍的效果。

第三，企业吸纳当地牧民进入企业就业，有利于化解企业与当地农牧民的矛盾。由于他们已经是企业的一分子，企业保护、修复生态环境与他们的目标一致。矿产资源开采企业效益好了，他们的经济收入随之提高，环境建设好了，他们的生活环境、居住环境必然得到改善。同时，有效地化解了矿产资源开发过程中农牧民与企业之间的矛盾，对于构建和谐矿区也起到积极的推进作用。

二是地方政府方面：

第一，地方政府在矿周边，企业用地以外的地区实施退牧、退耕。不变更草场使用权，原有的草场、土地使用权，仍然归退耕、退牧的农牧户所有。但是，只能在原有的土地上植树、造林，通过种草、种树来恢复植被，每成活一株，政府给予一定的补贴，每恢复一片草场，政府也给予一定的奖励，由于使用权仍然属于牧民自己，因此对于保护环境和恢复生态的积极性、主动性必然提高，这样既保护了环境、恢复了自然生态，又调动了这些人的积极性、主动性，实现了生态效益、社会效益、经济效益的统一。

第二，政府从矿区农牧户中聘请了部分草场看护人员、护林人员、企业生态环境保护监督员。例如：内蒙古通辽市多日奔敖包嘎查（村），当地政府从矿区退牧的牧民中聘请了部分草场看护人员、护林人员、企业环境建设监督员，收到了良好的效果。同时，也有效地化解了因矿产资源开发过程中导致的农牧民与地方政府之间的矛盾，有利于社会和谐。

在矿区及周边地区实施退耕、退牧，还林、还草，是一项复杂的生态系统工程，关系到社会、生态和经济的可持续性发展。同时也关系到内蒙古社会经济的发展和稳定，有些成功经验值得在全国推广。

2. 加强对矿产开采企业的监督检查力度

坚持"谁开发谁保护，谁收益谁修复"的原则，监督企业对生态环境保护和恢复工作。为此，地方林业部门在一些矿产开采企业内部成立专门的绿化队、林场等部门，由企业投资，地方林业部门监管，按着矿产资源企业开采数额、吨位，按一定比例抽取一定的资金，专门用于草原植被恢复、植树造林等工作，效果比较明显。例如：东胜区煤炭局在 2012 年依据《东胜区矿区环境综合整治工作的实施方案》的要求，开展了环境综合治理及调解矿、群矛盾纠纷等工作，协调处理因土地塌陷、环境污染、道路占用等问题引起的矿、群矛盾纠纷 26 起，既维护了煤矿正常的生产销售秩序，又保护了矿区农民生产生活利益。东胜区所有矿井的进厂道路实现了硬化，并设置了防尘网和储煤仓，所有露天煤矿的储煤场都设置了防风抑尘网。露天煤矿采坑道路，采取垫石子、不定期清理浮土、洒水等降尘措施。再如：锡林部勒盟西乌珠穆沁旗 2012 年度矿山边坡治理工作正式启动，标志着我国四大草原之一的锡林郭勒草原矿区开启新一年的复垦绿化工作。矿山边坡治理工作按照"谁污染，谁治理""谁开发，谁保护"和"缺什么，补什么"的原则，由矿山企业安排资金、制定方案，落实矿山边坡覆土绿化、建沙障、挂网种草等治理措施。同时，国土资源管理等相关部门对治理工作进行监管。目前，锡林部勒盟西乌珠穆沁旗环保、水利等部门已联合组成矿山开发秩序综合执法大队，对矿区环境治理不达标或走过场的企业提出整改意见，并监督其落实整改措施，直至达标；对刻意拖延或拒不落实治理措施的企业大力度惩处；对群众反映的意见和问题及时予以协调解决。

六　在矿区及周边地区实施生态移民

生态移民是指为了保护某个地区特殊的生态或让某个地区的

生态得到修复而进行的移民，也指因自然环境恶劣，不具备就地扶贫的条件而将当地居民整体迁出的移民。我国是从 2000 年开始实施生态移民的，2002 年 4 月 11 日，国务院下发了《关于进一步完善退耕还林政策措施的若干意见》（国发〔2002〕10 号文件），第二十二款对生态移民工作做了部署安排，从此，生态移民正式进入中央决策。

　　内蒙古生态移民工程启动于 20 世纪 90 年代末。1998 年第一期生态移民工程，主要是为减轻阴山北麓生态脆弱区人口对生态环境的压力，项目总投资 1 亿元，生态移民 1.5 万人。这是内蒙古自治区首批生态移民，2001 年 5 月内蒙古自治区人民政府颁布了《〈关于实施生态移民和异地扶贫移民试点工程的意见〉的通知》，这是内蒙古实施生态移民的纲领性文件，各盟市及其旗县政府因地制宜，出台了相关优惠政策，指导本地区移民工作，如锡林郭勒盟的"围封禁牧、收缩转移、集约经营战略"，阿拉善盟的"适当收缩、相对集中"的转移发展战略，鄂尔多斯的"收缩转移、集中发展"的发展思路，巴彦淖尔市的"退牧转移富民工程"等。

　　民族地区的生态移民，由于涉及民族生活方式的改变，国家和地方政府政策调整，生态移民与迁入地居民的土地、草场以及其他一些生产资料和资源的重新分配和整合问题，或者涉及迁入地的产业结构调整问题，这必然涉及迁入地居民的利益，移民与当地居民在语言、宗教信仰、生活方式文化的整合与共融。这既要考虑到与其他地区移民的一系列共性的问题，又要考虑民族团结与民族关系问题以及怎样整合资源使移民与迁入地居民（包括少数民族与汉族）和谐相处、共同发展等一系列问题。所以说，内蒙古自治区的生态移民是一个系统而复杂的系统工程，必须按照生态、生产、生活"三生"结合，生态效益、经济效益、社会效益"三效"统一的原则，积极稳妥地有序进行，近年来内蒙古自治区在生态移民方面取得了巨大成效，例如：锡林郭勒盟正蓝旗自 2001 年以来，共投入资金 1.1 亿元，其中国家生态移民专项资金 5310 万元，地方财政投入 1810 万元，农牧民自筹 925 万元，群众投工投劳折资 2931 万元，对全旗 6 个苏木镇的 34 个嘎查村实施了生态移民搬迁，涉及 2938 户 11292 人，其中生态移民 2503 户 9800 人，扶贫移民 435 户 1492 人；整体搬迁嘎查 19 个，2060 户 7939 人，部分搬迁嘎查 15 个，778 户 3008 人；移民搬迁户中从事奶牛养殖业的 2117 户 8113 人，从事二三产业的 721 户 2797 人。生态移民，实现了保护草原生态、提高农牧民收入的双赢目标①。

据统计，"截至 2007 年，全区生态移民总规模已达 40.57 万人，移民资金主要来源于国家专项投资和地方政府配套资金。从 2001 年至 2007 年，国家移民搬迁总投资 19 亿元，人均投资 4790 元"②。

结合内蒙古生态移民的经验，近年来内蒙古积极探索把矿区及周边地区，自然生态环境恶劣地区的群众，通过生态移民的方式迁出矿区。确保矿区及周边地区群众的利益，同时化解了由矿产能资源开发给当地群众带来的环境污染、生态恶化造成的负面影响而产生的纠纷与矛盾。

近年来内蒙古矿区生态移民主要采取以下几种模式：

第一，持续补偿法

矿区移民最初模式是由政府或矿产开采企业出资，与移民签订合同，给予矿区移民一次性补偿。但是，这种模式不能使移民获得矿产资源增值部分收益，矿区移民的后续生活往往得不到保

---

① 宝鲁、莎娜：《内蒙古生态移民类型及其效益对比研究》，《北方经济》2008 年第 23 期。

② 同上。

障，在他们生活、生产到困难时，他们又往往找各种各样的借口，重新返回矿区居住，并再次要求企业、政府解决生活问题。也就是说，反悔率较高，并与地方政府或企业发生矛盾与纠纷。

近年来，为了化解这类纠纷，确保矿区移民在矿产资源开发中获得经济补偿，由地方政府出面，组织矿产开采企业、矿区群众协商，确定矿产开采企业每年要从企业利润中，拿出一定数额的资金持续补偿给矿区移民，随着矿产资源增值、开采规模的扩大，补偿金额持续提高，使移民有持续增长的经济收入，有效地解决了矿区移民的后顾之忧，化解了矛盾与纠纷。

第二，开发转产安置法

矿产资源开发过程中，注重矿区及周边地区居民得到转产安置。我们在调查中发现，有的矿区及周边地区的居民，在矿产企业和地方政府的帮助下，发展特色养殖等经济，有的利用种植特种草木，并对其进行深加工，或者进行圈养，搞小型畜产品加工、餐饮、旅游等，既服务矿区，又不影响生态保护，而且开辟了新的生活途径，达到保护生态的目的，这是一种留守不迁的安置法，从近年来的经验来看，这是最佳的一种安置方法。

第三，培训转移安置法

培训转移安置法是目前矿区移民的主要安置方式，结合我国农村人口城镇化建设，城镇接纳是矿区移民的一条重要路子，但是必须对转移安置的农牧民进行技术培训才能实现，让他们掌握一技之长后，到外地、到城市就业发展，成家落户、离土离乡。否则，就会出现牧区回不去、城镇待不住的尴尬局面。目前，内蒙古开展的多种牧民劳动力培训转移活动中，将矿区生态移民对象纳入优先考虑之列，特别对矿区移民家庭，每年对矿区农牧民应届初、高中毕业生，没能升学的子女进行职业学历教育。同时，对移民家庭的青壮年劳动力进行技能培训，使他们通过技术打工挣钱、养家糊口，支持孩子读书，由此使一部分家庭最终走出矿区，间接达到矿区移民的目的。

第四，坚持搬迁方式灵活多样、讲求实效的原则

各有关部门视不同情况，采用分别对待的方式，妥善处理移民搬迁问题，不搞一刀切，不硬性规定一种模式。关键是保证矿区移民能够自主、自立、自我发展。

第五，矿区移民工作与生态建设相结合

按照生态建设要求，将矿区移民工程建设与草原生态环境建设结合起来。矿产资源开发与生态环境保护，是一个复杂而系统的工程，涉及很多社会和法律问题，如《矿产资源法》、《民族区域自治法》、《草原法》、《土地承包法》、《村民组织法等》，同时涉及内蒙古实现可持续发展、民族团结、社会稳定问题。内蒙古矿产资源开发战略与生态环境保护战略的实施，对于实现生态、经济、社会协调发展发挥了重要作用。

总之，在草原生态建设上，内蒙古坚持保护与建设并重、保护优先的原则，落实基本草原保护、草畜平衡和禁牧休牧轮牧三项制度，实施退牧还草政策，对沙化退化草原实行大范围的围封、休牧、轮牧、禁牧；合理调整生产力布局，实施生态移民，加大对天然草场的保护；改变传统的生产经营和不合理的资源开发利用方式，走生态畜牧业发展之路。

七　加大矿山环境及其周边地区的治理整顿工作

1. 各级政府加大矿山环境治理工作

内蒙古不断加大草原地区矿山和周边地区地质生态环境的保护和治理工作，出台一系列的法律法规，始终把建立资源节约型、环境友好型社会作为工作目标，取得了巨大成效。

首先，颁布了一系列符合内蒙古区域特点的地方性法规、条例、实施方案，如《内蒙古自治区矿山地质环境治理保证金管理办法》、《内蒙古自治区矿山地质环境治理实施方案》等多部地方性法规和指

导性文件，把草原地区矿产资源开发和草原生态环境保护与修复、矿区地质生态环境保护与修复纳入了依法管理的轨道。确定草原地区矿产资源开采企业的法定义务和所必须承担的责任，进一步明确了矿产资源开采企业是矿区地质环境保护与治理的责任主体，确定了有关管理、监督部门的管理内容、处罚措施和管理权限。

其次，在这些地方性法律法规和指导性实施方案中，建立了矿产资源开发准入制度、生态环境保证金制度、对失去草场的牧民利益补偿制度。在取得采矿许可证之前，要取得土地勘察设计部门、草原管理部门、国土规划部门出具的有关材料证明，地处核心生态功能区、禁止开发区的矿产资源，坚决禁止开采。并且以矿产规划规划、生产规模、环境标准和开采资质准入、市场供求状况为重点，实行规模集约开发，凡是达不到一定要求的，均不予审批，有效规范了矿产资源开发秩序，避免了一矿多采、大矿小批等现象，避免了乱采滥挖对矿山地质环境、草原生态环境造成的负面影响和破坏。

最后，对历史上遗留下来的矿区地质环境问题不断加大恢复、治理力度。如截至 2010 年年底，"国家、自治区先后投入矿山地质环境治理恢复专项资金 14.6278 亿元，对历史遗留和责任主体灭失的矿山造成的地质环境问题进行了治理，共安排治理项目 220 个。验收项目完成矿山治理面积 110.97 平方千米。通过矿山地质环境治理项目的实施，有效解决了治理区内历史遗留的矿山地质环境问题，矿山生态环境和人居环境得到了明显改善，实现了治理与开发并重，得到了项目所在地政府和群众的认可，取得了良好的经济效益、社会效益和环境效益"①。这些措施为

---

① 《内蒙古自治区矿山地质环境保护与治理规划（2011—2015 年）》，2014 年 8 月，内蒙古国土资源厅网（http：//www.nmggtt.gov.cn/zwgk/ghjh/kczygh/201303/t20130327_ 27501.htm）。

进一步规范矿产资源开发、恢复矿山地质环境和草原生态环境保护提供了政策和制度保障。

2. 积极推动矿产开采企业自身加大矿山环境治理工作

首先，按照"谁破坏、谁修复"的原则，按照"人文矿山、科技矿山、绿色矿山"的要求，强化矿产资源开采企业的法定义务，强调发展是第一要务、生态是第一资源新的矿产开采理念，保护矿山生态环境、发展生态经济、促进生态富民、建设矿山生态文化。把矿山地质环境治理纳入依法轨道。

其次，建立了矿山地质环境评价制度。组成专家组对矿山地质环境定期进行检查、评价，按照采矿权人编制的矿山环境保护与综合治理方案，对矿山生态环境恢复治理的有关规划、措施执行情况进行评估、检查，发现问题及时纠正，做到环境保护、治理恢复工程与开采活动同步进行，以预防为主，把矿山地质环境影响评价制度落到实处，避免重走先破坏后治理的老路。

最后，建立了矿山地质环境保证金制度。2008年内蒙古出台《矿山地质环境治理保证金管理办法》，这一制度的实施，彻底改变了"企业受益、群众受害，政府埋单"的生产格局，通过强制企业存储保证金的措施。企业从销售利润中定期上缴地质环境保证金，2013年又重新修订了《矿山地质环境治理保证金管理办法》，提高了矿企业的保证金的比例，资金管理和使用更加科学化、规范化，按照"企业所有，政府监管、专款专用"的原则，坚决制止挪作他用，监督矿山企业履行矿山地质环境保护与治理责任。

截至2010年，"全区5338家矿山企业有2925家存储了地质环境恢复治理保证金，占全区矿山总数的54.8%，累计存储保证金7.2556亿元。全区已有3050家矿山编制了矿山地质环境恢复治理方案，占全区矿山总数的57.1%，为矿山企业开展地质环境恢复治理奠定了基础。对那些不合规范的企业坚决关闭，截至 2010 年全区关闭地方煤矿 825 处，淘汰落后产能 4200 多万吨；非煤矿山完成整合区域 47 个，关闭非煤矿山 1000 多个。使一批真正有实力的企业进入到矿产资源开发领域"①。

截至 2012 年，内蒙古 90% 以上的矿山企业都上缴了保证金，总金额达到 14 亿元，当企业在矿山开采过程结束时，恢复了草原生态和矿山生态原貌，资金如数返还，如果企业没有按照规定恢复生态原貌，由政府利用企业上缴的保证金组织恢复治理，为治理矿山地质环境提供了资金保障。

总之，内蒙古在矿产资源开发过程中，在资源的节约挖掘上、在矿山环保方面，均做了很大的努力。以科学发展观为指导，通过完善并落实相关法律、加强法制宣传教育、提高草原环境保护意识、规范矿产开发秩序、整合矿业权及切实保障矿业权人的合法利益等手段，实现矿产资源开发与环境保护双赢的目标。

第二节　内蒙古草原地区矿产资源开发
与生态环境保护存在的问题

内蒙古在矿产资源开发利用和保护生态环境方面取得了巨大成就，也取得了一些经验，但是矿产资源利用方式粗放、利用效率低下，草原地区矿产资源开发过程中，环境保护的力度、矿山治理等方面仍然存在许多问题。一是矿山数量过多、规模过小，大矿小开、优矿滥采现象较多；二是伴生矿产综合回收能力较差，大多数矿山综合利用水平不高；三是小矿山开采技术装备落后，集约化程度很低，采矿回采率低，采富弃贫，采易弃难，破

① 《内蒙古自治区人民政府办公厅转发自治区国土资源厅关于矿山地质环境保护与治理情况报告的通知》（内政办发〔2010〕65 号）

坏、浪费资源严重；四是生态保护历史欠账太多，恢复难度大。

一　草原生态环境历史欠账多，治理难度大

内蒙古自治区是矿产资源大省，矿产资源开发历史悠久，解放前赤峰、通辽等地煤炭、有色金属矿藏开采就具备了一定的规模，大多是人工开采，产量低、开采难度大，对环境影响也比较小。新中国成立后，进入快速发展时期，生产规模不断扩大、技术水平不断提高，特别是20世纪80—90年代，小煤窑、小矿产企业数量急剧膨胀，由于对环境治理认识不足，资源开发缺乏统一规划，粗放经营和落后的生产技术不仅浪费了资源，而且导致严重的采空区地面坍塌，老矿区历史遗留的矿山地质环境问题多、治理年度大。

目前，历史上遗留下来资源枯竭的闭坑多、在生产的矿山生态环境差、等待治理面积广。例如：乌海市、包头市石拐矿区已经被国家列为资源枯竭城市，有的村镇已经成为人类不适合居住的区域，需要整体搬迁。包头市石拐矿区整体搬迁，耗资几十亿元。后续问题还需要大量的资金投入，以便做好矿区移民的生产、生活、安置问题和矿区生态环境回复等问题。2011年，内蒙古自治区公布需要矿山地质环境重点治理区就达50处，其中已经枯竭闭矿8处（参见表5—1），虽然规划了重点治理区，但是真正落到实处上存在许多问题，如：治理难度大、资金投入多、治理周期长、效果不理想等问题。

表5—1　　内蒙古自治区矿山地质环境重点治理区一览表

编号	分区名称	所在行政区	主采矿种	生产现状	治理内容
1	宝日希勒矿区	呼伦贝尔市	煤炭	闭坑	塌陷坑回填，覆土平整，恢复草地。

编号	分区名称	所在行政区	主采矿种	生产现状	治理内容
2	乌兰浩特周边采石矿区	兴安盟	建筑、用石料	闭坑	采坑回填，采石工作面削坡整形、喷浆，恢复植被。
3	哈达图矿区	锡林郭勒盟	煤炭	闭坑	废弃采坑回填，排土场固坡、覆土，恢复植被。
4	金盆矿区	乌兰察布市	沙金	闭坑	回填采坑，平整固废，疏通河道，恢复耕地或植被。
5	中后河沙金矿区	呼和浩特市	沙金	闭坑	回填采坑，平整固废，恢复耕地或植被。
6	呼和浩特周边砂石、黏土矿区	呼和浩特市	沙石、黏土	闭坑	回填采坑，平整、覆土，恢复耕地或植被。
7	石拐矿区	包头市	煤炭	闭坑	回填地面塌陷、地裂缝，煤矸石综合治理，小流域生态治理。
8	西大窑矿区	阿拉善盟	煤炭	闭坑	清运固体废弃物，采坑回填平整。

（摘自《内蒙古自治区矿山地质环境保护与治理规划（2011—2015年）》）

　　由于对于矿产资源开发对环境的负面影响认识较晚，缺乏一定的法律法规的制约。历史上形成的矿区环境问题欠账太多，许多矿区已经成为采空区、闭矿区，开采单位早已解体，这部分矿区环境治理的任务只能由政府来完成，需要投入大量的人力、物力、财力。例如："包头钢铁集团白云鄂博铁矿稀土矿原矿年产量已近1000万吨，40多年的开采，积压了大量尾矿。目前，包头钢铁集团铁矿尾矿库占地约10平方公里，历年积存的尾矿达1.5亿吨，不仅正在污染包头市城郊环境，而且土壤污染和尾矿废水、废液直接排放和尾矿库渗漏对水质造成污染等。主矿坑和东矿坑剥离土专用排石场累计积存量已达 12.69×10^8 吨，初步估算，治理欠账约24亿元。"[①] 再如："神华集团20世纪80年代中期就在鄂尔多斯市开发煤炭资源，但过去没有支付矿山环境治理成本。近几年来，国家财政部同意其支付环境治理成本0.45元/吨。目前该集团测算应该支付环境治理成本至少6元/吨。由此测算，留下了的环境治理欠账几十亿元。至于小煤矿、小金属矿、小非金属矿留下的环境治理欠账则更多。"[②] 无论是已经闭坑的矿山还是现在正在生产的矿产资源开采企业，都不同程度地存在着历史欠账问题，而且存在治理难度大、投资数额庞大、资金筹措困难等问题。

二 矿产资源开采破坏土地、占用草场面积大

据统计，截止到2010年底，"全区矿山用地面积 $3963.04km^2$，因矿业开发占用、破坏土地面积 $1100.95km^2$，占矿山用地面积的27.78%。按矿业活动统计，地面塌陷区 $254.50km^2$，采矿场 $587.75km^2$，固体废弃物等其他 $258.70km^2$。按开采方式统计：井工开采 $386km^2$，露天开采 $678.38km^2$，露

---

① 国家特邀国土资源监察专员赴内蒙古调研组：《变压力为动力——内蒙古自治区尾矿利用和矿山地质环境恢复治理的调研报告》，《国土资源通讯》2009年第6期。

② 同上。

天/井工开采 36.57km²。按矿产类型统计，煤矿 641.22km²，金属矿山 158.53km²，非金属矿山 301.20km²"①。这些矿产资源开采所占用的大量土地、草场，恢复治理难度大、资金投入不足，体制、机制等方面都存在一些问题，主要表现有：

1. 治理难度较大。内蒙古草原地区矿产资源开发矿点多，面积大、范围广，一些矿产资源开采技术、矿渣、废水等处理技术、经验不足，环境保护意识淡薄。由自治区、盟市、旗县牵头，企业积极参与治理的协调机制尚未完全建立，综合治理的措施未落到实处，造成矿山治理工程项目、生态工程质量较差、资金浪费严重。

2. 政策、机制不灵活。没有调动社会力量防止破坏土地、占用草场。一些地方政府为了经济效益，往往忽视了环境效益和社会效益，对那些批少多占的企业，往往网开一面，助长了企业违规占用草场、土地的态势，对那些做得比较好的企业也没有相应的奖励、鼓励政策，尤其是没能发挥地方群众监督、参与治理的积极政策，地方农牧民群众往往被排除在外。

3. 资金投入仍显不足，治理工作进展缓慢。有些企业通过改制，法人代表发生了变化，对以前或者历史上遗留下来的废渣、尾矿等，不愿意、也不想投入资金治理这些问题，各级政府有限的资金投入，难以形成规模治理，工程只在局部展开，质量现状有待提高，遏制大量占用草场扩展将是一个漫长的过程。

4. 对企业约束不力。"五滥"屡禁不止，边治理边破坏，边清理边占用。认识不到位，摆不上重要位置。没有将其纳入地方

① 《内蒙古自治区矿山地质环境保护与治理规划（2011—2015 年）》，2014 年 8 月，内蒙古国土资源厅网（http://www.nmggtt.gov.cn/zwgk/ghjh/kczygh/201303/t20130327_27501.htm）。

政府的重要职责及地方政府领导政绩考核指标，造成清理占用草场矿渣、废弃物工作仍处于低水平徘徊的境地。

三　矿产资源开采导致的草地塌陷（沉陷）呈上升趋势

内蒙古由于矿产资源开发，特别是草原地区煤炭资源开发导致的草场塌陷，已经成为坏草场的严重问题，内蒙古地下煤层面积广大，井工开采的煤炭企业数量居多，采煤在地下向四周扩展，有的在地下形成达几公里甚至几十公里的采空区。在企业生产的过程中，为了防止冒顶、塌方，在巷道和采煤区都打下坚实的支柱，这些木质或钢制的支架是可以再利用的，随着地下煤层枯竭，闭矿前一些生产企业将地下支柱撤出，为地表塌陷埋下了隐患，所以草原地表塌陷往往都发生在闭矿地区，根据调查统计，"到 2007 年年底，全自治区矿山开发占用破坏土地75801.27 公顷，其中采矿场占用破坏土地占 59.1%，地面塌陷破坏土地占 21.5%，固体废料场占用破坏土地占 17.2%，尾矿库占用破坏土地占 2.2%。按占用破坏土地类型分别为：草地占44%，林地占 3%，耕地占 9%，其他地占 44%。三大类矿产开发占用破坏土地中，以煤矿占用破坏土地面积最大，约占矿山破坏占用土地总面积的 60%"[①]。而那些露天开采的大型煤矿和固体矿山，虽然没有地表塌陷的情况，但是废渣、废石、废料占用破坏草原面积更为广大，草原生态破坏比较严重，导致地表水系统破坏和土地沙漠化，这些地区往往是造成山地滑坡、泥石流的重灾区。

---

① 国家特邀国土资源监察专员赴内蒙古调研组：《变压力为动力——内蒙古自治区尾矿利用和矿山地质环境恢复治理的调研报告》，《国土资源通讯》2009 年第6 期。

四　矿产资源利用方式粗放、利用效率低、转化率低

1. 有色金属、非金属共生矿多，综合利用率有待提高

内蒙古金属矿产资源多以共生、伴生矿床居多，矿产资源利用方式粗放，各种资源分离技术、冶炼技术复杂，再加上采矿和冶炼技术设备落后，导致部分矿山回采率、回收率偏低，伴生矿综合利用率只有 35% 左右，矿产资源浪费比较严重，矿产资源综合利用水平不高。例如，包头白云鄂博的稀土矿床以铁矿为主，伴生铈、铍、铌、锰等多种稀土资源，1958 年包头钢铁公司成立，白云鄂博铁矿主要为包钢提供原材料。自建矿以来，各种稀土资源仅在采选、冶炼、堆存等过程中损失率达到 15%，70% 多都被排入尾矿坝中，实际稀土资源利用率只达到 10%。而且生产加工企业比较多，大矿小开、一矿多开、乱采乱挖等现象仍然时有发生，开采中仍然存在"嫌贫爱富"的现象。深加工产品少，产品附加值比较低。

2. 环境保护和治理力度仍需加强

部分矿山企业在开采中只追求短期利益，矿业开发引发的地面塌陷、废石堆放、破坏土地、污染水源、堵塞地表径流、草场沙化等生态地质环境问题日益突出。矿产资源采、选、冶过程中废渣、废水、废气数量大，缺乏科学发展观和循环经济意识，环境恢复治理力度不够，矿山环境恢复治理保证金制度尚未完全落实到位，环境保护和治理力度仍需加强。

总之，内蒙古在矿产资源开发利用中，存在着与可持续发展不相适应的地质勘查资金投入不足、矿业市场秩序混乱、资源利用效率低下、矿业结构不合理、生态环境破坏严重等主要问题。党的十八大报告明确提出："节约资源是保护生态环境的根本之策。要节约集约利用资源，推动资源利用方式根本转变，加强全过程节约管理，大幅降低能源、水、土地消耗强度，提高利用效

率和效益。推动能源生产和消费革命，控制能源消费总量，加强节能降耗，支持节能低碳产业和新能源、可再生能源发展，确保国家能源安全。加强水源地保护和用水总量管理，推进水循环利用，建设节水型社会。严守耕地保护红线，严格土地用途管制。加强矿产资源勘查、保护、合理开发。发展循环经济，促进生产、流通、消费过程的减量化、再利用、资源化。"① 这为内蒙古合理开发利用草原地区矿产资源与保护草原生态环境工作指明了方向。

第三节 内蒙古草原地区矿产资源
开发的经验与教训

内蒙古草原地区矿产资源开发利用，极大地促进了国家经济建设对资源和能源的需求，是内蒙古经济腾飞的重要引擎，同时也对本来就十分脆弱的草原地区生态环境带来严重破坏。内蒙古草原地区面临着资源开发与环境保护双重压力。为此内蒙古自治区按照科学发展观的要求，做了积极地努力，取得了一些有益的成功经验值得学习，同时也有许多教训值得借鉴。

一 内蒙古草原地区矿产资源开发与环境保护的成功经验

1. 思想上高度重视是草原生态建设的前提

内蒙古地区属于典型的草原畜牧业地区，加强草原生态建设，不仅对促进畜牧业经济发展具有重要作用，而且对维护民族团结、保障边疆稳定、维护社会和谐，具有重要的意义。近年来，随着草原地区矿产资源开发力度的加大，草原环境受到了前

---

① 胡锦涛：《中国共产党第十八次全国代表大会上的报告》，2012 年 11 月8 日。

所未有的挑战，特别是随着科学发展观的理论的提出，使得内蒙古各族人民充分认识到：在整个自然界的物质循环和能量转换的过程中，草原起着重要的枢纽和核心作用，它的分布最广，组成最复杂，结构最完整，生物生产力也最高。草原和环境经过长期的作用和适应，不但推动了自身的生长、繁衍，同时也对周围环境产生深刻的影响。草原能涵养水源、保持水土、防风固沙、增加湿度、净化空气、减弱噪声，草原生态环境与人类的生存发展、自然界生态系统的稳态息息相关，不仅涉及人与自然的和谐问题，更涉及北疆生态安全、国家生态安全问题。过去由于对草原生态建设认识不足，重利用，轻保护与建设，致使草原生态环境恶化，草畜矛盾日益突出，制约了畜牧业经济的发展。国家西部大开发战略的实施以来，内蒙古自治区先后实施了退耕、退牧，还林、还草；天然草原恢复与建设；草原围栏、强化主建设体生态功能区等一系列草原保护与建设措施，有效保护了天然草地，使天然草地植被覆盖度和产草量得到明显的提高，草原生态较以往有明显改善。

为了宣传、普及有关生态保护方面的法律、法规，让草原生态环境保护方面的法律、法规知识更加深入人心，进一步增强全社会依法保护草原、依法建设草原、依法利用草原的自觉性，大力弘扬爱草、护草、种草的文明新风，推动建设更加美丽的草原、更加和谐的家园、更加富裕的明天，内蒙古自治区各旗县广泛开展"草原普法宣传月"活动，增强了社会各界依法保护草原的观念，环保意识、环境意识深入人心。

2. 政府部门的主导作用是实现经济效益与生态效益的双赢的关键

矿产资源开发与生态环境保护的关系，实际上是一个近期利益与长远利益的关系问题，也是一个不同利益群体之间的利益的博弈过程，企业以实现最大的经济效益为原则，追求利益的最大化；而牧民由于在矿产资源开发中得不到实惠，所以他们是以维护草原地区生态环境，保护牧场、保护他们赖以生存的草场为原则，在追求"环境效益"最大化的背后，实质还是保护自己的牧业经济，实现自己的经济利益。在双方的博弈中，矛盾难以解决，此时发挥各级政府的主导作用意义重大。而要实现经济效益与生态效益的双赢，既要发展又要保护环境，无论是从职责、能力还是权力、义务等方面，只有政府才能平衡这种利益关系。

发挥各级政府主导、部门合作，形成齐抓共管的局面，是实现经济效益与生态效益的双赢的关键。近年来内蒙古从矿产资源开发利用的全过程加强矿山生态环境的监管，包括环保、林业、水利、国土资源、安全监督管理、工商管理等有关部门，不断加强联系，互相配合，依据各自的职责，依法对自然资源开发建设项目实施监督管理，各有关部门经常性开展专项联合执法检查，收到了良好的效果。例如：

（1）对环保措施不落实，设施未验收或验收不合格的矿山企业，由环保部门负责按有关规定，责令停产补办相应手续，对矿业企业污染环境、破坏生态行为，依法责令其限期整改或停产整顿。达不到要求的上报当地政府，由政府做出取缔、关闭的决定。

（2）凡是被环保部门吊销排污许可证、决定停产或政府决定关闭的矿业企业，由国土资源部门依法注销或吊销采矿许可证，由安全监管部门吊销安全生产许可证，由工商行政管理部门吊销营业执照。

（3）对被勒令限期整改、停产整顿的企业，在达标之前，供水、供电部门采取停止供水、供电措施。

（4）从源头防止矿山环境污染和生态破坏。按照"预防为主"的方针，加强监察、监测矿产资源开采企业在生产过程中的生态环境问题，严格落实矿山生态环境恢复治理保证金制度，监督矿山开采企业污染防治和生态恢复；对已经闭矿的矿山，严格按照企业编制计划，做好闭坑后生态环境保护与修复工作。

（5）大力宣传合理开发矿产资源与保护草原生态环境的重要意义，增强矿业从业者的环境意识；不断加强企业通过节约资源、保护生态环境的相关措施，提高企业自主恢复、治理、修复生态环境与植被的自觉性。

这些措施有效地遏制了矿产企业"只受益、不保护，只破坏、不修复"的状况。努力将矿产资源开发利用对草原生态环境的影响降到最低，促进资源、环境全面协调和可持续发展，实现内蒙古草原地区矿产资源开发与生态环境保护的双赢。

3. 弘扬蒙古族优秀传统文化是保护草原的文化基础

草场是牧民最主要的生产资料之一，蒙古牧民特别忌讳在草场上乱挖、乱建，破坏地表层，造成沙化。蒙古族祖先很早以前就有了保护草场的习惯法，禁止任何人破坏草原，反对破坏草场、挖掘草根。例如成吉思汗《大札撒》（法律）中明确规定："禁草生而锄地。"从初春开始到秋末牧草泛青时禁止挖掘草场，谁若违犯了该法规，就要受到严厉的惩罚。

蒙古族先民们为我们树立了榜样，他们在当时生产力水平极为低下的情况下，不是单纯地为了自身的生存而盲目地、无节制地向自然界"恶意"索取，而是把牧业经济发展和自然环境有机地结合起来，既满足了人的需要，又保护了自然环境、保持了生态平衡，获得了人与自然的"双赢"。古代蒙古族的生产方式和生活习俗，具有明显的适应性、实用性、合理性的特征，而且具有稳定性、传承性特征，这种生态伦理文化至今仍然植根于蒙古族的价值趋向中，充分发挥蒙古族生态伦理思想积极因素，也是保护生态环境的重要举措之一。

4. 群众监督、社会监督是生态环境建设的保障

党的群众路线是一切依靠群众、一切为了群众，从群众中

来，到群众中去。群众的眼睛是雪亮的，充分发挥群众监督、媒体监督、社会监督的作用，是近年来内蒙古治理、整顿矿山环境、防止草原生态环境破坏的重要经验，为打击非法开采、监督破坏草原的行为，形成系统的群众监督体系，为草原执法监督、生态环境保护工作奠定了良好的群众基础。

内蒙古各级政府充分利用报刊、电视、广播、互联网等各种主流媒体，深入、广泛宣传矿产资源开发和生态环境保护方面的法律法规。同时，各级草原监理部门、环境保护部门采取张贴标语、送法下乡、印发宣传册等多种形式，深入草原牧区开展普法宣传活动，全社会关爱草原、爱护草原、保护草原生态环境的氛围日益浓厚。

由于法律知识的普及宣传，广大农牧民依法保护草原和维护自身合法权益的意识明显增强，针对群众反映强烈、破坏草原性质严重的大案要案，各有关部门集中人力、物力坚决予以查处。对查处的重大案件及时予以通报曝光，充分发挥典型案件的警示教育作用，对于那些乱采、乱挖、盗采、非法开采而破坏草原生态环境的行为，起到了有效的遏制作用。

5. 严厉查处矿产资源开发中的腐败行为

近年来，内蒙古矿产资源领域的腐败行为有逐步上升的趋势。随着经济社会发展对资源能源的需求不断增加，矿产资源开发也成为各类资本竞相进入的热门领域，以致这一领域腐败案件易发多发，严重破坏矿产资源开发秩序，导致国有资产和集体资产流失，生态环境遭到破坏。不仅造成了巨大的资源浪费，草原生态环境遭到严重破坏，而且损害党员干部在人民群众中形象，甚至成为影响少数民族地区社会和谐、稳定的重要诱因。

进入 21 世纪以来，矿产资源领域"官煤勾结""官矿勾结"现象严重，个别官员个人开矿、集资开矿、亲属开矿的现象时有发生，矿产资源开发领域的腐败案件逐渐增加。据最高人民检察院提供的数据，"2010 年上半年立案查处国土资源系统职务犯罪798 人，同比上升 11%。专家认为，经济发展过度依赖资源支撑，加上监管机制和体制存在漏洞，行政权力在资源配置中处于主导的地位，在一定程度上加剧了腐败的滋生"①。所以，严厉打击和加大反腐败力度是实现合理开发矿产资源和保护生态环境的重要举措。

目前，我国采矿审批权分为国家、省市、县三级，所以地方政府也拥有矿业开采审批权，为了某种利益，一些地方政府的矿业审批往往采用"大矿大批，小矿小批"的做法。后果是许多地区出现了大量小型矿山。而许多问题的根源都来自这些与地方政府有着千丝万缕联系而使监管失灵的小矿，个别党员干部入股办矿、收受贿赂，内蒙古也不同程度存在这些问题。

为进一步提高监管效能，完善执法机制，严厉打击内蒙古草原地区非法开采矿产资源行为。近年来，内蒙古自治区特别把严重违法开采案件以及党政干部参与违法开采或充当违法开采保护伞的案件作为重点，进行公开查处，查获一批因采矿、探矿、投标等环节中的一些腐败案件。除了相关部门加强内部体制机制建设，防止出现职务犯罪之外，特别加强对各级政府官员的党风廉政教育，使广大党员、干部把自律与他律结合起来，做到标本兼治。2008 年《内蒙古自治区贯彻落实中共中央〈建立健全惩治和预防腐败体系 2008—2012 年工作规划〉实施办法》明确规定：加强对矿产资源开发和土地征收征用的监管。严格执行国家法律法规和自治区有关规定，严厉查处违规审批探矿权、采矿权和违规征收征用土地行为及其背后的腐败问题，加强对生态建设与环境保护的监管，坚决整治破坏生态、污染环境的行为。各项

---

① 谭剑、胡靖国：《我国矿产资源领域官矿勾结现象严重腐败案高发》，《半月谈内部版》2011 年第 2 期。

规章制度的落实，监督管理机制的完善，反腐败力度的不断加大，保持惩治腐败的高压态势，使得内蒙古草原地区矿产资源开发、环境保护方面，取得了巨大成就。

6. 落实草原保护奖惩机制

草原保护补助奖励机制工作主要体现在两个方面：

一是对牧民来说，为实现天然草场放牧牲畜稳定，结合草原补助奖励政策实施，加大禁牧区和草畜平衡监管力度。实行禁牧区常态化巡查，对违反规定放牧的依法予以处罚。对超载嘎查（村）不予项目和资金支持，并按有关规定予以处罚。高度重视规范草牧场经营权流转工作，积极引导规范草牧场流转，在不改变草牧场用途、不损害农牧民承包权益的基础上，坚持依法自愿有偿原则，鼓励承包草牧场有序流转，引入资金、技术和竞争机制，对接现代农牧业产业化项目，促进发展适度规模经营。

二是对矿产开采企业来说，遵循"谁开发、谁保护，谁破坏、谁恢复，谁受益、谁补偿，谁污染、谁付费"的原则，对那些不合法、不达标的矿产资源开采企业进行淘汰制，使一批真正有实力的企业进入到矿产资源开发领域，为开展保护与治理矿山地质环境和草原生态环境奠定了基础。尤其是自2008年《内蒙古自治区矿山地质环境治理保证金管理办法》发布实施以来，内蒙古矿山恢复治理和环境保护起到了良好的促进作用，不仅约束了矿山企业乱采滥挖行为，提高了矿山开采的门槛，而且进一步加大了资源保护与环境治理的工作力度。

二　内蒙古草原地区矿产资源开发与环境保护方面的教训

1. 不能走先破坏后治理的老路

生态环境是我们赖以生存的根本，一旦遭到破坏则后果不堪设想，破坏后治理也将非常困难。作为我国重要的矿产基地，内蒙古草原地区矿山、矿区众多，矿区的历史遗留地质环境治理难度大，不能走先破坏后治理的老路。

有人认为，"先污染后治理"是每个国家向工业社会转变的发展模式。这种观点以为，在经济发展的初期阶段，随着人均收入的增加，环境污染由低趋高，到达某个临界点（拐点）后，随着人均收入的进一步增加，环境污染又由高趋低，环境得到改善和恢复。生态环境都是可逆的、可恢复的，但是，就内蒙古自治区而言"先污染、后治理"的发展思路则是一个惨痛的教训。

新中国成立前，受连年战争、灾荒、疫病的影响，内蒙古人民生活水平相当低下。新中国成立后人民群众的生活水平虽然有所改善，但仍处在温饱不足状态。经过改革开放30多年的发展，居民收入大幅提高，城乡居民生活水平连续跨越几个台阶，从基本消除贫困，到解决温饱，再到实现总体小康，正在向着全面建成小康社会目标迈进。总体来讲，内蒙古自治区地处西北边陲，自然环境恶劣、交通不便，仍然是相对落后的地区。

加快转变观念，加快发展步伐，改变内蒙古自治区贫穷落后的面貌，是内蒙古自治区各族人民的共同愿望。实施西部大开发以来，特别是随着我国工业化进程的加快，对资源需求的急剧增加，内蒙古的资源优势充分显现出来，受整个国家经济形势的影响，"发展优先"也一度成为内蒙古自治区发展的主题思路，GDP总量的变化，一度成为衡量一个地区发展的标志，也一度成为衡量地方官员的政绩标准。所以，盲目追求GDP成为一种必然。因此，要加快转变观念，把"变资源优势为经济优势"作为发展目标。

从20世纪80年代开始，草原地区矿产资源就出现了无序开采、粗放式开采、盲目开采的现象。例如：在鄂尔多斯，20世纪80—90年代，出现了国家、集体、个人一起上的开采格局，形成小、散、乱的煤炭开采格局，近一半的煤矿设计年生产能力小于10万吨；90%以上的煤矿未实现机械化开采，回采率只有

30%；遍地开挖，在开采、运输等过程中，煤尘飞扬，污染环境，破坏生态；设备工艺落后。由于生产力水平地，草原地区矿产资源开发机械化程度低，资源开采力度小，再加上公路、铁路等交通运输方面的限制，对环境的破坏仍然有限。再如：20世纪80年代中期，乌海市由于煤炭运力不足，大量煤炭在露天堆放，造成煤炭自燃现象时有发生，许多煤矿处于停产、半停产状态。

近年来，内蒙古实施"结构转型"战略，加速调整产业结构，着力转变经济发展方式，矿产资源利用实现了开采方式由"小、散、乱"向规模化、现代化转变，通过对各种固体采矿的整合重组，关闭地方小矿，提高现代化、机械化水平。与此同时，随着机械化水平的提高，资源开采速度加快，对环境的破坏力度明显加大。使得草原地区生态环境问题日益凸显出来，资源开发与环境保护之间的矛盾更加突出。

内蒙古自治区地处欧亚大陆中部，大部分处于干旱、半干旱地区，草原植被覆盖率低，草原生态环境脆弱，一旦破坏，恢复治理难度大，与其他地区相比，需要投入更多的人力物力财力。需要几年甚至几十年才能得到恢复和治理，代价是昂贵的，教训是惨痛的。

十八大提出生态文明建设，内蒙古是我们国家重要的生态安全屏障，我们有责任把内蒙古的蓝天碧水保护好、建设好。在发展当中，不能一味地追求发展速度和GDP，要走科学发展、有质量的发展、有效益的发展路子。在保护生态环境的前提下，发展内蒙古的矿业经济。绝不走先破坏、后治理这个老路。

2. 必须牢固树立可持续发展理念

矿产资源属于不可再生资源，为社会经济的发展提供重要的原材料，作为矿产资源大区的内蒙古，如何实现矿产资源的可持续发展，成为内蒙古各盟市当前研究的重点。随着我国经济的快速发展和对矿产资源需求的大量增加，内蒙古丰富的矿产资源得到了大力的开采，在这种情况下，生态环境遭到了破坏、矿产资源的储量不断减少和经济发展遇到瓶颈等问题。内蒙古矿产资源、生态环境和经济等不持续、不协调，如何使矿产资源与生态环境和经济可持续发展是资源领域研究的重要方向。如今内蒙古的许多煤矿，成为现代化大生产的一道景观，机械化程度之高，速度之快着实让参观者感到兴奋。但是，兴奋之余也会让人们陷入思考，资源开采力度加大、机械化水平提高，使得一些矿产资源开发速度加快，不可再生的矿产资源枯竭是一种必然，原来设计开采 20 年的企业，按现在的开采速度，5 年之内就成为尾矿或闭坑，如何实现可持续发展，必须值得我们深思。

3. 环境保护让位于经济发展的观念仍然存在

虽然在矿产资源开发中各级政府都"高度重视环境保护"，连续出台许多政策、规章、制度。但是，具体实施的过程中，看得见、摸得着的显性经济效益仍然是放在首位，潜在的环境效益、社会效益往往被忽略。特别是一些经济落后地区的旗县，一方面要全面实现小康社会，落实十八大提出的到 2020 年人均收入翻一番的战略目标，另一方面要实现资源节约型和环境友好型社会，面临经济发展与环境保护的双重压力更大，一些地方政府为了快速改变贫穷落后的状态，大力开发矿产资源，促进经济发展往往成为必然选择，环境保护让位于经济发展的观念仍然存在。对资源优势和优势资源的关系认识不清，对那些开采价值不大，污染严重、对环境破坏较大的开采企业审批上马。在调查中发现："靠山吃山、靠水吃水""就地取材、就地加工"的资源开发，仍然是一些地方政府的发展思路。还没有充分认识到，一个国家和民族的未来并不取决于资源的多少，而是取决于开发新技术和开拓新市场的能力。

4. 各项法律法规尚未完全落实到实处

由于受利益的驱使，一些地区仍然不同程度地存在非法乱采、越界开采、乱挖矿产资源行为，造成矿山植被严重破坏，国家资源严重流失，扰乱了正常的矿产资源管理秩序。为严厉打击非法乱采乱挖矿产资源行为。近年来，内蒙古多次集中打击违法违规和乱采滥挖行为，集中整治重点地区，但是，打击力度不够，一些法律法规落实的力度上存在一些不足。

5. 建立健全草原生态保护长效机制有待进一步加强

解决经济发展与环境保护之间的矛盾，必须建立健全长效监督管理机制，而这个机制的建立是一个系统复杂的工程，不是一蹴而就的，它将涉及几个方面的关系：第一，涉及一个地区的经济社会的总体发展思路与区域特点的关系；第二，涉及一个地区的近期利益与长远利益的关系；第三，还涉及经济效益与生态效益社会效益的关系；第四，涉及群众利益与社会整体利益的关系；第五，涉及各种法律之间的关系等。这项工程不是短时间能够解决的，虽然内蒙古自治区做了大量的工作，但是建立健全促进经济发展与环境保护的长效机制尚需一个长期的过程。

6. 生态补偿资金不足

据统计，内蒙古自治区成立至改革开放前，"国家和自治区每年用于草原的投入每亩不到 2 分钱；从改革开放到西部大开发前，每年每亩草原的投入约为 5 分钱，以 90 年代初为例，典型草原每亩投入仅有 0.05 元，而产出是 1.9 元，投入产出比是 1∶38"①。

生态补偿投入太低，再加上后续管理不善，生态恢复、保护的效果比较差，东部地区由于降水量较为充沛，植树、种草方面的投

① 巩芳、长青、王芳、刘鑫：《内蒙古草原生态补偿标准的实证研究》，《干旱区资源与环境》2011 年第 12 期。

入效果还算明显，而整个西部沙漠、戈壁干旱地区即便是有些投入，效果也非常差，往往会出现年年栽树不见树、年年种草不见草的现象。西部大开发以来，对草原保护的投入虽然有所增加，但力度还较小，"每年每亩草原平均投入提高到 0.7 元左右。以退牧还草和京津风沙源治理工程为例，存在配套资金不足问题"①。

从整个全国来看，内蒙古资源税费征收标准是最低的，远远不能补偿因开采资源所造成的巨大生态代价。草原面积减少、植被破坏、环境污染等方面的损失，用现行征收的资源税费难以弥补，而且，资源补偿标准一旦出台，往往持续几年才调整一次，而矿产资源资源税征收标准有待提高。

7. 必须完善化解各种社会矛盾的有效机制，促进民族团结与边疆稳定

矿产资源开发，占用大量草场，部分农牧民丧失了他们赖以生存的草原，所以，必须使当地居民从矿产资源开发中得到实惠，不能把当地农牧民排除在矿产资源开发收益分配之外，否则会引起各种社会矛盾，特别是在少数民族地区，因矿产资源开发引发的社会问题还往往带有民族色彩，引起民族性群体性事件。

关于经济补偿标准，农牧民与开发商之间也很难达成一致，往往成为激化社会矛盾的隐患。所以，少数民族地区矿产资源开发，必须倾听农牧民的诉求，并通过多种手段，积极引导和教育农牧民知法、守法、用法。当自身权益受到侵害时，或是面对已经出现的草场纠纷，通过法律程序和手段维护自身权益，杜绝采用非法行为解决矛盾纠纷。同时，对那些无理取闹、故意夸大事实、造谣惑众、破坏民族团结和社会稳定的不法分子，依法加大打击力度。把可能发生的矛盾和纠纷化解在萌芽状态，防止矛盾

① 巩芳、长青、王芳、刘鑫：《内蒙古草原生态补偿标准的实证研究》，《干旱区资源与环境》2011 年第 12 期。

激化、扩大，维护民族地区、边疆稳定。

　　总之，内蒙古自治区在草原地区矿产资源开发中，取得了许多成功经验，也存在许多问题。我国几大草原大多在少数民族地区，研究内蒙古草原矿产资源开发与生态环境保护具有典型性，全面系统地了解和掌握内蒙古草原地区资源开发与环境保护现状，总结内蒙古草原地区矿产资源开发过程中对环境保护的经验、教训，对少数民族草原地区矿产资源开发与环境保护，实现经济效益、生态效益的统一，实现人与自然的和谐统一，具有重要意义。

第六章　合理开发矿产资源与保护内蒙古草原生态环境的路径

　　草原生态系统在陆地上占据着独特的地理位置，覆盖着地球上既不能正常生长森林，也不适宜垦殖发展种植业的广大空间。草原构成了半干旱地区生命的重要支持系统，是维护生态平衡的绿色屏障，为人类社会持续发展奠定了稳定的自然基础。草原作为地球上生命保障系统的重要组成部分，与人类的生存和发展息息相关。内蒙古草原大部分处于干旱、半干旱地区，同时也是少数民族自治地区。合理开发草原地区矿产资源，保护草原生态环境，"是生态问题也是经济问题，更是事关民族地区经济发展、民族团结、社会安定的重大政治问题"①。

　　天然草原是一种可再生的自然资源，在一定的时间和空间范围内，为人类提供物质和能量，而且具有维系生态平衡、保护物种多样性、净化空气等生态功能。内蒙古大草原，在我国的生态安全大局中占据格外突出的地位，是祖国北疆生态系统的前沿阵地。加强民族地区生态建设和环境保护，事关国家的生态安全。

　　内蒙古大草原也是全国能源、有色金属的重要基地。草原地区矿产资源的开发促进了经济繁荣、社会进步的同时，也会直接或间接破坏草场资源和生态环境，内蒙古在开发草原地区矿产资

---

　　①　徐柱、闫伟红等：《草原生物多样性评价与持续利用的生态学基础》，《中国牧业通讯》2011 年第 5 期。

源的同时，做好草原地区环境保护和修复工作，不仅关系到内蒙古经济、社会和可持续发展的问题，而且关系到祖国北疆生态安全问题。

第一节　做好内蒙古草原地区矿产资源开采价值与生态价值评估工作

内蒙古大草原是我国自然保护区的重要组成部分，不但是"珍稀濒危野生动植物的庇护所，而且是具有巨大潜在价值的草原生态系统和生物物种的基因库，也是民族文化的天然保护区；同时，它又是草原生态旅游的重要载体，是科学研究和探索的天然实验室，进行环境保护宣传教育的最有效的场所，在生态环境保护、生物多样性的维持以及我国边疆地区的发展稳定等方面发挥着特有的重要作用"[①]。

做好草原地区矿产资源开采价值与生态价值等多重价值评估工作，是建立生态补偿机制的基础，也是某种资源是否具有开采价值的前提。市场化生态补偿实践模式的复杂性，在于矿产资源的经济价值易于确定和生态资源价值难以确定。

目前，学术界主要从生态价值与矿产资源的经济价值来计算，内蒙古草原大多处于干旱、半干旱地区，和湿润、半湿润地区的草原相比，生态环境一旦遭到破坏，恢复的难度非常大。所以，内蒙古草原地区矿产资源开发不仅要评估资源价值、生态价值，还要对生物多样性功能价值、直接经济价值、间接经济价值以及对人类生存与发展产生的负面价值等多维度进行评估，并将其作为草原地区矿产资源开发的重要依据。

---

① 金良：《草地类自然保护区生态系统服务功能价值的评估》，中国环境科学出版社 2010 年版，第 3 页。

一 做好矿产资源价值评估工作

内蒙古草原和草原地区的矿产资源，都是大自然赐予人类发展进步的重要的物质资源，这些资源的开发利用，必然对于内蒙古经济社会的发展，对内蒙古工业化进程的加快，起到举足轻重的作用，对整个中国的工业化进程，也将起着十分重要的作用。在可持续发展概念中，人口、资源和生态是相互关联不可分割的。在矿产资源的开发利用的过程中，要理顺两个关系。一是经济发展与生态环境保护的关系，二是局部利益和全局利益、眼前利益和长远利益的关系，必须把这两个关系有机地结合起来。

1. 矿产资源价值

对矿产资源价值评估主要包括矿产品的供求状况、矿床自然丰度和地理位置、科技水平、资本转化率等几个方面，总体上矿产资源价值主要包括两个方面，一个是矿产资源本身的自然价值；一个是劳动投入产生的劳动价值。

（1）矿产资源的自然价值。在市场经济条件下，有用性是矿产资源具有价值的基础，稀缺性是矿产资源具有价值的条件。将其转换成货币形态就是矿产资源的底价，由于矿产资源是自然有用性创造的价值量，是超额于社会平均利润率水平之上的超额利润和垄断利润。所以，目前我国矿产资源价值大多从经济价值和直接价值考量，生态价值、环境价值考量尚处于起步阶段。作为矿产资源开采企业来说，只要获得开采权，就会获得超额于社会平均利润率水平之上的超额利润和垄断利润，而对于草原生态价值则很少有人去考量。

（2）劳动投入产生的劳动价值

由于矿产的生成时间、生成环境、生成条件等差异，导致各个矿床的地质特征，如矿床的形态、产状、厚度、埋藏深度以及储量的多少、品位的高低、特征等千差万别，需要使用多种勘查技术方法并投入必要的工作量，在探明矿产资源资产的过程中需要投入劳动，这种投入使矿产资源资产具有价值。在矿产资源开采、加工、运输等各个环节投入的劳动量的多寡，也决定着矿产资源劳动价值的大小。

2. 做好草原地区矿产资源开采价值评估工作

矿产资源开采价值是指：矿产资源开发利用后，对生态环境不产生负面影响，其经济价值、社会价值远远超过生态价值，反之就没有开采价值。

矿产资源开采价值和矿产资源价值是两个不同的概念，矿产资源价值高、利用价值大，但是不一定具备开采价值。当前，我国矿产资源价值评估不系统，也没有一个权威部门来具体评估，大部分是由探矿部门做出经济功能价值和促进社会发展的功能来考量、评估，有的完全是由矿产中开采企业大体估算其经济效益，决定是否开采。而对环境的破坏价值所造成的直接或间接的经济损失没有计算在内。所以说，矿产资源开采价值应当用经济价值减去对环境破坏导致的直接或间接的经济价值、生态价值，才能决定该地区的矿产资源是否有开采价值。

草原地区矿产资源开采价值的计算方法有两种：一种是从功能角度来计算，矿产资源开发利用后，所产生的经济功能、社会功能大于生态功能。另一种是从价值、效益角度来计算，矿产资源开发利用后，其经济价值大于生态价值。如果符合上述标准，此处的矿产资源就有开采价值，否则就没有开采价值。

由于矿产地的气候、环境、地域不同，所计算的数值也有很大的区别。例如：湿润地区、生态环境自我修复功能较强的地区，矿产资源开发对生态环境所产生的负面影响值就小；反之，如果矿产资源开采对生态环境破坏较大，或者环境自我修复较慢、人工修复代价过高，矿产资源开发对生态环境所产生的负面影响就大，也就不适合开采。

3. 进一步规范县（旗）级探矿、采矿审批权

目前，我国采矿审批权分国家、省（市、自治区）、地市（盟）、县（旗）四级，其中零星、分散资源的采矿审批权下放到县（旗）级矿产资源管理机关。大量事实证明，县（旗）级地方矿产资源管理部门，由于受到人员、技术、科技水平等因素的制约，对矿产资源价值评估、草原生态价值评估和矿产资源开采价值评估能力有限，或者说根本没有能力进行评估。许多采矿许可证的发放，不符合矿产资源规划、矿区规划、行业发展规划和安全、环保要求；开采规模与矿区的矿产储量、规模不相适应；一个矿山原则上只能审批一个采矿主体，难以落实；违法重叠和交叉设置探矿权、采矿权；新办矿山没有严格执行环境评价制度，也没有进行地质灾害危险性评估；再加上个别地方政府官员与矿产资源开采企业有着千丝万缕的联系。所以说，违规乱批、先采后批、大矿小批、无证勘查开采、越界开采、持勘查许可证进行开采、非法转让探矿权、采矿权等违法行为屡禁不止。这也是近年来矿产资源治理整顿成效甚微、非法采矿屡禁不止的根本原因所在。所以，对于矿产资源的探矿、采矿审批，要做进一步的规范，上一级采矿管理部门要对县（旗）级审批的项目、规模、种类作进一步的审核、监督，对那些"化整为零""大矿小批"的做法坚决予以制止，对滥用职权、贪污受贿、徇私舞弊、玩忽职守的单位和工作人员，要严肃处理，绝不姑息迁就；对未按法定程序和权限发放勘查许可证、采矿许可证，造成严重后果的，依法追究有关人员的责任。

内蒙古大草原是我国重要的畜牧业生产基地；是我国草原动植物重要的遗传基因库；是北方少数民族生产、生活的物质载体；是游牧文化、民族文化的发祥地和传承基础，一旦草原遭到破坏，这些基础、基地也将不复存在。近年来，内蒙古草原地区矿产资源开发导致草地日益退化，生态环境问题越来越突出，而

且内蒙古草原地处欧亚大陆腹地，大部分属于干旱、半干旱地区，草原自我修复能力较弱、人工修复成本过高。所以说，内蒙古草原地区矿产资源开发利用，必须对矿产资源价值、生态价值、开采价值进行评估，整合、规范县（旗）级探矿、采矿审批权、严厉打击腐败行为，对于合理开发矿产资源和保护草原地区生态环境，具有重要的理论意义和现实意义。

二　做好草原生态价值评估工作

做好草原生态系统的生态价值评估，对于制定生态补偿标准、范围和矿产资源开发价值大小、是否科学合理，具有关键的作用。内蒙古草原大多分布在生态环境较脆弱的边疆地区和少数民族聚居地区。与此同时，这些地区是我国资源富集地区，变资源优势为经济优势，改变少数民族地区经济文化落后的面貌，是当地发展经济的重要途径之一。但是，"目前存在的地区经济发展和草地类自然保护区生态环境保护的矛盾日益突出，并且这个问题将在相当长的一个时期内，困扰着内蒙古，如何做到发展与保护的双赢，最主要的是做好草原生态价值评估工作"①，这个工作是草原地区矿产资源开发的前提，将生态价值、矿产资源价值；经济效益与社会效益；近期利益与长远利益；局部利益与整体利益结合起来，进行综合考虑，才能更好地解决这一突出矛盾。

1. 草原生态价值的评估内容

草原生态功能和生态价值体现在多个方面，总体来讲可以归纳为四个层次："生产功能：包括生态系统的产品及生物多样性的维护等；基本功能：包括传粉、传播种子，生物防治，土壤形

① 金良：《草地类自然保护区生态系统服务功能价值的评估》，中国环境科学出版社2010年版，第3页。

成及改良等；环境效益：包括改良、减缓干旱和洪涝灾害，调节气候、净化空气，废物处理等；娱乐价值：包括旅游、娱乐、文化、生态美学等，这也是草原生态系统的内涵。"①

草原生态价值评估过程中，不仅要考虑草原的直接经济价值与间接服务价值两部分，还应该包括其潜在价值。

内蒙古草原拥有丰富的动植物资源，种类多、数量大、生物多样性高。可以说，内蒙古草原带是欧亚大陆典型的干旱、半干旱地区草原地区野生牧草遗传基因库，同时也是欧亚大陆种类繁多、遗传性状丰富多样的食草动物的遗传基因库，它们不仅是重要的遗传资源，也是人类开发利用草原的重要物质基础。草原生态价值评估主要考虑三个方面的内容：

首先，是草原生态价值功能评估。"草地的生态功能是指生物学性质或生态系统过程为生命系统提供自然环境条件，具有生命支持功能和环境调节功能，是维持社会与经济发展的基础。"②主要包括：防风固沙、维系生态平衡、防止水土流失、维持生物多样性等多种功能。这些功能是草地生态系统特有的，是其他森林系统、湿地系统所不可代替的，而且这些功能是不能够商品化的，表现为间接经济价值、生态价值和社会价值，具有公众性、公益性特点。从利益关系来看，它体现的是长远利益、整体利益。

其次，是草原生产功能价值评估。"草地的生产功能是为生命系统生产各种消费资源，是对草地生态系统生产属性的具体反映，包括：养分循环与贮存、固定 CO_2、释放 O_2 和消减 SO_2 等，

---

① 徐柱、闫伟红等：《草原生物多样性评价与持续利用的生态学基础》，《中国牧业通讯》2011 年第 5 期。

② 柳小妮、孙九林、张德罡等：《东祁连山不同退化阶段高寒草甸群落结构与植物多样性特征究》，《草业学报》2008 年第 4 期。

这些是商品化的功能，表现为直接经济价值。"① 而这种直接经济价值，从近期利益来看，要远远低于矿产资源价值，但是从长远利益来看却又高于矿产资源价值。当然，这里不是说矿产资源不能开采与利用，关键是恢复与保护的问题。矿产资源是不可再生资源，草原资源是可再生资源，如果在矿产资源开发利用的同时，注重草原生态系统的保护与修复，二者并不是矛盾的。

再次，是生活功能价值评估。草地除了具有生态价值功能和畜牧业经济价值功能外，还能够和人类的生产方式、生活方式、生产生活特点结合起来，还"承载着特定环境条件下的生存和生产方式，是人、草、畜、生态有机结合的载体，包括畜牧生产、文化传承和休闲旅游等功能，有些可以量化，表现为直接经济价值、商品价值，有些不能量化，表现为间接经济价值和生态价值"②。这些功能实际是地域文化、民族文化的重要组成部分，承载了人类文明的多样性、丰富性，也是人类发展不可或缺的文明成果。所以说，草原生活功能价值评估要涵盖承载和保护人类文明的内容。

2. 草原生态价值评价指标

2009年尹剑慧、卢欣石等专家对草原生态功能指标体系评价的意义、指标体系、功能和筛选原则、方法等进行了综合分析与总结，并在现行草原生态功能评估方法研究的基础上，运用频度分析法、层次分析法、专家咨询等方法，从而提出了一套较为科学的、公平的和可操作的评价指标体系。这一体系由八项元素组成，分别为：水土保持、生态旅游、废弃物处理、涵养水源、

① 王启兰、王长庭、杜岩功等：《放牧对高寒嵩草草甸土壤微生物量碳的影响及其与土壤环境的关系》，《草业学报》2008年第2期。
② 刘兴元、龙瑞军、尚占环：《草地生态系统服务功能及其价值评估方法研究》，《草业学报》2011年第1期。

固碳吐氧、营养物质循环、维持生物多样性、净化空气，如表6—1。

表6—1　　　　　　　草地生态功能评价指标①

功能目标	指标内涵
涵养水源	草地不仅具有较高的渗透性，还能截流降水、保水。
固碳吐氧	土壤固定 CO_2、释放 O_2，维持大气中碳氧动态平衡。
维持生物多样性	草原生态系统不仅为各类生物物种提供繁衍生息的场所，而且还能有效控制有害生物数量。
废弃物处理	草原生态系统在自然风化、淋滤以及微生物分解作用下，能够降解大量牲畜排泄物，避免其积存，并归还养分。
水土保持	防止土壤水力风力侵蚀，改良土壤，固定沙土等生态功能。
生态旅游	草原生态系统为人类提供了旅游、娱乐、文化、教育等多方面价值。
营养物质循环	主要是生物与土壤之间的养分交换过程，尤其是 N、P、K。
净化空气	吸收污染物质、阻滞粉尘、杀灭病菌和降低噪声等，改善环境质量。

① 尹剑慧、卢欣石：《中国草原生态功能评价指标体系》，《生态学报》2009年第5期。

草地生态系统是促进人类社会经济发展的一种宝贵的、可再生的资源。"草原上低矮、稀疏的绿色植被，除了有放牧价值外，还是陆地表面一层薄薄的生物保护膜。这层生物膜是由绿色植物和贴地面生长的土生藻类、苔藓、地衣、真菌等共同组成的，对维护半干旱气候区的生态环境平衡具有极为重要的意义，也是其他生态类型所不可替代的。"① 近年来内蒙古草原地区沙尘暴肆虐、草场沙化、水土流失、病虫害频发等，究其根本原因则是草原生态平衡失调、草原生态系统功能失调造成的。草原是人类、动物和低等生物生活环境赖以生存的基础，也是陆地生态系统的重要组成部分，它与森林等其他陆地生态系统一起构成地球表面绿色植被，是保持生物物种多样性、防止水土流失、调节气候、保持生态平衡、保护大地生物圈等多种功能的自然综合体。

3. 内蒙古草原生态价的评估方法

关于草原生态价值计算方法，一些专家学者提出了不同的计算标准与方法，对内蒙古草原生态价值进行了测算。根据"2000 年陈仲新等人对我国天然草地进行的价值评估，内蒙古草原总价值 1572.1 亿元人民币；2001 年谢高地等人提出了对全国不同类型的草原单位面积价值的估算标准，根据这一标准，内蒙古草原年生态服务价值高达 2468.4 亿元人民币；据 Costanza 的估算，内蒙古草原总价值 182.4 亿美元"②。尽管根据不同学者的标准计算的内蒙古草原生态系统服务价值，有很大的差异，但内蒙古草原生态系统的服务价值巨大，这一点都形成了共识。

---

① 徐柱、闫伟红等：《草原生物多样性评价与持续利用的生态学基础》，《中国牧业通讯》2011 年第 5 期。

② 天莹：《牧区生态补偿制度分析和政策思考》，内蒙古社会科学院网（http://nmgshkxy.nmgnews.com.cn/system/2010/01/11/010364922.shtml）。

第二节　建立健全内蒙古草原地区矿产资源开发的生态补偿机制

内蒙古是全国重要的能源、化工、有色金属加工基地，矿产资源开采与环境污染、生态破坏等负面影响相伴而生。矿产资源是不可再生资源，而草原生态资源是可再生资源，是可以修复和循环利用的，要实现矿产资源开发与草原生态环境保护的双赢，必须建立健全适合内蒙古草原特点的生态补偿机制，这是做好内蒙古草原地区矿产资源开发与生态环境保护的核心问题。

近年来，国务院不断加强矿产资源管理，强化矿区环境综合整治与整顿，积极探索矿产资源开发生态补偿的方式、方法和体制、机制，取得了一些成效。但是，由于地区不同、矿产资源的种类不同、对生态环境破坏的程度不同、生态环境恢复与保护的成本不同、生态补偿的计算标准不同，这些问题的复杂性，导致我国目前关于补偿范围、补偿标准、补偿方式仍处于初始阶段，还没有形成一整套的体制机制。总体来讲，矿区地质环境治理经费，主要来自国家和地方政府专项资金，其他社会投资很少，多元化治理投资机制、生态补偿多样化方式、方法尚未形成。因此，积极探索市场化、多元化生态补偿模式是实现生态补偿的重要思路。

一　内蒙古矿产资源开发的生态补偿现状

1. 矿产资源开发生态补偿概念的内涵

（1）生态补偿概念的提出

20世纪70年代美国经济学家塞尼卡和陶希格提出了从环境与发展关系方面考虑补偿问题的补偿发展论。他们认为："当生态环境成为'稀缺物品'时，在使用环境和资源时就必须付出越来越高的代价，作为对环境破坏和资源浪费的补偿，并且提出应该立法收取污染税解决环境问题。"① 这一观点成为各国制定生态补偿制度的基本理论依据，也被公认为是生态补偿的起源。

（2）生态补偿的内涵

近年来，生态补偿的研究比较多，学者们纷纷从不同的角度对生态补偿的内涵进行了阐述，它不仅仅局限于矿产资源开发方面，还包括环境污染、工业污染、大气污染等诸多方面。

首先，从生态学的角度探讨生态补偿的概念：主要侧重于从生态系统自我内部功能和其自然属性的研究，通过生态补偿促进生态系统良性的、优化的循环。庄国泰先生认为："收费是对损害环境的经济刺激手段，通过收费可以减少对生态环境的损害"②，主要侧重于生态环境保护，加大对环境污染单位的生产成本，来达到环境保护的目的。

其次，从经济学的角度探讨生态补偿的概念：重点强调价值和效益的最大化，通常以成本、收益、效率为原则来规范生态补偿。例如：毛显强先生认为："生态补偿是指通过对损害（或保护）资源环境的行为进行收费（或补偿），提高该行为的成本（或收益），从而激励损害（或保护）行为的主体减少（或增加）因其行为带来的外部不经济性（或外部经济性），达到保护资源的目的。"③ 矿产资源是不可再生资源，征收生态补偿金重点是提高企业环境保护成本，降低资源消耗的速度，实现可持续发展，以达到环境保护的目的。

---

① 陶建格：《生态补偿理论研究现状与进展》，《生态环境学报》2012 年第 4 期。

② 庄国泰、高鹏、王学军：《中国生态环境补偿费的理论与实践》，《中国环境科学》1995 年第 6 期。

③ 毛显强、钟瑜、张胜：《生态补偿的理论探讨》，《中国人口·资源与环境》2002 年第 4 期。

再次，从环境学的角度探讨生态补偿的概念：主要侧重于维护生态平衡，最终目的是实现人口、资源、环境全面协调与可持续发展，强调用法律手段实现生态平衡、资源可持续利用、人类的可持续发展，重点强调生态平衡对整个人类发展的重要意义。

不论是从生态学角度还是从经济学、环境学角度探讨生态补偿，都是从保护环境、保持生态平衡的角度，以达到人与自然的和谐统一为目标；维护人类自身生存、发展为目的；以实现全面协调和可持续发展为出发点。这些研究成果为我们探讨内蒙古草原地区矿产资源开发与草原生态环境保护、草原生态补偿提供了理论依据。

（3）矿产资源开发生态补偿的内涵

关于矿产资源开发的生态补偿问题，也有许多专家学者进行了具体论述，如黄锡生先生认为："矿产资源生态补偿是指因矿山企业开采利用矿产资源的行为，给矿区及其周边地区的自然资源造成破坏，为恢复、治理生态环境所给予的补偿。包括对矿区居民、矿业城市丧失可持续发展能力所给予的资金扶持、技术和实物帮助、税收减免、政策优惠等一系列活动的总称。"[1] 把因矿产资源开发导致的环境破坏纳入补偿范围，特别是将矿区及附近受到影响的居民利益补偿列入生态补偿的一部分。

在矿产资源开发活动中，矿产资源的开采、加工、运输，不可避免地对矿区山体、耕地、森林、草原、地下水、野生动植物等自然资源，造成不同程度的破坏。根据生态系统恢复成本，对负直接责任的矿产资源开发者、间接责任的矿产资源运输者、资源的最终使用者征收一定费用，以达到矿产资源开发与生态环境保护的双赢，调整受益者、破坏者、受害者和保护者之间的利益分配格局。

---

① 黄锡生：《矿产资源生态补偿制度探究》，《现代法学》2006 年第 6 期。

我国最早的生态补偿实践开始于 20 世纪 80 年代。早在 1983 年，云南省出台地方性文件，决定对磷矿开采征收矿石、矿渣等覆盖土地植被、破坏生态环境和恢复植被费用，这是我国最早的矿产资源开发地区性的生态补偿实践。从国家层面上，提出生态补偿是在 20 世纪 90 年代初，1990 年，国务院颁发了《关于进一步加强环境保护工作的规定》，明确提出"谁开发谁保护，谁破坏谁恢复，谁利用谁补偿"的原则，这是从国家层面上首次确定的生态补偿政策。1996 年，国务院又出台了《关于环境保护若干问题的决定》，在这个决定中进一步明确了："开发者保护、污染者付费、利用者补偿、破坏者恢复。"非常明确地规定了环境治理与生态恢复的责任人、生态补偿的责任主体。但是，由于矿产资源种类多、分布面积广、气候条件差异大，对环境破坏程度不同和所需要恢复、治理的资金也有较大的差异。所以，到今天为止，生态补偿的范围、补偿标准、补偿方式、补偿数量、补偿内容等还没有一个统一的标准。

2. 内蒙古矿产资源开发生态补偿现状

近年来，内蒙古自治区高度重视矿山地质环境保护制度建设，2008 年颁布实施了《内蒙古自治区矿山地质环境治理保证金管理办法》等地方法规。主要措施包括：

（1）严格矿产资源开发利用的环境保护准入管理

提高准入条件和规划准入条件，对矿业权申请人进行严格审查。不符合规划或勘查程度与资源储量未达到要求的勘查开采项目，不能颁发勘查许可证和采矿许可证，不批准矿山建设用地。对所有矿山进行矿山环境影响评估，合理设置采矿权，维护矿区群众权益，保护矿山生态环境；同时开展矿山环境调查与评价工作；编制矿山环境保护与恢复治理规划。明晰政府、企业等相关主体责任，综合部署矿山环境保护与恢复治理工作。

（2）明确责任、分类管理

实行分类管理的矿山环境恢复治理机制。内蒙古草原地区矿产资源开发地区的环境恢复与治理主要分两大类，一是历史遗留的矿区生态环境修复问题；二是新建矿山环境治理问题。目前，对历史遗留的矿山环境问题的恢复治理，主要是由政府投入资金进行保护与恢复，明确了责任主体是各级政府，由政府组织开展矿山环境保护与恢复治理工程。

对于新建和正在生产的矿山，按照"谁破坏，谁治理"的原则，加强对矿产资源开采企业履行矿山环境恢复治理义务情况的监督检查。在法律法规禁止采矿的区域、规划的禁采区，特别是京津周边沙源治理项目区和其他生态脆弱地区，要禁止一切采矿活动。坚持"预防为主，防治结合"的方针，建立矿山生态环境保护责任制，加强监督管理，有效减少矿业活动对草原生态环境的影响。

（3）加强矿产资源执法队伍建设，加大执法监察力度

加强国土资源执法监察队伍建设，提高人员素质。要切实加强矿产资源勘查开采活动的巡查工作，加大执法监察的力度，重点检查重点矿区和重要矿种。例如：鄂尔多斯市的准格尔旗2004年制定了《矿区环境治理的办法》；2006年，内蒙古乌兰察布市率先在全区矿山地质环境工作中建立并实行了"矿山企业地质环境恢复治理保证金制度"，保证金按矿山设计和开发利用方案中规定的开采面积、采剥量为基本计算单位，开采面积保证金1元/平方米，采剥量保证金为9元/立方米，随后，其他各盟市都相继出台了类似的地方性的规章制度。

以上措施，基本上都是预防性、政策性补偿。具体补偿主体是国家、地方政府和企业，仍然停留在环境补偿、生态补偿的层面，没有考虑土地增值和矿产资源价格上升以后对农牧民的利益补偿问题。2012年内蒙古实施《关于公布实施自治区征地统一

年产值标准和征地区片综合地价的通知》，大幅度提高了对征用土地、草场、林地、耕地方面的资源补偿，但其中也没有涉及土地、草场增值以后对农牧民的利益补偿问题，总体来讲还是从狭义的角度理解矿产资源的生态补偿，没有从广义的角度理解矿产资源的生态补偿。

二　内蒙古矿产资源开发生态补偿存在的问题

由于我国矿产资源开发生态补偿起步晚、立法滞后，导致一些地方政府征收生态补偿金，没有法律依据，例如：2002 年全国整治乱收费过程中，一些省市征收的生态补偿金没有法律依据，属于乱收费项目，从而被取消。2011 年，国务院办颁布实施《土地复垦条例》，标志着我国矿山土地复垦进一步规范化、法治化。尽管有了一些相关的法律法规。但是，到目前为止，仍然没有一部针对矿山的生态环境修复、治理建立专门的法律。矿山环境治理和生态恢复所需资金缺乏，且征收标准低；专项资金无法满足草原生态环境的保护、修复实际需求。目前，内蒙古矿产资源开发的生态补偿主要存在以下几个方面的问题。

第一，生态补偿内容不够完善、标准不统一

内蒙古草原地域面积广，矿产资源种类丰富，由于各类矿产资源对环境污染、破坏程度不一，使得内蒙古矿产资源开发生态补偿标准，在各盟市都有很大的区别，标准也不统一，行政管理的法律法规不健全，环境影响评价体系不完善，矿产资源开发生态补偿机制还没有真正建立。例如：同样是煤炭企业，鄂尔多斯市不管是露天开采还是井下开采，生态补偿金均按 1 元/吨收取，而赤峰市则按 0.5 元/吨收取。由于生态补偿费征收的范围、种类、数额没有统一的法律标准，也缺乏一定的法律依据，导致各地区征收标准、范围、数额、征收方式各不相同，各地区的生态补偿费名称也不尽相同。例如：草原管理部门征收草原生态补偿

金；环保部门征收环境保护资金；林业部门征收林木恢复补偿
金。部门之间由于缺少相互协调，常常会出现草原保护、生态保
护方面的法律法规与矿产资源资源立法对立分离的现象。

此外，征收生态补偿金的部门也不统一，各地区不同部门依
据各种不同条例、法规，针对不同的矿产资源，开展生态补偿费
征收工作。有的是林业部门征收，有的是草原管理部门征收，还
有的由税务部门征收。针对同一补偿对象产生多种名目的补偿
费，有的是重复征收，进而加重了企业负担。例如：2012 年以
来，由于域外市场对煤炭的需求量大幅度减少，鄂尔多斯市许多
煤炭生产企业煤炭大量积压，煤炭价格下降，企业利润降低，甚
至出现亏损。但是，多个部门都依据各自的有关规定，仍然按生
产数量对企业征收各种费用，导致煤炭生产企业难以为继。

第二，生态补偿方式比较单一

内蒙古草原生态补偿的主体主要是国家、地方政府、企业。
各级政府投入的有限的资金往往分散使用，资金的低效使用和浪
费现象严重。地方政府向企业征收的有限生态补偿资金又往往被
挪作他用，社会化、商业化、市场化补偿运作机制没有建立，补
偿形式单一。目前，内蒙古草原地区矿产资源开发生态补偿的形
式主要是资金补偿，其他形式的生态补偿缺乏，如劳务补偿、实
物补偿、区域性补偿等。有限的生态补偿金在使用、管理的规范
性方面还存在一些问题，难以发挥作用，生态补偿的融资渠道单
一，多元融资渠道、良性融资机制尚未形成。生态补偿资金的征
收、使用混乱，还没有形成统一、规范的管理体系，资金的收取
和使用存在较大漏洞。例如：一些旗、县、区，是根据企业注册
地收取、管理、使用费生态补偿金。而企业的注册地和矿产资源
开发地往往不在同一地区，造成在某地开发资源的企业，却向企
业注册地缴纳生态补偿费的现象。导致资源产地环境的破坏，却
拿不到生态补偿金，而在企业注册地，由于环境没有遭到破坏，

所以，这部分生态补偿金往往被挪作他用，难以发挥其作用。

第三，地方政府征收生态补偿资金困难

内蒙古煤炭、石油、天然气等能源资源和有色金属等矿产资源，大部分以原煤、原油、矿石料的形式外运，或者只经过简单筛选、简单加工或粗加工，缺少深加工、精加工。所以产品附加值非常低，产业利润大部分向非矿产地的深加工企业以及产业链中的中间环节流失，矿产资源开发地区和开采企业利润少，矿产资源开发地区的地方政府所获得的实际利益较少，企业经济效益也不高，所以地方政府没有足够的能力对环境进行生态补偿，无力对因矿产资源开发造成的草原生态环境破坏进行修复，从而导致地区资源优势不能充分转化为经济效益。

第四，矿产资源开发的生态补偿不全面

内蒙古矿产资源的生态补偿，主要还停留在生态学意义上的补偿，生态补偿的目的主要是促进生态系统良性的、优化的循环的层面上，还没有对矿区环境损害的直接受害者农牧民进行补偿，对牧民的利益补偿，基本上是依据《草原法》《矿产资源法》，主要是对占用草场方面的补偿，而环境污染对人造成损害的赔偿、生态服务水平降低的损失补偿，还没有提到议事日程上来。补偿的方式主要采取一次性现金补偿，得到补偿金的牧民基本上是外出务工或者勉强在污染严重的矿山周边继续生存。因为国家目前尚没有制定环境污染对人身损害的补偿的法律和补偿标准，牧民尽管有这方面的诉求，但是苦于没有提出补偿的依据而陷入无奈的境地。

由于对矿区生态环境补偿没有统一的标准，特别是企业对占用草场、草地后，对失去草场及环境破坏给当地居民带来的危害的利益补偿也缺乏一个统一的标准，一般是由矿产资源开采企业和群众进行协商、谈判。只有发生矿主与群众矛盾纠纷或出现群体性事件时，才由政府出面协调解决。但是，由于矛盾双方都出于各自的经济利益考虑，都力图实现利益的最大化，政府出面解决也往往难度很大，这也是近年来导致矿、民矛盾频繁发生的主要原因之一。例如：2011 年发生在锡林郭勒盟的"5·11"事件、"5·17"事件，这两起事件都是由于矿产资源开发与草原生态环境破坏、生态补偿等矛盾问题引起的，进而发展成刑事案件，致使两名牧民死亡，最后导致部分牧民到旗政府、盟政府抗议游行，形成带有民族色彩的群体性事件，影响了少数民族地区经济的协调发展和社会稳定。

三　完善内蒙古草原地区矿产资源开发与生态补偿机制的具体措施

1. 学习、借鉴国内外生态补偿经验

西方发达国家已经到了后工业化时期，他们在工业化初期、中期，同样遇到过我们今天遇到的问题，在如何处理矿产资源开发与生态补偿的关系方面，进行了积极的探索，积累了丰富的经验，这对内蒙古草原地区开发实施利益补偿提供了可资借鉴的选择和参考。例如："1977 年美国颁布了《露天采矿管理与修复法》。一律实行'谁破坏、谁恢复'，由矿主 100% 进行修复。在开采许可证申请得到批准但尚未正式颁发以前，申请人先交纳恢复治理保证金，该保证金在采矿者不履行恢复治理计划时用来支付恢复治理作业的费用，完成恢复治理且验收合格后予以返还。"[1] 德国对新老矿区采取不同措施，"对于历史遗留下来的老矿区，专门成立矿山复垦公司负责此项工作，复垦所需资金由政府全额拨款，并按联邦政府占 75%、州政府占 25% 的比例分担。对于新开发矿区，根据《联邦矿山法》的有关规定要求，矿区

---

[1]　黄向春、赵静静：《我国矿产资源开发生态补偿机制研究》，《中国矿业》2010 年第 19 期。

业主必须对矿区复垦提出具体措施并作为审批的先决条件；必须预留复垦专项资金，其数量由复垦的任务量确定，一般占企业年利润的 3%；必须对因开矿占用的森林、草地实行等面积异地恢复。在开发和复垦的过程中，政府制定严格的环保法规和标准，并经常进行专项检查，确保复垦工作落到实处"①。澳大利亚是世界上矿产资源丰富的国家，"1990 年颁布了《矿产资源开发法》，其中主要有三个方面的规定：一是从事采矿者必须恢复已破坏的土地及相关用地地貌。二是取得采矿权之前必须提交项目计划书，计划书中必须包括：环境评价、开采后土地复垦进度、植被复原的技术方法，水土流失控制，土地复垦与采矿活动必须同时展开。三是采矿企业提交一定的保证金，政府与相关部门要和企业一起承担矿区复垦责任"②。

我国生态补偿制度起步较晚，20 世纪 90 年代初期，我国环保部门在广西、福建、贵州等地试行征收生态环境补偿费。2007年山西省颁布了《山西省矿山环境恢复治理保证金提取使用管理办法（试行）》，这是我国第一个关于资源开发与环境保护的地方性法规，标志着我国矿产资源开发过程中生态环境补偿机制的初步建立。近年来，湖南、浙江、山东等省市实施了矿山环境恢复治理保证金制度，保证金的核算主要采取三种方法：占地面积法、矿种面积法、产量法，这些做法与经验都值得内蒙古学习与借鉴。

总之，矿产资源生态补偿的过程就是生态资源的所有受益者，向生态环境破坏的地区、向生态资源的供给者、受害者付费

---

① 高国力、丁丁、刘国艳：《国际上关于生态保护区域利益补偿的理论、方法、实践及启示》，《宏观经济研究》2009 年第 5 期。

② 宋蕾：《矿产资源开发的生态补偿理论》，《中国经济出版社》2012 年版，第 89 页。

的过程。因此，学习、借鉴国内外矿产资源开发生态补偿方面的经验与教训，避免走先破坏后保护的老路，是做好内蒙古草原生态补偿的有效途径。

2. 构建矿产资源开发与生态补偿机制

内蒙古草原生态补偿尚处于起步阶段，所以，积极探索适合内蒙古区情的生态补偿主体、资源类型、生态补偿标准、生态损毁程度测量、动态与静态生态补偿额度测算、运行机制是当务之急。必须结合内蒙古不同矿产资源对环境的破坏程度，探索运用财政手段、法律手段、宏观调控手段、社会补偿等综合手段，完善生态补偿机制，多方位筹措资金，实行市场化运作。除资金补偿形式外，积极探索实物补偿、劳务补偿等形式，尽快建立健全适应内蒙古区情的一整套生态补偿体制机制。

内蒙古草原地区矿产资源丰富，种类多样，而这些矿产资源在草原上的分布也具有一定的规律，比如：有色金属大多分布在山地草原地区；煤炭、石油、天然气主要分布在西部沙漠草原和戈壁草原、草甸草原地区；石英石、火山灰大多分布在山区，这些矿产资源在开发过程中，依种类不同，对草原生态环境的破坏程度有很大的区别。

首先，破坏最为严重的是煤炭开采，煤炭资源在开采的过程中，采矿面积大，矿点多，占用大量土地。尤其是露天开采，采矿面积更大，运输方式主要采取铁路、公路等方式，特别是草原地区大多是简易公路，无论是开采还是运输，都会对草原产生大面积破坏，粉尘污染、大气污染程度较严重，开采过程中还要大量排出地下水，造成地下水资源枯竭，地表径流严重污染，所以对煤炭开采的生态补偿标准应定为最高等级。

其次，有色金属等其他固体矿物质开采过程中，必须进行开山爆破，开采面积相对煤炭开采来讲要小许多，但是，开山炸石的爆破声，导致大量动物惊吓、迁徙，主要对野生动物资源破坏严重，同时尾矿废渣引起地下水体的重金属污染。由于这些矿点大多分布在山区，土质较少，所以对有色金属等其他固体矿物质开采应确定为第二等级。

再次，石油、天然气等资源开采面积较小，开采时采取地下抽取的方式、采取管道运输等。因此，大气污染、草场污染面积有限，污染主要集中在地表水、地下水和土壤的污染，对草原生态环境破坏程度最低，所以对石油、天然气等液体资源和气体资源的开采，征收的生态补偿金应该是最低等级。

生态补偿金必须按照资源的种类、对草原生态环境破坏的程度、修复的难度，要进行全面系统的评估，针对不同的草原地区和对草原地区的破坏程度、修复的难度，对矿产资源企业征收资源补偿费，对那些开采价值低、经济效益低，对草原破坏严重的矿产资源开采企业征收高额生态补偿金，使那些企业利润较低或没有利润的矿产资源开采企业自行退出市场，以达到保护草原的目的。

3. 改革税费制度和财政转移支付制度

世界各国在矿产资源开发与生态补偿方面做了大量的尝试与实践，有成功的经验，也有失败的教训，经过多年的探索，逐步形成了一整套的生态补偿措施、方式和方法。从国外的经验来看，税费制度和财政转移支付起主导性作用，"我国矿产资源生态补偿的税费主要包括：资源税、矿产资源补偿费、矿区使用费、探矿权使用费和采矿权使用费、探矿权价款和采矿权价款。这些税费虽然能在一定程度上起到补偿矿产资源开采所造成的资源经济价值损失的作用，但却没有将生态损害的成本计入其中，导致税费体制的设计不够合理"①。所以必须加强税费改革工作，

---

① 吕雁琴、李旭东、宋岭：《试论矿产资源开发生态补偿机制与资源税费制度改革》，《税务与经济》2010 年第 1 期。

将生态补偿计入矿产资源开发成本，并将其作为一项重要税费强制征收。

在财政转移支付方面，近年来，在总结西方各国经验的基础上，国家逐步实行财政的转移支付制度进行生态补偿，例如：2009 年国家向内蒙古重点生态功能区转移支付资金 10.04 亿元，2012 年度增加到 26.22 亿元。此项政策的实施，极大地缓解了内蒙古重点生态功能区县（市）的财政困难，在生态环境保护和基本公共服务均等化等方面，起到显著的作用。

所以，今后中央财政在不断加大向地方财政各级地方财政纵向转移支付为主导的基础上，各级地方政府也应该积极探索相应的纵向资金转移支付制度，并积极探索区域之间、行业之间的横向财政转移支付方式与方法，充分发挥税费制度与财政转移支付制度在矿产资源开发与草原生态环境保护方面的主导作用。

4. 建立专门的草原生态环境治理部门

草原地区矿产资源开采造成的生态损害，不仅仅是对草原生态环境的破坏，还涉及土壤、动物、林木、水源、气候等多方面。目前，内蒙古草原生态环境保护存在着多头管理的现象，例如：草原管理站只负责对草原破坏的管理，林业部门只负责对林木破坏进行管理，环境保护部门只负责对环境污染的管理，这种管理模式往往造成两种结果：一是针对生态环境的破坏程度，一些管理部门往往采取罚款了事的做法，多头罚款加大了企业的负担；二是一些管理部门热衷于罚款，没有在恢复治理方面下大功夫，即便是有，也是各自为政，没有统一的规划与设计，不利于矿区生态环境的修复与治理。

所以，要积极探索建立专门的草原生态环境治理部门，组建跨部门、跨行业、跨区域的管理机构。将资源开采评估、草原生态评估、生态学、土壤学、环境学等方面的专家吸收进来，全面负责矿产资源开发与草原生态环境的保护、修复、治理、监督、检查等工作。

5. 发挥政府生态补偿的主导作用

内蒙古草原地区开发矿产资源过程中，各级政府通过各种税收、资源补偿费等形式，增加了财政收入，矿产开采企业也有着丰厚的利润，而实际受损则是生态环境与当地的农牧民。按着"谁受益、谁补偿"的原则，生态补偿主体理应是政府和企业，而企业主要承担资金补偿的责任，政府则应承担草原生态环境的保护与修复的责任，从法理上分析，生态补偿与修复的主体理应是各级政府，而不是矿产资源开采企业。

第一，按照《中华人民共和国草原法》《中华人民共和国矿产资源法》规定，草场资源和地下矿产资源都属于国家所有。首先，矿产资源的开发利用是国家整体经济发展的需要，草原生态环境是国家生态安全的重要组成部分，矿产资源开发为全国的经济发展提供资源保障，特别是石油、天然气为全国各地经济发展提供能源动力，这都是国家整体利益的需要。其次，矿产资源开采过程中各级政府财政收入大量增加，实际是最大的受益者，所以生态补偿的主体理应是各级政府承担，企业只负责缴纳生态补偿金。

第二，将矿产资源开采企业定位为"生态补偿的主要组织者与实施者"，既不合理也不现实。2007 年国家出台生态补偿的原则，重点强调："谁开发、谁保护，谁破坏、谁恢复，谁受益、谁补偿。"从表层看，有其合理性和可行性，但从深层和具体实施过程看，这一政策也有其不合理的一面。在调查中我们发现：这一政策在具体实施的过程中出现两种情况：一是地方政府以此推脱责任或变相增加企业负担。二是矿产资源开采企业不愿意、也没有能力承担生态保护的责任。

市场经济条件下，企业以实现最大的经济效益为原则，生态补偿投入、对农牧民的利益补偿，企业总是尽可能地不补或少补，能拖就拖、能欠就欠；有些企业认为，企业照章纳税理所当然，但是让其承担"额外"的生态补偿，总认为不公平。另外，许多企业是地方政府招商引资引进的，一些地方政府答应给企业优惠政策，所以，企业在环境保护方面的积极性不高。与此同时，一些政府往往对企业环境破坏问题视而不见，以当地群众"不闹事"为原则。这也是多年来生态补偿机制难以建立的重要原因之一。

第三，矿产资源开采企业没有能力恢复与修复生态环境。矿区生态环境以及草原生态环境的修复是一项系统工程，涉及土质、气候、环境、动物种类、草种、树种、水质、水源等许多问题，需要多部门、多学科的科研人员的共同参与，才能起到事半功倍的效果。只有政府才有这样的协调与组织能力，仅仅靠企业投资，是远远不够的，只有各级政府才有能力完成生态恢复的系统工程。

政府利用企业投入的资金，再加上财政补贴、政策倾斜、项目实施，通过项目招投标等形式，充分发挥政府在生态补偿机制建立过程中的引导和组织作用，结合国家相关政策和内蒙古草原地区的实际情况，多部门、多领域合作，生态学、动物学、土壤学、植物学专家学者广泛地参与进来，通过科技创新、技术创新等手段，建立多元化的筹资、融资渠道，通过市场化的运作，逐步建立和形成良性的生态补偿机制。通过上级政府对下级政府、国家对地方的纵向补偿，同时建立区域之间的横向补偿，逐步建立健全全方位、多领域、多方式、多渠道、全过程的生态补偿体系，才能更好地达到保护生态环境的目的和发挥生态补偿投入的效果。

6. 提高矿产开采企业企准入门槛，主要承担生态恢复资金

近年来，随着内蒙古草原地区矿产资源开发力度的加大，矿产开采企业是草原生态环境的重要破坏者，同时也是矿产资源开发的受益者，企业进行生态补偿也是义不容辞的。但是，从企业

在矿区生态保护中的作用来讲，企业应该是主要的投资者，而不是组织实施者，企业承担的责任应从以下三个方面入手：

一是提高矿产开采企业的准入门槛，除了遵守国家现行的规定之外，在申报审批时，必须提交详细的草场恢复计划，详细内容包括多个方面，如表6—2：

表6—2　　　　草原地区矿产资源开发项目应规划的内容

项目规划书	复垦计划书	草场用途
		草场恢复进度，时间点
		地形地貌和植被状况
		表土剥离、复原和存放
		预备恢复层
		草原复原及技术方法
		道路、车辙及其他压实的草场面积
		草原水土流失控制
		工厂设备迁移损坏面积
		矿区安全
		复原草地的维护与监督
	可行性方案与技术措施	浅表矿处理
		采掘凹陷
		地下开采
		尾矿处理
		尾矿坝
		废料场以及堆浸场等生产
		区域的草场复原

环境评价书	尘土、空气、水体、噪声，动物、植物
	交通运输、水土侵蚀等方面

二是企业必须将生态补偿金纳入企业成本之中，按开采数量、吨位对草原生态破坏的程度收取生态保护费用，由专门的矿区生态环境治理管理部门组织实施生态恢复工程，企业只负责提供资金，随着矿产资源价格上涨逐年增加。

三是矿产开采企业每年按吨位向当地牧民缴纳损害补偿金，随着物价上涨和矿产资源价格提高，每年计算一次，这样牧民可以获得持续的经济补偿，解除牧民的后顾之忧，牧民也可以从资源增值中获得收益，会有效地化解企业与牧民的矛盾。

7. 建立包括政府、企业、民间机构等多元化的生态利益补偿机制

只有多元化的生态利益补偿机制，才能更好地保护地区与受益地区共同发展，才能构建起完善的生态补偿网络。为此，一要坚持以政府为主导；二要坚持以矿产资源开采企业为投资主体；三是推动民间组织、民间基金会等社会力量参与生态补偿和生态环境的保护与修复；四是推动生态补偿市场化、机制化、长效化，形成生态利益补偿的联合体，更好地保护与修复内蒙古草原生态功能区。

第三节 保护内蒙古草原生态环境的制度与政策措施

保护内蒙古草原生态环境要树立环境的整体观念，把内蒙古草原生态环境保护上升到国家生态安全的战略高度，确立生态优先的草原发展战略，进一步完善保护内蒙古草原生态环境的政策与制度措施，加强与国际的交流与合作，是做好草原地区矿产资

源开发与生态环境保护的根本保证。

一　树立全国生态建设一盘棋的思想理念

保护与修复内蒙古草原生态功能区，加快内蒙古草原地区生态文明建设，是国家生态文明建设的重要组成部分，必须放在国家层面上来考虑，要树立全国生态建设一盘棋的思想理念。

内蒙古草原地区生态环境恶化，除了自然本身的因素之外，在人为因素中，近年来，矿产资源开发对环境的破坏力越来越大。从表层次上看，是某些地区为了追求经济利益乱采乱挖，不合理开发，忽视了草原生态保护等造成的。但是，从深层次的角度来分析，市场对能源、资源的需求则是乱采乱挖的助推器，巨大的市场需求、丰厚的利润、有关政策与措施的不完备以及落实不到位，是造成内蒙古草原地区生态环境恶化的重要因素之一。

就内蒙古草原地区各级政府来讲，一方面要合理开发利用矿产资源，促进地区经济社会的发展，另一方面也不能破坏草原生态环境；一方面要满足市场需求，发挥资源优势为全国各地提供能源、动力支持，另一方面又要投入大量的资金、技术加强生态环境建设；一方面要考虑草原牧民的经济利益问题，另一方面又要考虑矿产开采企业的利益问题。这对于经济文化相对落后的内蒙古来讲，不仅仅是一个双重压力问题，而是多重压力问题，而将这些压力全部让地方政府来承担，本身是不公平的。

内蒙古作为我国重要的能源资源基地，多年来在煤炭、电力、冶金、天然气、稀土资源等领域有力支援了国家经济建设，特别是电煤外运和电力输出，为全国各地区的快速发展、缓解全国煤、电紧张做出了重要贡献，所以说，内蒙古草原地区生态环境的保护与修复，对全社会乃至全国都有重大的意义。

所以说，从国家层面上来讲，必须树立草原生态建设全国一盘棋的思想，要进一步完善、落实有关政策与制度措施。进一步加大对草原地区生态补偿力度，建立健全体制机制，具体来说，可以采取两种措施：一是提高矿产资源开发环境补偿费，专款专用；二是对那些资源消耗大省通过税收的手段，收取资源使用环境补偿费，转移支付给矿产资源开发地区保护环境，因为这些省区同样间接地破坏了草原生态环境。

二　把内蒙古草原生态环境保护工作上升到国家生态安全的战略高度

进入 21 世纪，生态环境问题已成为区域性、国际性问题。随着生态危机的加深，环境问题国际化倾向越来越明显。国际社会已越来越认识到，由于环境问题的整体性，地球上任何地方的环境破坏都会引起连锁反应。例如 2013 年 12 月，席卷大半个中国的雾霾天气，已经波及朝鲜、日本、韩国等东北亚国家，内蒙古地处我国北部边疆，与蒙古、俄罗斯等接壤，西部地区与中亚各国邻近。因此，内蒙古草原生态环境的好坏，不仅直接影响内蒙古各族群众的幸福指数、生存质量、社会安定的问题，而且会直接影响到京津唐地区，也会影响国家安全战略和周边国家的关系问题。

国际社会兴起了一股思潮：认为环境问题是一种"超越领土范围、非地理范畴"的概念，是跨区域、跨国界、跨领域的问题，成为一些西方国家"以借环境安全之名，为干涉其他国家主权提供理论依据。与国家生态安全有关的生态环境问题将成为 21 世纪冲突与战争的导火索"①。

现在一些西方国家把生态环境问题和民族权利、生存权、发展权、人权等联系在一起，把环境问题作为对华外交的一个重要主题，西方国家和反华势力、特别是一些发达国家，企图利用环

———————

① 杜强：《论国家生态安全》，《中国环保产业》2003 年第 4 期。

境问题制约中国的发展，借口民族地区生态环境问题不断挑拨我国的民族关系，制造中国威胁论。我们也应当承认，"现在内蒙古与周边国家确实也存在着一些环境隐患，如与俄罗斯的跨界河流污染问题，内蒙古的沙尘暴越界影响到了朝鲜、韩国和日本等等，我国少数民族地区的草场退化、土地沙漠化、沙尘暴、水源污染的确对相邻国家产生了一些负面影响"①。美国等西方国家也借口中国的雾霾天气、沙尘暴、环境污染等问题要挟中国这一点也应该引起我们的高度重视。

我国少数民族大多分布在边疆或接近边疆地区，内蒙古自治区地处祖国北部边疆，由于自然因素和历史因素以及全球气候变暖等因素，草原生态环境确实不容乐观，近年来国内的一些民族分裂主义分子、极端民族主义分子甚至暴力恐怖分子，也往往打着为民族生存与发展的旗号，维护所谓的"民族权力"，以环境问题为突破口，制造民族事端、制造民族隔阂，极具煽动性和蛊惑性，严重影响少数民族地区的社会和谐与稳定。

在党的十八大报告中，明确把生态文明建设贯穿到其他四个文明建设的全过程中。所以说，应把内蒙古草原生态环境保护上升到国家生态安全的战略高度，不给国际反华势力和国内民族分裂主义分子以口实。加强内蒙古草原地区生态环境保护与修复，不仅有利于我国发展战略的顺利实现，而且有利于维护地区的和平与稳定、有利于促进周边国家的睦邻友好。

三　进一步完善保护内蒙古草原生态环境的政策与制度措施

党的十八大报告强调，建设中国特色社会主义，形成包括经

---

① 侯丽清：《少数民族地区生态文明建设与国防安全》，《阴山学刊》2009年第4期。

济、政治、文化、社会、生态文明五位一体总体布局。今后乃至相当长的一个时期，将是我国加快建设环境友好型社会时期。这对于内蒙古草原生态建设、加大草原生态保护和建设力度提供了政治保障，也是促进草原生态形势好转的新时期。

在草原生态建设上，内蒙古要坚持保护与建设并重、坚持保护优先的原则，落实"资源开发与保护并重""畜牧经济发展与草畜平衡并重""禁牧、休牧、轮牧"三项制度并重，改变传统的不合理的资源开发利用方式。建立草原保护制度，禁止任何单位与个人，以土地流转、草场流转为借口，擅自征用、占用基本草地或改变其用途等。草原生态环境保护与修复是个系统复杂的工程，任务还十分艰巨，具体来讲还要做好以下几个方面的工作：

1. 确立生态优先的草原发展战略

关于草原牧区矿山企业发展与生态保护能否双赢，一些地方干部群众对这一问题分歧很大，一部分人强烈反对在草原上办工厂、开矿山，他们认为这样得不偿失，如果开发草原地区矿产资源，必然会破坏草原生态。另一部分人则认为强调生态保护、环境保护没有错，但不能以牧民的贫穷和牧区的停滞不前为代价，来保持一种原始的风貌。所以统一思想、统一认识是当前的一个重要问题，必须把思想统一到"生态优先的草原发展战略上来"才能做到合理开发和利用草原地区的矿产资源，同时建立保护草原生态环境的有效机制，实现双赢。在矿产资源开发过程中，应优先对环境效益进行评估、建立补偿机制和草原生态环境保护机制，充分发挥草原生态功能在经济社会发挥在经济社会发展中的作用，处理好发展与保护的关系、近期利益与长远利益的关系、生态效益与经济效益的关系。

2. 切实落实好草原生态补助、奖励机制政策

内蒙古草原面积广大，不同地区植被特点鲜明，有湿地

草原、草甸草原、山地草原、戈壁草原、沙漠草原等不同类型。所以，在补偿政策上要根据不同类型、不同地区对草原的影响程度、修复的难度、对牧业经济发展的影响等几个方面，因地制宜地给予特出的政策支持和补偿标准，不能搞一刀切政策。

集中出台一系列有利于矿产资源开发、草原生态改善、牧业经济发展、牧民生活提高的发展政策，强牧、惠牧、惠民政策，提高农牧民保护草原生态环境的积极性，在矿资源开发过程中坚持开发与保护并重的原则，因地制宜地建立环境保护与修复政策。

从中央决策上看，国家决心下大力气保护草原。作为草原大区的内蒙古，除了要认真落实国家有关草原生态保护奖励机制、各项补助政策必须到位以外，还要结合内蒙古的实际，拿出必要的配套资金、措施，加大对禁牧草原给予补助的力度，进一步建立符合内蒙古实际的草原生态补偿机制，调动广大牧民封草禁牧、保护草原生态平衡的积极性与主动性。重要的是必须调整产业结构、转变牧民生产方式，把大力发展循环经济与节约型消费结合起来，提倡绿色经营、健康文明、有利于节约资源和保护环境的生活方式与消费方式，才能达到保护草原、恢复草原生态平衡的目的。

3. 扩大实施"退牧还草"工程和"生态移民"工程

"退牧还草"和"生态移民"（包括矿区生态移民）战略，已成为内蒙古保护草原生态环境、消除区域性贫困一项重要战略行动。要积极引导，有计划、分步骤地组织实施划区轮牧、休牧和禁牧工作。内蒙古大草原是"京津唐"生态门户，是中国北疆重要的生态屏障。必须落实好退耕、还林、还草、还牧工程；进一步规范草原地区矿产资源开发秩序，加快环京津地区防沙、治沙工程建设。

截至 2009 年底，"我区累计移民 40 万人左右，保护了近 2 亿亩草原。全区共实施草原围栏面积 19040 万亩。其中禁牧 7732 万亩、休牧 10668 万亩、划区轮牧 640 万亩，同时补播 3913 万亩，全区草原禁牧休牧轮牧总面积达到 7.81 亿亩"[1]，取得了良好的成效。

2011 年国家发展改革委员会颁布《"十二五"促进区域协调发展的思路建议》，将建立生态环境补偿机制、鼓励生态移民作为针对限制开发区和禁止开发区而实施的区域政策之一，作为草原大区的内蒙古必须加强与有关部门的沟通与衔接，争取扩大"退牧还草"工程和"生态移民"工程实施范围。

内蒙古"十二五"期间，启动"第二期退牧还草工程"，截至 2015 年共完成退牧、还草 1.5 亿亩，集中治理生态脆弱和严重退化草原，使草原生态环境有了明显的好转。

目前，对实行禁牧封育的地区，中央财政按每亩 6 元的标准给予补助。这个标准远远低于农业补贴，所以要进一步提高中央投资标准。内蒙古财政也应该增加禁牧补贴额度，不断完善政策措施。还需进一步扩大"退牧还草工程"的实施范围，加快畜牧业产业由粗放型向集约型转变，由传统畜牧业向现代牧业转变，促进草原生态修复。确保移民"对迁出地区进行围封、休牧、禁牧等措施，推广舍饲圈养，积极调整传统草原畜牧业结构，巩固生态建设成果"[2]，逐步减轻天然草原的人口压力和牲畜放牧压力。

① 崔楠：《退牧还草富了牧民绿了草原》，《内蒙古日报》2010 年 7 月 22 日第 2 版。

② 张丽君、王菲：《中国西部牧区生态移民后续发展对策探析》，《中央民族大学学报》（哲学社会科学版）2011 年第 4 期。

实践表明，扩大实施"退牧还草"工程和"生态移民"工程是保护与修复内蒙古草原生态功能区的一项重要举措。但是，在实施这两项工程时，必须做好以下几个方面的工作。

第一，对"退牧还草"工程和"生态移民"工程可行性进行长远的规划。

内蒙古牧区面积较广，"退牧还草"工程和"生态移民"工程的后续发展任务复杂而艰巨。例如：在确定迁入地和迁出地时，须对移民的必要性、可行性进行全面、细致、长远的规划，处理好生态移民与迁入地居民的关系，协调好生态移民与迁入地居民的各种利益关系，建立新社区矛盾化解的长效机制，维护社区和谐与稳定，防止二次生态移民，真正做到"迁得出、稳得住、能致富"。

第二，做好"退牧还草"工程和"生态移民"工程的后续工作。

实施"退牧还草"工程和"生态移民"工程，涉及很多社会问题和法律问题。如：《民族区域自治法》《草原法》《草原承包法》《村民组织法》等。与此同时，还涉及民族团结问题和民族关系问题。所以说，内蒙古"退牧还草"工程和"生态移民"工程战略的实施，既要使生态环境得到休养生息，使部分贫困人口实现易地择业脱贫，又要促进地区产业结构调整，加快农牧区基础设施建设和城镇化进程，必须充分做好迁出地农牧民的思想工作，同时也要做好迁入地农牧民的思想工作，在充分尊重广大农牧民意愿的基础上，做好交通、水电、子女上学、充分就业的工作。

第三，尊重农牧民的意愿，调动广大农牧民的积极性。

实施"退牧还草"工程和"生态移民"工程，目标是使这些农牧民"迁得出、能致富"，使他们实现发展生产、生活幸福的美好愿望。农牧民祖祖辈辈生活在草原上，他们对赖以生存的草原有着深厚的感情，对草原生态环境状况也非常了解，生态移民必须尊重农牧民的意愿。鼓励那些退耕还林还草的农牧民，在原有的土地上植树造林，每成活一株，政府给予一定的补助，这样既保护了环境，又获得了利益，不仅恢复了生态，还调动了农牧民的积极性。

"退牧还草"工程和"生态移民"工程的实施，一定要避免决策失误而造成的生态灾难，克服因制度性障碍而导致社会不公和非正义，还要尊重少数民族群众的意愿，做好思想政治工作，消除因为利益、观点分歧而产生的个人与地方政府之间、人与人之间的猜忌、隔阂和不信任。建立和维护群众利益的发展机制和化解社会矛盾的有效机制、制定出能使移民脱贫致富的公正制度。使群众在平等、自由参与的基础之上，积极参与草原生态环境建设。

4. 大力加强草原监督管理体系建设

我国草原主要分布在边疆地区和少数民族地区，是少数民族群众赖以生存的物质基础。加强草原监理体系建设是维护广大农牧民利益的需要，是维护边疆民族地区社会和谐与稳定的需要，也是维护国家草原生态安全的需要。

2010 年，中央农村工作会议首次把"加强草原监理体系建设，强化草原执法监督"作为构筑生态安全屏障的一项重要措施。早在 1983 年，内蒙古呼伦贝尔市新巴尔虎旗第一个成立了"草原监督管理所"。2003 年，农业部草原监理中心成立，标志着我国正式成立国家、省（自治区）、地、县四级草原监理。

"由于我国草原监理工作起步晚、基础差、投入少，目前全国西部地区近一半地、县尚未建立草原监理机构，全国草原监理人员不足 8000 人，平均每人需管理 80 万亩的草原。现有草原监理人员中，本科以上学历不足 1/4，法律专业的仅占 5%。"①

截至 2011 年，内蒙古现有县级以上草原监理机构 114 个，草原监理从业人员 1895 人，平均每人负责 60 万亩的草原监理工作。草原执法监督人员数量不足、专业素质不高、技术落后的问题较为突出。所以，进一步健全和完善草原监理机构，增加科技投入，合理布点，对破坏草原生态平衡的违法行为实施有效监控，提高执法队伍素质、改善草原监理机构的执法装备，是进一步完善保护内蒙古草原生态环境的重要措施。

长期以来，由于对草原的地位和作用缺乏正确的认识，在草原上乱垦、乱挖、非法占用草原的现象仍然十分严重，造成草原生态持续恶化。所以，加强草原监理部门的执法力度、依靠群众、创新草原执法监督方式，坚决查处草原违法案件，对于维护草原生态安全，促进民族团结、维护边疆社会和谐与稳定意义重大。

5. 加强与周边国家的交流与合作

草原是维护整个人类生存与发展的物质基础，草原生态建设与保护，必须突出草原生态环境的整体性特征，要突破国界和地域的限制，把它放在人类生存家园的安全高度，要超越狭隘利益观念，强调每个国家对维护人类生存的物质基础、环境基础的责任与义务，实现国家与国家之间、民族与民族之间、地域与地域之间的交流与合作，特别是发达国家更应该承担更多的义务，帮助发展中国家保护草原生态环境，提供必要的技术、资金、优质牧草等支持，而发展中国家也要高度重视草原生态环境的保护，不能只顾发展，忽视草原生态环境的保护，要形成共同保护，共筑绿色、环保的地球家园的全球意识。

---

① 李志强：《加强草原监理体系建设维护草原生态安全》，《中国畜牧兽医报》
2010 年 3 月 2 日第 3 版。

内蒙古大草原是典型的欧亚大陆草原，与其相邻的周边国家和地区，生态系统都比较脆弱，这些国家和地区的生态环境恶化，也会直接影响内蒙古本已十分脆弱的草原生态环境，进而影响国家生态安全和全球生态安全。

内蒙古的沙尘暴已经对我国华北地区构成了巨大威胁，每年沙尘暴的爆发次数逐年增加，强度越来越高，不但给内蒙古和华北地区造成了巨大的经济损失，而且对人民群众的生命健康产生巨大威胁，内蒙古的治沙工作已经引起全社会的广泛关注。例如，"1993 年 5 月 5 日，阿拉善盟遭受特强沙尘暴袭击，造成直接经济损失达 2.85 亿元。当地草场全部遭灾，73 万头牲畜受灾，死亡牲畜 1.4 万头，沙埋引水渠 12km，损坏房屋 3000 多间。吉乌铁路被沙埋超过 600m，积沙一米多厚，毁坏广播电视发射塔 10 个"①。

生态保护没有国界，我们也应该注意到，与内蒙古相邻的蒙古国、俄罗斯、中亚等国家，土地沙化、沙漠化、草原退化的现象也十分严重。保护人类生存的美好家园不应有国境限制，防沙、治沙是全世界共同的责任，世界各国都要积极探索防沙、治沙的经验，特别是发达国家更有条件和义务帮助一些发展中国家开展防沙固沙工作，增加科技投入、形成合力，有效防止草原生态环境的持续恶化。

目前，我国与周边国家不断加强草原生态保护方面的合作与沟通。与蒙古、俄罗斯等国家签订了跨国自然保护区、管理和保护等双边协议；建立草原生态自然保护区、禁猎区等；联合研究牧业经济、保护草原动植物生态系统等协议。"在东北亚地区，中国与俄罗斯、日本、韩国、蒙古建立东北亚环境合作机制，就

---

① 武艳娟、张永生、邸瑞琦：《加强内蒙古沙尘暴气象服务业务研究的必要性》，《内蒙古气象》2013 年第 1 期。

控制区域性沙尘暴、俄中蒙跨界自然保护区、酸雨问题、海洋保护与发展等问题，进行了对话与交流，增进了相互之间的了解与沟通，成为五国政府进行环境合作的一个重要渠道。"① 在这方面取得了明显的成效。

但是，目前与西方发达国家，特别是畜牧经济比较发达的新西兰、澳大利亚、加拿大等草原大国，在这方面的经验交流与合作相对较少，这些国家在草原生态保护、草原地区矿产资源开发、畜牧经济发展等方面的经验值得我们学习与借鉴。

第四节　保护内蒙古草原生态环境的法律措施

近年来，在矿产资源开发过程中，为了保护内蒙古大草原生态环境，为维护内蒙古草原地区的生态平衡，中央政府与内蒙古相继出台了一系列的法律法规和地方性法规，为保护内蒙古草原、维护我国北疆生态安全提供了法律依据，内蒙古各旗县也相继出台了一系列制度措施，有效地保护了草原生态平衡。但是，在法律实施的过程中还存在着许多问题，一些法律本身存在着相互矛盾的地方，需要进一步修订、完善，一些新的法律法规需要尽快出台，草原保护的监督检查力度有待进一步加强。

一　发挥法律法规在保护内蒙古草原生态环境的功能与作用

20 世纪 80 年代以来，国家出台了《草原法》《农村土地承包法》《矿产资源法》《土地管理法》等法律法规。内蒙古自治区也陆续制定出台了《内蒙古自治区基本草牧场保护条例》《内蒙古自治区草原管理条例》《内蒙古自治区草原管理实施细则》

---

① 曲格平：《关注生态安全之一：生态环境问题已经成为国家安全的热门话题》，《环境保护》2002 年第 5 期。

《内蒙古自治区草畜平衡暂行办法》《内蒙古自治区草原承包经营权流转办法》等地方性法律法规、指导性文件，形成了独特的内蒙古草原保护工作的法律法规体系。

为实现草原生态环境保护与矿产资源的合理开发与利用的双赢，实现草原畜牧业经济发展与矿产资源开发的合理利用，并起到积极作用，《草原法》第 5 条明确规定："任何单位和个人都有遵守草原法律法规、保护草原的义务，享有对破坏草原的行为进行监督、检举和控告的权利。"第 12 条明确规定："依法登记的草原所有权和使用权受法律保护。"《内蒙古自治区草原管理实施细则》第 7 条明确规定："集体所有草原由旗县人民政府确认草原所有权，核发《草原所有证》。嘎查村农牧民集体所有的草原，《草原所有证》发给嘎查村农牧业集体经济组织；已经属于苏木乡镇集体经济组织所有的，《草原所有证》发给苏木乡镇农牧业集体经济组织；已经分别属于嘎查村内两个以上农牧业集体经济组织所有的，《草原所有证》分别发给各该农牧业集体经济组织。"第 9 条明确规定："全民所有草原和集体所有草原，可以由集体或者个人承包从事畜牧业生产。"内蒙古出台的《草原承包经营权流转办法》第 5 条明确规定："提倡草原承包经营权就近流转。全民所有草原承包经营权优先在本旗县内流转，在本旗县内不能实现流转的，可以在本旗县以外流转。集体所有草原承包经营权优先在本集体经济组织内流转，在本集体经济组织内不能实现流转的，可以在本集体经济组织以外流转。"《内蒙古自治区草畜平衡暂行办法》第 7 条规定："保护草原是每个公民的义务。对超载过牧造成草原退化、沙化的行为，有权监督、检举、控告。"

这些法律、法规，加强了草原监理体系建设，规范了草原行政执法行为，进一步明确草原权属，在法律制度上，创建了一个符合内蒙古实际的草原资源保护的良好环境。

二　因地制宜，积极营造保护草原资源的法治环境

从国家层面上讲，《草原法》是草原保护的基本法律制度，除了禁止过度开垦草原、禁牧和休牧等规定以外，还预见性地规定了维持干旱、半干旱地区的草畜平衡、草原矿区采土作业活动、草原旅游活动管理等制度。同时，《草原法》还在规范草原行政执法行为，强化草原执法者的权利与义务，建立了一套行之有效的草原保护与管理的法律机制。

从内蒙古自治区层面上讲，内蒙古为了更好地落实《草原法》，相继出台了一系列的地方性法律法规，如：《内蒙古自治区草原管理条例》《内蒙古自治区基本草牧场保护条例》《内蒙古自治区草畜平衡暂行办法》等，明确草原权属和完善草原家庭承包制，落实草原所有权和使用权维护农牧民合法权益，打破草原粗放经营模式和固化均衡的传统，实现草原生态管理体制等，为实现草原畜牧业可持续发展创造良好氛围。

从各盟市层面上讲，各盟市都因地制宜地出台了地方性法规与条例，以 2011 年为例：

包头市政府制定了《包头市草原生态保护补助奖励机制实施方案》，这一方案不仅进一步强调国家草原生态保护奖励机制的总体思路和原则，还规定了符合当地经济水平的草种补贴标准、禁牧补贴标准等具体配套政策，从而细化了国家草原生态保护奖励机制在西部欠发达地区的实施范围和保障措施；同年达茂旗、九原区、固阳县这三个旗县提交了草原生态保护补助奖励机制工作试点的申请，并已得到包头市政府批复，已开始加紧运作各自的草原生态保护补助奖励机制实施方案。

巴彦淖尔市通过大量调研，由政府牵头制定了《巴彦淖尔市草原生态保护补助奖励机制牧草良种补贴实施意见》，这一实施意见对巴彦淖尔市具体落实草原补奖、植物种类和草种补奖标

准做出了配套的政策规定，现已上报自治区人民政府并通过
审核。

鄂尔多斯市派遣技术人员对各旗区基层政府、村委会、牧民
进行相关草原补奖的具体实施方案的专业指导，对其所制定的补
奖、补贴政策进行评审，使草原生态补奖方案和牧草良种补贴方
案的落实与国家草原生态保护奖励机制的总体思路和原则相
一致。

这些地方性法规条例，结合各盟市的不同情况，因地制宜，
为保护内蒙古草原资源生态环境起到了积极的作用，为草原监督
管理部门依法行政营造了良好的法制环境。

三　进一步完善保护草原生态的法律法规和执法环境

在内蒙古，草原与牧民生活、地方经济息息相关，建立健全
草原配套法律法规对于改善草原生态环境、维护广大农牧民切身
利益、加强草原保护和管理提供了重要的法律依据和保障，积极
促进了社会的可持续发展。

1. 进行草原普法宣传，继续提高全民保护草原的法律意识

我国草原多处于不发达地区，绝大部分人对草原生态环境的
现状、作用、功能认识不到位，而当地农牧民群众法律意识淡
薄，农牧民也不知如何用法律来维护自身利益，草原保护未完全
达到法治化管理。所以，树立草原保护法治意识就显得尤为
重要。

第一，加强草原执法人员的培训力度。各级草原行政主管部
门要逐级开展草原生态环境保护培训，把草原普法宣传和日常业
务工作一同部署、落实、考核，实行宣传工作责任到人，增强执
法人员的草原保护意识和忧患意识，使执法人员率先学好各项法
律、法规，提高其综合决策能力。

第二，开展草原普法宣传月活动。利用草原普法宣传月、法

制宣传日等活动，在基层电视台和广播电台蒙文频道播放专题片、设置基层蒙文法律法规咨询点，向广大农牧民讲解草原法律法规，印发针对牧民实际情况的相关蒙汉文宣传资料等，为依法保护草原营造了更加良好的社会氛围。采用群众喜闻乐见、通俗易懂的宣传手段，对草原普法进行多样化、特色化宣传以增强影响力、感染力。条件成熟时，设置草原普法宣传网站，通过专题微博、简报等形式及时将本地区、本部门草原保护建设中的重要法规、政策、重要活动、有关案件进展向社会各界进行通报，增强草原宣传的手段，扩大宣传覆盖面，为草原保护和建设营造良好舆论环境。

第三，依靠群众形成联动机制。鼓励群众举报草原违法案件，集中查处群众反应强烈、纠纷矛盾激化的案件，在大案、要案中实现部门配合、上下联动，做到程序公正、公开，提高草原法律法规的严肃性和震慑性，利用新闻媒体、网络等宣传平台，建立信息互动、信息交流、信息反馈的工作机制。

2. 进一步完善草原立法，改善草原执法环境

2013 年为草原执法监督年，农业部将继续贯彻实施《最高人民法院关于审理破坏草原资源刑事案件应用法律若干问题的解释》（简称草原司法解释），加大打击各种破坏草原的违法犯罪行为，积极推动草原执法监督工作的法治进程，营造草原保护良好氛围。但是，现今草原立法仍存在着一些不足，例如：恢复补救性措施较多、法律责任规范较少，草原犯罪的刑事责任难以实现等问题。鉴于此种情况，应理顺《草原法》与其他法律的衔接，尽快制定和修订《草原法》的相关配套规章，强化对违法行为的处罚力度。

（1）在立法方面：

第一，尽快修订《草原法》。要完善条文之间的逻辑结构，《草原法》第 1 条规定："为了保护、建设和合理利用草原，改

善生态环境，维护生物多样性，发展现代畜牧业，促进经济和社会的可持续发展，制定本法。"但是，《草原法》现行目录却排列为第四章"建设"、第五章"利用"、第六章"保护"，这与第1条的逻辑结构不一致，建议修改目录，使之符合形式逻辑，进而达到结构合理。

第二，要进一步完善草原产权制度。《草原法》第9条规定："草原属国家所有，由法律规定属于集体的除外，国家所有的草原由国务院代表国家行使所有权。"但在现实中，对国家所有的草原而言，由于国务院无法直接行使权利，而是将草原管理权不断下放到地方各级人民政府，导致了各种权利和义务的分散化、模糊化，利益冲突严重。对集体所有的草原而言，由于村委会往往滥用行政权力从而代替集体成员，导致所有权的主体地位虚置，草原控制权与受益权的矛盾突出，建议草原法明确权属，禁止任何个人、组织剥夺或附加法律规定以外的义务和责任给产权人，让明确的产权人来承担其利益和负效应。

第三，进一步完善法律责任。《草原法》"第八章关于违反草原法的法律责任"的规定过于简单或不尽合理，在民事责任方面，《草原法》第63条规定："非法批准征用、使用草原，给当事人造成损失的，依法承担赔偿责任。"第66—70条规定："给草原所有者或者使用者造成损失的，依法承担赔偿责任。"此处的违法者只需承担赔偿责任这一种民事责任即可，况且这里的赔偿责任并不是规范的民事责任方式，建议完善行为人民事责任方式，即根据违法行为的情况可分别承担停止侵害、排除妨碍、消除危险、恢复原状、返还财产和赔偿损失中的一种或几种。

第四，加大对破坏草原的惩罚力度。《草原法》第66条规定"非法将草原开垦，没有违法所得的，并处5万元以下的罚款"。这就意味着如果当时没有收益，"无论当事人开垦多大面积的草原，其最高罚款额度不能超过 5 万元，这不能给违法者和将要违法者足够的震慑，建议加大处罚力度，提高行政处罚标准，对此类案件当事人的处罚标准可定在 15 万至 20 万元，同时予以拘留或劳教等处罚"[①]。才能对非法破坏草原的行为给予震慑。

所以说，国家只有在法律层面上做出保障，才能使我国的矿产资源开发工作和生态环境保护工作逐渐走向规范化、科学化。

（2）在法律适用方面：

第一，理顺《草原法》与其他相关法律的衔接。删除《农村土地承包法》关于草原草场的规定，《农村土地承包法》第 2 条规定："本法所称农村土地，是指农民集体所有和国家所有依法由农民集体使用的耕地、林地、草地，以及其他依法用于农业的土地。"但是，由于该法主要是针对耕地制定的，并不能考虑草原本身的自然属性及其特殊性。因此，并不适用于调整草原草场的承包。建议对该法凡涉及草原草场的法条一律废除，实践中只需援引《草原法》的规定即可。要补充《矿产资源法》的罚责空白，近几年来内蒙古草原上开矿作业相当频繁，一些企业为了自身利益在草原上排放污水、甚至喷洒剧毒农药，破坏了草原。但目前《矿产资源法》仅有第 32 条规定："开采矿产资源，必须遵守有关环境保护的法律规定，防止环境污染"；《草原法》第 54 条规定："禁止在草原上使用剧毒、高残留以及可能导致二次中毒的农药。"这些规定仅为原则性规定，建议出台司法解释，对非主观故意造成破坏草原的行为，处以巨额罚款；对主观故意破坏草原的行为，追究刑事责任，并明确起诉标准。

第二，明确非法开垦草原的量刑标准。例如：《草原法》第

---

① 冯学智、李晓棠：《我国草原法律体系的完善》，《草业科学》2013 年第 5 期。

61 条的草原监督管理失职行为；第 62 条的截留、挪用草原建设资金的行为；第 63 条的非法批准征用、使用草原行为；第 64 条的非法转让草原行为；第 65 条的非法使用草原行为，以上条款表述方式均为"构成犯罪的，依法追究刑事责任"，这意味着《草原法》只规定了罪而没有设定刑罚。因此，必须在不打乱刑法典条文的前提下，颁布刑法修正案，将草原违法行为的具体刑罚直接插入刑法典原有条文中予以修改或补充，这样既指引和规范了公民行为，又能避免法院援引条文时导致的司法适用弊端。

　　第三，加快地方配套立法，提高地方立法的质量。例如：《土地管理法》第 4 条规定："农用地，包括耕地、林地、草地、农田水利用地等"，刑法第 228 条、第 342 条和第 410 条所规定的"土地管理法规"在理论界被认定为《土地管理法》和《草原法》，这就形成了《草原法》《土地管理法》《刑法》三者之间的链接，取得了一定效果。但是法院在审理案件时，这种间接定罪量刑的可操作性却显得非常有限。所以，积极做好《草原法》的配套地方立法工作，对《草原法》上述存在的缺陷先行改革，在立法上加大调研力度、注重质量，制定出具有当地特色的草原地方立法。"内蒙古可先行缩小《草原法》关于行政处罚数额的幅度，以尽量弱化行政自由裁量权过大给执法带来的偏差。同时，可增设对非主观故意造成的破坏草原的行为和对主观故意破坏草原的行为的行政处罚，明确责、权、利之间的关系。"①

　　（3）在草原执法方面：

　　第一，对已经制定的有关规章进行清理、统一。及时修改或者废止与《草原法》相抵触的行政规章，以形成较为完整、协

----

① 斯庆图：《内蒙古"一法一例一规章"草原法律体系的实践探析》，《内蒙古林业调查设计》2012 年第 6 期。

调的法律体系。同时，要协调各级草原行政主管机关的行为，避免因各部门随意解释法律法规所造成的地区倾斜或部门局限，同时各部门各地区要因地制宜，具体问题具体分析，针对不同类型的草原，制定符合当地区域特点的相关条例、法规，使草原执法部门有法可依、照章办事。

第二，各级草原行政主管机关要在法律、法规范围内运行执法监督机制，不能因个别领导人的意志去行事，有关草原方面的重大决策要以法律为依据、要有合法性审议程序，并受法律制约，按照十八届四中全会精神，全面依法治国、依法行政。

第三，当条件成熟时，在不损坏法制统一的原则下，各级草原行政主管机关要明确草原监督管理机构的法律地位，使其对草原违法行为、违法性质、违法程度进行的鉴定结论，能够成为公安机关和检察机关调查取证并向人民法院提起公诉的有效证据。

第四，针对不同类型的草原地区制定特定的执法配套规章，以解决当前内蒙古"草原执行难"问题。使草原行政执法程序、草原行政强制执行程序、草原行政执法监督等真正落到工作实处；成立专门负责草原承包工作的组织，统一规范草原承包合同的格式和内容、统一管理草原流转行为，对承包合同、流转合同的原始文字记录、牧户承包情况数据表等进行档案封存，以便公众查询，从而维护当事人合法权益，杜绝非牧户承包、任意发包等现象。

第五，要增强执法过程中的公众参与，聘请牧民、律师等为民间监督员，在行政首长办公室设立草原执法行政监察小组，直接接受社会媒体采访和群众上访，并以此订立奖惩制度来考核草原执法人员的公务行为，考核结果每年公示一次。

第六，高度重视草原执法队伍建设，严格执法人员的资格制度。推行草原执法人事聘任制度改革，用考核制度去规范草原管理干部和执法人员，提高执法水平；要加大基层草原监理机构建设，以科研院所为技术支撑积极开展对所属的草原流转情况、相关草原承包家庭的调查，掌握草原流转的参与主体，草原流转收益的分配，草原生态的监测预警，草原生态破坏的形式、面积和时间等，及时将新问题和新发展反馈给立法机关，使之做出相应对策。

第七，要认真核查草原矿产开发活跃区、草原违法开垦易发多发区的相关行政审批程序，尽快完善这些地区的行政处罚、恢复补偿等票据具体操作流程，降低行政执法过程中的自由裁量权。

第八，充分发挥行政监管部门在矿产资源开发与管理中的作用，"要在内蒙古草原地区矿产资源开发上继续加强动态行政监管，采取企业重组、联合等经济和法律手段整合已有的矿业权，严格矿业权证发放的审批程序、提高新建矿山企业门槛，调整矿产资源开采结构，避免低水平的重复建设，形成规模化、集约化的开发利用，改善草原生态环境"[①]。

第五节   积极推进内蒙古草原地区
"五位一体"建设

党的十八大报告指出，建设中国特色社会主义总布局是：加快政治、经济、文化、社会、生态文明五位一体建设。促进内蒙古经济社会的全面、协调和可持续发展，必须发挥矿产资源优势，变资源优势为经济优势，在草原地区开发矿产资源，"既不能走先开发后治理的老路"，也不能套用"严格环境限制下的资源开发"模式。开发草原地区矿产资源，必须与生态文明建设

---

① 王俊霞、贾志敏：《内蒙古草原地区矿产资源开发与草原生态环境保护协调发展的法律研究》，《内蒙古社会科学》（汉文版）2012 年第 6 期。

结合起来，以实现资源开发与草原生态环境保护"双赢"为目标，推进内蒙古经济社会协调发展。把内蒙古草原地区建设成为富强、民主、文明、生态和谐的新牧区。

一　内蒙古草原地区矿产资源开发与政治建设

民族群体是多民族国家政治生活中的一支重要力量，随着世界政治、经济格局的发展变化，特别是"民族复兴热"的兴起，世界热点地区的局部冲突都与民族冲突、民族关系有着密切的联系。所以，内蒙古自治区政治建设有其特殊性，坚持民族区域自治制度、推进社会主义民主与法制建设等共性的基础上，还应该做好以下几个方面：

首先，确保社会和谐与稳定。在内蒙古草原地区开发矿产资源，各级地方政府，必须牢固树立民族团结意识，保证少数民族地区和边疆地区的社会和谐与稳定。近年来，草原地区矿产资源开发，已经成为影响草原生态环境的一个重要因素，也是影响民族团结、边疆地区社会和谐与稳定的诱发点。邓小平曾经讲：改革是动力，发展是目的，稳定是前提。没有稳定就没有发展，没有发展就没有群众的安居乐业，就谈不上保民生。

其次，避免少数民族群众非制度性政治参与行为。随着我国政治民主化进程的推进，在民族区域自治制度日趋成熟的情况下，我国少数民族群众政治参与意识逐渐提高，特别是在草原地区开发矿产资源，涉及少数民族群众的切身利益，遇到需要解决的问题时，有组织性的参与，个体或者整体使用信访、投诉的参与行为所占比例也不断提高。但是，非组织性的抗议、静坐、游行甚至暴力性、对抗性参与行为依然存在，尽管是少数，但是必须引起各级政府的高度重视，地方政府必须有效地畅通少数民族群众的政治表达渠道，排解他们的不满情绪。

再次，加强法制建设。开发草原地区矿产资源和生态环境保护，各级地方政府整体性经济规划中，出于全局性发展需要，而不得不制订一些关于少数民族群众聚居地的整体性政策、产业结构调整政策、退耕还林还草政策或者生态移民等政策时，由于这些政策在一定程度上涉及少数民族群众的既得利益或者需要适度改变他们传统的生活习惯等等，因此，如果沟通不畅、工作不到位，也往往会刺激少数民族群众非理性甚至暴力性、对抗性的参与行为。所以，在做好疏导工作、补偿政策的同时，必须强化法制建设，严格规范矿业权人的行为、严格规范牧民的牧业行为。

最后，民族区域自治机关的权力严格限制在宪法和法律范围内，建立健全权力运行约束和监督体系，真正得到有效的监督和制约，进一步推动民族区域自治地方政府依法行政、依法执政，走上科学化、法治化的轨道。

二　内蒙古草原地区矿产资源开发与经济建设

当前，矿产资源开发利用与畜牧经济是内蒙古的两大经济优势，但是这两大优势的发挥，都不可避免地和草原生态环境有密切的关系，处理好经济发展与草原生态环境保护必然是内蒙古面临的双重压力，2013 年，内蒙古自治区党委提出了"8337"的发展思路，其中把内蒙古建成清洁能源输出基地、有色金属加工基地、北疆生态安全屏障是其中的重要内容。

从内蒙古"8337"发展思路中的 8 个定位上看，涉及矿产资源开发利用及延伸产业的有 3 个，涉及农牧业产业的 1 个，涉及生态保护的 1 个，涉及边疆稳定的 1 个。

从发展现代畜牧经济角度讲，内蒙古大部分草原还是处于"牧草自生自灭"和"靠天养畜""散养牧养"的落后状态。所以，加强草原生态基础设施建设，可以实行分区轮放、禁牧、合理利用草场、适度放牧、以草定畜、推行季节牧业以减轻草场压力，给牧草提供休养生息的时间。

在牧草的生产过程中，加强涉及优良草种的选育、引种，防止自然敌害等科研问题的研究与应用；在畜牧环节，加强放牧方式、肥育饲养、畜草平衡的科学化管理；在畜产品的加工运输等环节上，运用现代生物技术，综合加工利用，增加附加值。所以牧区发展现代化牧业经济，逐步形成符合生态规律的牧业生产新体系，保护与修复草原生态系统的结构和功能，既要促进牧业经济发展，又要有利于草原生态功能的保护与修复。

从矿产资源开发角度讲，合理开发利用草原地区矿产资源，推行新的办矿理念，新的矿业开发模式；走科技先导型、资源节约型、生态保护型、循环经济型的经济发展之路，优化布局，合理调整结构，不断提升产业层次和经济质量。

三　内蒙古草原地区矿产资源开发与文化建设

内蒙古草原地区资源开发，必然对蒙古族原生态文化产生重要影响，矿产资源开发为新牧区文化建设提供物质基础，在社会主义新牧区文化建设中，必须以社会主义核心价值体系为主线，增强文化软实力在矿产资源开发与环境保护方面的积极作用，弘扬蒙古族传统生态伦理道德。在蒙古族的思想理念中，历来崇尚"天人合一"和"回归自然"的大生态哲学，人是大自然的一部分，是自然秩序中的一个存在。自然本身是一个生命体，所有的存在相互依存而成为一个整体。人、动物、植物都是这个大生态系统中不可或缺的有机组成部分。把人类社会放在整个大生态环境中加以考虑，强调人与自然环境息息相通、和谐一体，这是蒙古族传统生态伦理道德的核心。蒙古族传统伦理道德既包括深层次的心理、价值观念和价值取向，又包括表层次的节日风俗、行为方式等具体形式。蒙古族正是在传统的大生态伦理道德观念的指导下，形成了一整套生态保护的行为取向，体现在蒙古族的全部生产、生活过程之中。弘扬蒙古族优秀民族文化传统，对于合

理开发利用草原地区的矿产资源，实现人口、资源、环境可持续
发展具有特殊的意义。

四　内蒙古草原地区矿产资源开发与社会建设

矿产资源开发是经济社会发展的需要，矿产资源开发必然带
动相关产业的发展，发展要以保障和改善民生为重点，以保障生
态平衡为要义，加快健全基本公共服务体系，加强医疗、教育、
卫生等事业的发展，加强和创新社会管理，促进少数民族地区社
会和谐、社会稳定。在内蒙古草原地区开发矿产资源必须加大生
态补偿力度，提高对失去草场的牧民的利益补偿力度，让广大农
牧民在矿产资源开发中得到实惠，建立健全确保农牧民增收的长
效机制，建立健全化解在草原地区开发矿产资源而导致的各种社
会矛盾的有效机制。在矿产资源开发过程中，必须解决好内蒙古
农牧民群众最关心、最直接、最现实的利益问题，把实现好、维
护好、发展好最广大农牧民的根本利益作为最根本的价值导向。

五　内蒙古草原地区矿产资源开发与生态文明建设

生态文明是人类在处理人与自然关系方面所创造的文明成
果，党的十八大报告指出："建设生态文明，是关系人民福祉、
关乎民族未来的长远大计……努力建设美丽中国，实现中华民族
永续发展。"[1] 矿产资源管理、保护和合理利用是生态文明建设
的重要内容。"应当充分认识到矿产资源不仅具有稀缺性、可耗
竭性，而且具有动态性、系统性、开放性，是数量、质量和生态
三者的有机统一，在做好数量管控的同时，加强质量管理和生态

---

[1]　胡锦涛：《中国共产党十八大报告》，新华网（http://news.xinhuanet.com/18cpcnc/2012 - 11/17/c_ 113711665. htm）。

管护，用数量、质量、生态三位一体的理念来统筹矿产勘查开发。"①

生态文明建设，必须坚持以人为本，把生态环境建设与提高广大牧民的生活水平结合起来。实现经济效益、社会效益、生态效益三者的有机统一、构建人与自然的和谐统一，加快内蒙古草原地区生态文明建设，做到资源效益与生态效益，经济效益与社会效益协调发展。

民族地区生态文明建设，是一个系统性工程，必须把它与少数民族地区的物质文明、精神文明、政治文明建设有机地结合起来，生态环境保护是功在当代、惠及子孙的伟大事业和宏伟工程。就目前而言，必须抓好三个管理：一是矿产资源管理；二是草原生态环境管理；三是牧业经济管理。坚持不懈地搞好生态环境保护是保证经济社会健康发展的必然条件。

保护修复内蒙古生态功能区是实施可持续发展战略的需要，也是建设社会主义生态文明的需要。因此，全面落实环境保护基本国策，巩固生态建设成果，处理好矿产资源开发与生态环境保护的关系；处理好矿产资源开发与畜牧业经济的关系；处理好经济发展与少数民族、边疆地区稳定的关系，努力实现内蒙古山川秀美的宏伟目标。

总之，走科技先导型、资源节约型、生态保护型、循环经济型的经济发展之路，逐步实现矿产资源开发、畜牧经济与生态环境的协调发展，为人与自然和谐及可持续发展铺平道路。

---

① 汪民：《以矿产资源可持续利用促进生态文明建设》，《中国科学院院刊》2013年第2期。

主要参考文献

著作类

［1］张银政：《中国矿产资源收益分配研究》，经济日报出版社 2013 年版。

［2］宋蕾：《矿产资源开发的生态补偿研究》，中国经济出版社 2012 年版。

［3］程宏伟：《矿产资源开发利益统筹与西部地区科学发展研究》，中国社会科学出版社 2012 年版。

［4］邵安林：《矿产资源开发地下采选一体化系统》，冶金工业出版社 2012 年版。

［5］彭跃辉：《公民环境保护与生态文明素质教育培训读本丛书》，中国环境科学出版社 2012 年版。

［6］内蒙古自治区统计局编：《内蒙古统计年鉴 2012》，中国统计出版社 2012 年版。

［7］都沁军：《矿产资源开发环境压力研究》，北京大学出版社 2012 年版。

［8］盖志毅：《新牧区建设与新牧区政策调整》，辽宁民族出版社 2011 年版。

［9］内蒙古自治区统计局编：《内蒙古统计年鉴 2011》，中国统计出版社 2011 年版。

［10］胡敏谦：《内蒙古统计年鉴》，中国统计出版社 2011 年版。

［11］胡敏谦：《城镇居民家庭基本情况》，《内蒙古统计年鉴》，中国统计出版社 2011 年版。

［12］郑世成主编：《内蒙古经济社会调查年鉴》，中国统计出版社 2011 年版。

［13］中国国家统计局编：《2011 中国统计年鉴》，中国统计出版社 2010 年版。

［14］张复明：《矿产开发的资源生态环境补偿机制研究》，经济科学出版社 2010 年版。

［15］杨臣华：《内蒙古发展报告 2009—2010)》，经济管理出版社 2010 年版。

［16］任建雄：《区域矿产资源开发利用的路径创新与协调机理》，浙江大学出版社 2010 年版。

［17］金良：《草地类自然保护区生态系统服务功能价值的评估》，中国环境科学出版社 2010 年版。

［18］谢高地：《自然资源总论》，高等教育出版社 2009 年版。

［19］世界银行、国家民族事务委员会项课题组：《中国少数民族地区自然资源开发社区收益机制研究》，中央民族大学 2009 年版。

［20］乔世明：《少数民族地区生态环境法制建设研究》，中央民族大学 2009 年版。

［21］龙春林：《民族地区自然资源的传统管理》，中国环境科学出版社 2009 年版。

［22］丁任重：《西部资源开发与生态补偿机制研究》，西南财经大学出版社 2009 年版。

［23］陈智广：《内蒙古畜牧业现代化之路探索》，内蒙古教育出版社 2009 年版。

［24］本书编写组：《内蒙古自治区概况》，民族出版社 2009

年版。

　　[25] 徐柱：《中国的草原》，上海科技文献出版社 2008
年版。

　　[26] 邢立亭：《矿产资源开发利用与规划》，冶金工业出版
社 2008 年版。

　　[27] 宋国君：《环境政策分析》，化学工业出版社 2008
年版。

　　[28] 盖志毅：《制度视域下的草原生态环境保护》，辽宁民
族出版社 2008 年版。

　　[29] 朱坦：《中国环境保护与可持续发展》（中国可持续发
展总纲第 10 卷），科学出版社 2007 年版。

　　[30] 贾登勋、任海涛：《环境与资源保护法论丛：西部环
境·资源·生态法治研究（第二辑）》，兰州大学出版社 2007
年版。

　　[31] 过春山：《自然资源与环境经济学》，中国林业出版社
2007 年版。

　　[32] 张巨勇：《民族地区的资源利用与环境保护论》，民族
出版社 2006 年版。

　　[33] 王文长、萨如拉、李俊峰：《西部资源开发与可持续
发展研究》，中央民族大学出版社 2006 年版。

　　[34] 李彦、宋才发：《民族地区退耕还林及其法律保障研
究》，中央民族大学出版社 2006 年版。

　　[35] 周志中：《西部开发与生态环境保护——中国环境执
法与生态环境保护丛书》，中国环境科学出版社 2005 年版。

　　[36] 杨文进：《可持续发展经济学教程》，中国环境科学出
版社 2005 年版。

　　[37] 韩俊丽：《内蒙古自治区地理》，远方出版社 2005
年版。

［38］朱连奇、赵秉栋：《自然资源开发利用的理论与实践》，科学出版社 2004 年版。

［39］沈伟烈、陆俊元：《中国国家安全地理》，时事出版社 2001 年版。

［40］马克思：《1844 经济学哲学手稿》，人民出版社 2000 年版。

［41］余谋昌：《创造美好的生态环境》，中国社会科学出版社 1997 年版。

［42］蒋志刚：《保护生物学》，浙江科学技术出版社 1997 年版。

［43］［德］恩格斯：《自然辩证法》，人民出版社 1997 年版。

［44］暴庆五：《草原生态经济协调持续发展》，内蒙古人民出版社 1997 年版。

［45］中国自然资源丛书编撰委员会：《中国自然资源丛书》（矿产卷），中国环境科学出版社 1996 年版。

［46］布赫主编：《内蒙古大辞典》，内蒙古人民出版社 1991 年版。

期刊类

［1］陈俊彦：《矿产资源的开发与环境保护》，《商业文化》（下半月）2012 年第 2 期。

［2］李国东：《矿产资源开发对环境的影响及保护对策》，《现代农业科技》2012 年第 19 期。

［3］景如月、贾立君：《内蒙古自治区煤炭深加工潜力巨大前景广阔》，《瞭望》2012 年第 18 期。

［4］海山：《内蒙古草原生态环境缘何严重恶化》，《中国改革》2011 年第 9 期。

［5］张贤平等：《我国矿产资源开发对生态环境的影响与防治对策》，《煤矿开采》2011年第6期。

［6］谢中月：《朝阳市矿产资源开发与环境保护探析》，《沈阳大学学报》（社会科学版）2012年第6期。

［7］张丽君、王菲：《中国西部牧区生态移民后续发展对策探析》，《中央民族大学学报》（哲学社会科学版）2011年第4期。

［8］杨军利、祁冬：《内蒙古重点进行矿山治理整顿工作》，《西部资源》2011年第40期。

［9］布仁门德：《试论内蒙古牛羊肉产品营销策略》，《内蒙古民族大学学报》2011年第4期。

［10］徐柱、闫伟红：《中国草原生物多样性、生态系统保护与资源可持续利用》，《中国草地学报》2011年第3期。

［11］王关区：《内蒙古农牧民增收问题的探讨》，《北方经济》2011年第3期。

［12］李媛媛：《内蒙古牧区生态移民收入增长问题研究》，《北方经济》2011年第3期。

［13］谭剑、胡靖国：《我国矿产资源领域官矿勾结现象严重腐败案高发》，《半月谈内部版》2011年第2期。

［14］王艳、程宏伟：《西部矿产资源开发利益矛盾研究综述与展望》，《成都理工大学学报》2011年第1期。

［15］宋蕾、李峰：《我国矿山修复治理保证金的标准核算模型》，《中国土地科学》2011年第1期。

［16］刘兴元、龙瑞军、尚占环：《草地生态系统服务功能及其价值评估方法研究》，《草业学报》2011年第1期。

［17］哈斯其其格：《构建内蒙古农村牧区社会保障创新体系的几点思考》，《内蒙古财经学院学报》2011年第1期。

［18］康萨如拉、哈斯敖其尔：《内蒙古草原区矿产开发对

草地的影响》,《经济研究导刊》2011 年第 19 期。

　　[19]何广礼、萨如拉图雅:《浅谈锡林郭勒草原矿产开发中的草原生态保护》,《环球市场信息导报》2011 年第 12 期。

　　[20]巩芳、长青、王芳、刘鑫:《内蒙古草原生态补偿标准的实证研究》,《干旱区资源与环境》2011 年第 12 期。

　　[21]徐柱、闫伟红等:《草原生物多样性评价与持续利用的生态学基础》,《中国牧业通讯》2011 年第 5 期。

　　[22]余璐、李郁芳:《中央政府供给地区生态补偿的内生缺陷》,《技术经济与管理研究》2010 年第 6 期。

　　[23]刘琨:《生态型政府语境下的政府生态补偿责任》,《南京工业大学学报》(社会科学版)2010 年第 6 期。

　　[24]徐芬、时保国:《生态补偿——观点综述与理性选择》,《开发研究》2010 年第 5 期。

　　[25]王勇、王文龙:《尾矿资源的利用与生态环境保护的探究》,《甘肃冶金》2010 年第 5 期。

　　[26]王利清、马建荣:《矿产资源开发中政府、企业与牧民的利益博弈——以锡林郭勒盟矿产资源开发为例》,《前沿》2010 年第 5 期。

　　[27]李建平、李栋等:《华北油田二连分公司蒙古林作业区生态环境质量状况研究》,《北方环境》2010 年第 5 期。

　　[28]吴文盛、孟立贤:《我国矿产资源开发生态补偿机制研究》,《生态经济》2010 年第 5 期。

　　[29]刘强、彭晓春、周丽璇:《巴西生态补偿财政转移支付实践对我国的几点启示》,《经济研究参考》2010 年第 54 期。

　　[30]魏军:《辽宁民族地区矿产资源开发与保护浅议》,《满族研究》2010 年第 4 期。

　　[31]袁朱:《国外能矿资源开发利用产业发展的机制和政策》,《中国发展观察》2010 年第 3 期。

［32］刘宗碧：《昆明理工大学学报》（社会科学版）2012年第 2 期。

［33］吕雁琴、李旭东、宋岭：《试论矿产资源开发生态补偿机制与资源税费制度改革》，《税务与经济》2010 年第 1 期。

［34］黄向春、赵静静：《我国矿产资源开发生态补偿机制研究》，《中国矿业》2010 年第 19 期。

［35］陶信平、王潇雅：《西北地区矿产资源开发中的生态保护问题研究》，《国土资源情报》2010 年第 12 期。

［36］姜月忠：《内蒙古经济发展模式——边疆民族地区发展道路的成功实践》，《中国民族报》2010 年 11 月 19 日。

［37］车环平：《我国生态补偿机制存在的问题及对策》，《重庆科技学院学报》（社会科学版）2010 年第 7 期。

［38］张兴、王凌云：《实现矿产资源开发与环境保护协调发展》，《中国国土资源经济》2009 年第 6 期。

［39］李永军、龚战梅：《中央与民族自治地方利益分配的法律研究——以西部油气资源开发为例》，《内蒙古社会科学》2009 年第 5 期。

［40］高国力、丁丁、刘国艳：《国际上关于生态保护区域利益补偿的理论、方法、实践及启示》，《宏观经济研究》2009 年第 5 期。

［41］杨志云：《浅谈矿产资源开发中的环境问题》，《能源与环境》2009 年第 4 期。

［42］侯丽清：《少数民族地区生态文明建设与国防安全》，《阴山学刊》2009 年第 4 期。

［43］武盈盈：《资源产品利益分配问题研究》，《中国地质大学学报》2009 年第 3 期。

［44］梁锦、吕文超：《西藏矿产资源可持续开发综述》，《中山大学研究生学刊》2009 年第 3 期。

［45］张时佳:《生态马克思主义刍议》,《中共中央党校学报》2009 年第 2 期。

［46］史俊平等:《内蒙古地区地面塌陷地质灾害研究》,《内蒙古水利》2009 年第 2 期。

［47］刘建新、蒲春玲:《新疆在矿产资源开发中的利益补偿问题探讨》,《经济视角》2009 年第 2 期。

［48］黄建英:《论少数民族经济与少数民族地区经济》,《学术探索》2009 年第 1 期。

［49］国家特邀国土资源监察专员赴内蒙古调研组:《内蒙古自治区尾矿利用和矿山地质环境恢复治理的调研报告》,《中国国土资源经济》2009 年第 1 期。

［50］谢海波:《综合利用矿产资源,促进可持续发展》,《科技创新导报》2009 年第 18 期。

［51］刘树奎、包蕾尹亚秋:《矿业开采造成的生态环境问题及防治措施》,《现代农业科技》2009 年第 18 期。

［52］李晋芳:《保护生态环境依法开采利用矿产资源》,《科技信息》2009 年第 11 期。

［53］胡德、李靖靖:《关于内蒙古矿产资源开发管理体制改革调研报告》,《北方经济》2009 年第 7 期。

［54］张军宝:《从人类中心论到生态中心论》,《法制与社会》2008 年第 6 期。

［55］徐小雯、孔元健:《矿区环境保护和治理制度的建设》,《能源技术与管理》2008 年第 6 期。

［56］李政海、鲍雅静:《锡林郭勒草原荒漠化状况及原因分析》,《生态环境》2008 年第 6 期。

［57］武焱、朱丽、田建华等:《荒漠草原区小铁矿开采对生态环境影响分析》,《阴山学刊》(自然科学版)2008 年第 4 期。

［58］邵帅、齐中英：《西部地区的能源开发与经济增长》，《经济研究》2008 年第 4 期。

［59］柳小妮、孙九林、张德罡等：《东祁连山不同退化阶段高寒草甸群落结构与植物多样性特征研究》，《草业学报》2008 年第 4 期。

［60］林幼斌：《云南矿产资源开发生态补偿机制初探》，《西南林学院学报》2008 年第 4 期。

［61］张宏：《关于建立矿区生态环境恢复治理机制的思考》，《中国煤炭》2008 年第 3 期。

［62］田钒平、王允武：《从权利虚化、利益失衡到权益均衡的路径选择——民族自治地方权益分配机制研究》，《中南民族大学学报》2008 年第 3 期。

［63］王启兰、王长庭、杜岩功：《放牧对高寒嵩草草甸土壤微生物量碳的影响及其与土壤环境的关系》，《草业学报》2008 年第 2 期。

［64］宝鲁、莎娜：《内蒙古生态移民类型及其效益对比研究》，《北方经济》2008 年第 23 期。

［65］李建：《白云鄂博稀土资源的利用现状主要问题及解决对策》，《山西师范大学学报》（自然科学版）研究生论文专刊 2008 年第 22 期。

［66］谢玉花：《矿产资源的合理利用与环境保护》，《内蒙古科技与经济》2008 年第 21 期。

［67］王旺旺：《更好地发挥煤炭在国民经济发展中的作用》，《内蒙古煤炭经济》2008 年第 1 期。

［68］薛原：《内蒙古草原资源的法律保护》，《法制与社会》2008 年第 19 期。

［69］张学佳、纪巍：《石油类污染物对土壤生态环境的危害》，《化工科技》2008 年第 6 期。

［70］李阳通：《广西矿产资源开发利用与地方经济发展的良性互动关系探讨》，《矿产与地质》2007年第4期。

［71］高雪峰等：《内蒙古荒漠草原土壤微生物的分布特征及季节动态变化研究》，《内蒙古师范大学学报》（自然科学汉文版）2007年第4期。

［72］王勇、关爱凤：《内蒙古东部五盟市矿产资源分布及利用》，《西部资源》2007年第2期。

［73］刘增、邹建业：《西藏矿产资源开发及对环境的影响》，《科技资讯》2007年第2期。

［74］曹陆：《新疆矿产资源开发利用问题浅析》，《北方经济》2007年第10期。

［75］彭学云：《构建和谐社会中的民族发展问题》，《中国民族》2007年第4期。

［76］丁文英：《论民族自治地方自然资源开发与保护自治权》，《内蒙古大学学报》2006年第6期。

［77］陈凯、马丽芳：《矿产资源开发利用及生态环境保护》，《轻金属》2006年第6期。

［78］崔艳、张继栋、白中科：《中国煤矿区生态补偿现状与对策》，《资源开发与市场》2006年第4期。

［79］耿林等：《内蒙古矿产可持续开发存在的问题及战略对策》，《矿产保护与利用》2006年第3期。

［80］黄锡生：《矿产资源生态补偿制度探究》，《现代法学》2006年第6期。

［81］刘兆顺、徐文良、杨德明：《矿产资源开发的战略环境评价研究》，《地理科学》2006年第2期。

［82］李春芳：《近现代美国西部开发中的生态环境问题及对中国西北开发的借鉴意义》，《甘肃理论学刊》2006年第2期。

［83］孟淑红、图雅：《内蒙古草原畜牧业现状及国外经验

启示》,《北方经济》2006 年第 17 期。

[84] 尚时路:《资源开发的生态补偿——一个不容回避的话题》,《中国发展观察》2005 年第 6 期。

[85] 常振亮、乐奇:《内蒙古矿产资源开发利用的现状及建议对策》,《北方经济》2005 年第 3 期。

[86] 陈光磊:《反思物种灭绝与生物多样性》,《郑州航空工业管理学院学报》(社会科学版) 2005 年第 2 期。

[87] 盖志毅:《从多重理论视角重新认识草原生态经济系统价值》,《中国草地》2005 年第 1 期。

[88] 贾凤珍、杨刚强、孟霞新:《内蒙古矿产资源开发利用战略研究》,《北方经济》2005 年第 12 期。

[89] 张德明、刘树臣:《矿产资源合理开发与矿山环境的综合治理——方法与对策》,《国土资源情报》2004 年第 5 期。

[90] 西部大开发与民族利益关系协调研究课题组:《少数民族在西部大开发中的利益实现研究》,《云南民族大学学报》(哲学社会科学版) 2004 年第 3 期。

[91] 王文长:《西部大开发中民族利益关系协调机制的建设》,《民族研究》2004 年第 3 期。

[92] 钱丽苏:《自然资源管理体制比较研究》,《资源产业》2004 年第 1 期。

[93] 王文、王永生:《矿产资源开发与生态环境保护探讨》,《资源与环境》2003 年第 4 期。

[94] 杜强:《论国家生态安全》,《中国环保产业》2003 年第 4 期。

[95] 王剑民:《内蒙古矿山地质环境问题及防治对策》,《西北地质》2003 年第 3 期。

[96] 马静:《矿产资源的开发利用与环境保护》,《资源开发与市场》2003 年第 3 期。

［97］刘红葵：《内蒙古退牧还草工程已经启动》，《内蒙古畜牧科学》2003 年第 2 期。

［98］吴迪、段昌群、杨良：《生态安全与国家安全》，《城市环境与城市生态》2003 年第 16 期。

［99］徐柱：《中国北方草地生物多样性与优化生态环境的可持续性》，《草业科学》2002 年第增刊期。

［100］曲格平：《关注生态安全之一：生态环境问题已经成为国家安全的热门话题》，《环境保护》2002 年第 5 期。

［101］毛显强、钟瑜、张胜：《生态补偿的理论探讨》，《中国人口·资源与环境》2002 年第 4 期。

［102］张琳娜、孟建宇：《内蒙古野生动物资源概况》，《北方经济》2002 年第 1 期。

［103］侯丽清：《内蒙古自治区生态环境现状的调查研究》，《内蒙古科技经济》2002 年第 11 期。

［104］马玉辉：《恶魔"沙尘暴"》，《环境》2001 年第 9 期。

［105］白云龙：《内蒙古天然草原有毒植物综述》，《内蒙古草业》1997 年第 1 期。

［106］庄国泰、高鹏、王学军：《中国生态环境补偿费的理论与实践》，《中国环境科学》1995 年第 6 期。

［107］武深树：《科学引领畜牧业发展新常态》，《湖南畜牧兽医》2015 年第 1 期。

报纸类

［1］内蒙古发展研究中心：《"8337"理论思考：对内蒙古发展定位的认识》，《内蒙古日报》2013 年 4 月 12 日。

［2］巴特尔：《2013 年内蒙古自治区政府工作报告》，《内蒙古日报》2013 年 1 月 30 日。

［3］张明：《内蒙古矿产资源储量居全国之首》，《中国矿业

报》2012 年 9 月 20 日。

　　[4] 李云平:《内蒙古实现农牧民转移就业 259.8 万人》,《北方新报》2012 年 9 月 03 日。

　　[5] 李海:《能源企业项目已对呼伦贝尔草原造成不可逆转的破坏》,《中国企业报》2012 年 8 月 28 日。

　　[6] 聂丛笑:《我国野生高等植物近 20% 濒危将加快划定生态红线》,《人民日报》2012 年 5 月 24 日。

　　[7] 凯楠:《向国家重要的能源重化工基地挺进》,《内蒙古日报》2012 年 4 月 11 日。

　　[8]《2011 年内蒙古国民经济和社会发展统计公报》,《内蒙古日报》2012 年 3 月 2 日。

　　[9] 郝时远:《中国民族政策的核心原则不容改变》,《中国民族报》2012 年 2 月 10 日。

　　[10] 崔楠:《退牧还草富了牧民绿了草原》,《内蒙古日报》2010 年 7 月 22 日。

　　[11] 呼跃军:《快速推进项目建设延伸下游产业链条》,《中国化工报》2011 年 2 月 21 日。

　　[12] 戴宏:《熄灭它,那一处处不点自燃的煤火》,《内蒙古日报社数字报刊》2010 年 9 月 1 日。

　　[13] 李志强:《加强草原建立体系建设维护草原生态安全》,《中国畜牧兽医报》2010 年 3 月 2 日。

　　[14] 姜晶晶:《从拉闸限电到放心使用》,《北京晨报》2008 年 11 月 6 日。

　　[16] 周朗:《矿山环境五大问题亟待解决》,《中国矿业报》2005 年 5 月 13 日第 2 版。

　　[17] 王剑民、周茹:《地质灾害鸣响警钟》,《法制日报》2003 年 6 月 30 日第 1 版。

　　[18] 章力建、李兵、张志如:《草原生态系统的服务功

能》,《中国畜牧兽医报》2001年12月10日。

法律法规类

[1]《中华人民共和国矿产资源法》,自1986年10月1日起施行。

[2]《中华人民共和国草原法》,自2003年3月1日起施行。

[3]《中华人民共和国土地法》,自1999年1月1日起施行。

[4]《中华人民共和国农村土地承包经营权流转管理办法》,自2005年3月1日起施行。

[5]《中华人民共和国农村土地承包法》,自2003年3月1日起施行。

[6]《中华人民共和国野生动物保护法》,自1989年3月1日起施行。

[7]《内蒙古自治区草原管理条例》,自2005年1月1日起施行。

[8]《内蒙古自治区基本草牧场保护条例》,自1999年1月10日起施行。

[9]《内蒙古自治区草原管理实施细则》,自2006年5月1日起施行。

[10]《内蒙古自治区草原承包经营权流转办法》,自1999年12月9日起施行。

[11]《内蒙古自治区草畜平衡暂行规定》,自2000年8月1日起施行。

[12]《关于加强国家重点生态功能区环境保护和管理的意见》环发〔2013〕16号。

[13]《国务院关于印发全国主体功能区规划的通知》(国发

〔2010〕46 号）。

　　[14]《内蒙古自治区人民政府办公厅转发自治区国土资源厅关于矿山地质环境保护与治理情况报告的通知》（内政办发〔2010〕65 号）。

　　[15]《国务院关于进一步促进内蒙古经济社会又好又快发展的若干意见》（国发〔2011〕21 号）。

　　[16]《内蒙古自治区矿产资源总体规划》，2001 年至 2010年期。

　　[17]《内蒙古自治区矿山地质环境保护与治理规划》，2011—2015 年。

网站类

　　[1] 中国水利安全网：http：//www. chhsn. com/.

　　[2] 内蒙古能源网：http：//www. nmgny. org/.

　　[3] 内蒙古新闻网：http：//www. nmgnews. com. cn/.

　　[4] 内蒙古农牧业厅网站：http：//www. nmagri. gov. cn/.

　　[5] 中国安全生产网：www. aqsc. cn.

　　[6] 内蒙古政府门户网站：www. nmg. gov. cn.

　　[7] 中国行政区划网：http：//www. xzqh. org. cn/.

　　[8] 新华网内蒙古频道：nmg. xinhuanet. com/.

　　[9] 中华人民共和国中央政府门户网站：www. gov. cn.

　　[10] 新华网：http：//www. xinhuanet. com. /.

外文资料

　　[1] Gao T. , Han J. W. . Evolutionary characteristics of the atmospheric circulations for frequent and infrequent dust storm springs in northernChina and the detection of potential future seasonal forecast signals, Meteorological Applications, 2010, 17.

［2］ Aaronson S. , Reeves J. . The European response to public demands for global responsibility, Washington D. C. : National Policy Association, 2007.

［3］ Pindyck, R. S. . The optimal exploration and production oi nonrenewable resources. *Journal of Political Economy*, 1978, 86.

［4］ Eugenio Fco. Sanchez— beda, Ana Berzosa. *Modeling and forecasting industrial end—use natural gas consumption. Energy Economics*, 2007, 29（7）.

［5］ Niels J. Schenk and Henri C. Moll. The use of physical indicators for industrial energy demand scenarios. *Ecological Economics*, 2007, 63（8）.

［6］ Volkan S. Ediger, Sertac Akar. ARIMA forecasting of primary energy demand by fuel in Turkey. *Energy Policy*, 2007, 35（3）.

［7］ Ksentini, Fatma Zohra. Draft Principle Son Human Rights and Environment in final report Prepared by Special Rapporteur to Commission of Human Rights, UNDoeE/CN. 4/Sub2/1994/9, 6. July. 1994）.

［8］ Dejeant Pons, Maguelone. The Rights to Environment in Regional flu man Rights System OinMahoney, Kathleene: Mahoney, Pauleds. ）, Human Rights in the Twenty First Century: A Global Challenge, Martinus Nijhoff Publishers, 1993.

［9］ Barbier E. B. . Links between economy liberalization and rural resource degradation in the develop ingregions. *Agricultural Economics*, 2000: 299—310.

［10］ Gao T. , Yang Z. Y. . reference of international eco – compensation policy for China. International Outlook, 2006, .

［11］ Costanza. R. , et. al. , The value of the world's ecosystem services and natural capital, *Nature*, 1997, 387.

　[12] See Jay A. Sigler. Minority Rights: A Comparative Analysis. Greenowoodpress, England, 1983, PS.

后　记

　　《内蒙古草原地区矿产资源开发与生态环境保护研究》是国家社科规划办一般项目的最终成果。从立项到完成书稿历时三年。

　　虽然书稿中对有些问题的论述、分析也很肤浅，没有深入下去，但是毕竟我们做了一些初步的思考，今后我们还将在此基础上做进一步深入的研究。

　　《内蒙古草原地区矿产资源开发与生态环境保护研究》是课题组成员共同完成的，具体分工如下：

　　姜明教授：主持项目研究，制订编写大纲，制订研究计划，负责全书的统稿工作，撰写了前言、第一章、第二章、第三章、第五章、第六章，整理参考文献；

　　侯丽清教授：撰写了第四章；

　　本书在写作的过程中得到了各方面的支持与帮助；

　　内蒙古医科大学的李晶教授、内蒙古师范大学的丁龙召教授认真审阅了书稿，并提出了宝贵的修改意见。

　　感谢陈智广、马媛媛、李中华三位老师在整理资料、校对方面给予的大力帮助；感谢柴玉洁、姜克寒两位同学在校对、注释等方面给予的帮助。

　　姜文强先生、王迎雪女士在调研考察中给予了很大帮助，并提供了图文资料；

　　在此我们一并表示深深的谢意！

在写作过程中，我们参考了许多专家、学者的研究成果，部分资料数据参考了官方网站资料，已在文中注释或以参考书目的形式列出，在此也表示真诚的感谢！

由于我们才疏学浅，难免有些疏漏或错误之处，敬请专家学者不吝赐教！

姜明
2014 年 9 月于草原钢城